"十三五"国家重点图书出版规划项目

 中国社会科学院创新工程学术出版资助项目

列国志 新版

GUIDE TO
THE WORLD
NATIONS

董向荣　宋文志
著

REPUBLIC OF KOREA

# 韩 国

社会科学文献出版社
SOCIAL SCIENCES ACADEMIC PRESS (CHINA)

韩国国旗

韩国国徽

国会议事堂（金旭　摄）

青瓦台（兰浩毅　摄）

绿松掩映的青瓦台春秋馆：韩国重要新闻发布地（李相万　摄）

国立首尔大学正门（董向荣 摄）

三清公园里的图书馆（董向荣 摄）

首尔教保书店：人制造书 书造就人（董向荣 摄）

江华富近里支石墓（董向荣　摄）

首尔北村韩屋（董向荣　摄）

昌德宫敦化门（董向荣　摄）

景福宫里的守门将换岗仪式（董向荣　摄）

位于韩国新行政首都世宗市的韩国开发研究院（董向荣　摄）

蔚山港（董向荣　摄）

首尔"美丽商店"：旧物品捐助卖场（董向荣 摄）

首尔市厅广场露天音乐会（董向荣 摄）

韩国街头的平壤冷面馆（方秀玉　摄）

仁川机场的韩国民乐演奏（董向荣　摄）

# 出版说明

　　《列国志》编撰出版工作自 1999 年正式启动，截至目前，已出版 144 卷，涵盖世界五大洲 163 个国家和国际组织，成为中国出版史上第一套百科全书式的大型国际知识参考书。该套丛书自出版以来，受到社会各界的广泛好评，被誉为"21 世纪的《海国图志》"，中国人了解外部世界的全景式"窗口"。

　　这项凝聚着近千学人、出版人心血与期盼的工程，前后历时十多年，作为此项工作的组织实施者，我们为这皇皇 144 卷《列国志》的出版深感欣慰。与此同时，我们也深刻认识到当今国际形势风云变幻，国家发展日新月异，人们了解世界各国最新动态的需要也更为迫切。鉴于此，为使《列国志》丛书能够不断补充最新资料，更好地服务于社会各界，我们决定启动新版《列国志》编撰出版工作。

　　与已出版的 144 卷《列国志》相比，新版《列国志》无论是形式还是内容都有新的调整。国际组织卷次将单独作为一个系列编撰出版，原来合并出版的国家将独立成书，而之前尚未出版的国家都将增补齐全。新版《列国志》的封面设计、版面设计更加新颖，力求带给读者更好的阅读享受。内容上的调整主要体现在数据的更新、最新情况的增补以及章节设置的变化等方面，目的在于进一步加强该套丛书将基础研究和应用对策研究相结合，将基础研究成果应用于实践的特色。例如，增加了各国有关资源开发、环境治理的内容；特设"社会"一章，介绍各国的国民生活情况、社会管理经验以及存在的社会问题，等等；增设"大事纪年"，方便读者在短时间内熟悉各国的发展线索；增设"索引"，便于读者根据人名、地名、关键词查找所需相关信息。

顺应时代发展的要求，新版《列国志》将以纸质书为基础，全面整合国别国际问题研究资源，构建列国志数据库。这是《列国志》在新时期发展的一个重大突破，由此形成的国别国际问题研究与知识服务平台，必将更好地服务于中央和地方政府部门应对日益繁杂的国际事务的决策需要，促进国别国际问题研究领域的学术交流，拓宽中国民众的国际视野。

新版《列国志》的编撰出版工作得到了各方的支持：国家主管部门高度重视，将其列入"'十二五'国家重点图书出版规划项目"；中国社会科学院将其列为创新工程学术出版资助项目，王伟光院长亲自担任编辑委员会主任，指导相关工作的开展；国内各高校和研究机构鼎力相助，国别国际问题研究领域的知名学者相继加入编辑委员会，提供优质的学术指导。相信在各方的通力合作之下，新版《列国志》必将更上一层楼，以崭新的面貌呈现给读者，在中国改革开放的新征程中更好地发挥其作为"知识向导"、"资政参考"和"文化桥梁"的作用！

新版《列国志》编辑委员会

2013 年 9 月

# 前　言

　　自 1840 年前后中国被迫开关、步入世界以来，对外国舆地政情的了解即应时而起。还在第一次鸦片战争期间，受林则徐之托，1842 年魏源编辑刊刻了近代中国首部介绍当时世界主要国家舆地政情的大型志书《海国图志》。林、魏之目的是为长期生活在闭关锁国之中、对外部世界知之甚少的国人"睁眼看世界"，提供一部基本的参考资料，尤其是让当时中国的各级统治者知道"天朝上国"之外的天地，学习西方的科学技术，"师夷之长技以制夷"。这部著作，在当时乃至其后相当长一段时间内，产生过巨大影响，对国人了解外部世界起到了积极的作用。

　　自那时起中国认识世界、融入世界的步伐就再也没有停止过。中华人民共和国成立以后，尤其是 1978 年改革开放以来，中国更以主动的自信自强的积极姿态，加速融入世界的步伐。与之相适应，不同时期先后出版过相当数量的不同层次的有关国际问题、列国政情、异域风俗等方面的著作，数量之多，可谓汗牛充栋。它们对时人了解外部世界起到了积极的作用。

　　当今世界，资本与现代科技正以前所未有的速度与广度在国际流动和传播，"全球化"浪潮席卷世界各地，极大地影响着世界历史进程，对中国的发展也产生极其深刻的影响。面临不同以往的"大变局"，中国已经并将继续以更开放的姿态、更快的步伐全面步入世界，迎接时代的挑战。不同的是，我们所面临的已不是林则徐、魏源时代要不要"睁眼看世界"、要不要"开放"的问题，而是在新的历史条件下，在新的世界发展大势下，如何更好地步入世界，如何在融入世界的进程中更好地维护民族国家的主权与独立，积极参与国际事务，为维护世界和平，促进世界与人类共同发展做出贡献。这就要求我们对外部世界有比以往更深切、全面的了解，我们只有更全面、更深入地了解世界，才能在更高的层次上融入世界，也才能在融入世界的进程中不迷失方向，保持自我。

与此时代要求相比，已有的种种有关介绍、论述各国史地政情的著述，无论就规模还是内容来看，已远远不能适应我们了解外部世界的要求。人们期盼有更新、更系统、更权威的著作问世。

中国社会科学院作为国家哲学社会科学的最高研究机构和国际问题综合研究中心，有 11 个专门研究国际问题和外国问题的研究所，学科门类齐全，研究力量雄厚，有能力也有责任担当这一重任。早在 20 世纪 90 年代初，中国社会科学院的领导和中国社会科学出版社就提出编撰"简明国际百科全书"的设想。1993 年 3 月 11 日，时任中国社会科学院院长的胡绳先生在科研局的一份报告上批示："我想，国际片各所可考虑出一套列国志，体例类似几年前出的《简明中国百科全书》，以一国（美、日、英、法等）或几个国家（北欧各国、印支各国）为一册，请考虑可行否。"

中国社会科学院科研局根据胡绳院长的批示，在调查研究的基础上，于 1994 年 2 月 28 日发出《关于编纂〈简明国际百科全书〉和〈列国志〉立项的通报》。《列国志》和《简明国际百科全书》一起被列为中国社会科学院重点项目。按照当时的计划，首先编写《简明国际百科全书》，待这一项目完成后，再着手编写《列国志》。

1998 年，率先完成《简明国际百科全书》有关卷编写任务的研究所开始了《列国志》的编写工作。随后，其他研究所也陆续启动这一项目。为了保证《列国志》这套大型丛书的高质量，科研局和社会科学文献出版社于 1999 年 1 月 27 日召开国际学科片各研究所及世界历史研究所负责人会议，讨论了这套大型丛书的编写大纲及基本要求。根据会议精神，科研局随后印发了《关于〈列国志〉编写工作有关事项的通知》，陆续为启动项目拨付研究经费。

为了加强对《列国志》项目编撰出版工作的组织协调，根据时任中国社会科学院院长的李铁映同志的提议，2002 年 8 月，成立了由分管国际学科片的陈佳贵副院长为主任的《列国志》编辑委员会。编委会成员包括国际片各研究所、科研局、研究生院及社会科学文献出版社等部门的主要领导及有关同志。科研局和社会科学文献出版社组成《列国志》项目工作组，社会科学文献出版社成立了《列国志》工作室。同年，《列国志》项目被批准为中国社会科学院重大课题，新闻出版总署将《列国志》项目列入国家重点图书出版计划。

在《列国志》编辑委员会的领导下，《列国志》各承担单位尤其是各位学者加快了编撰进度。作为一项大型研究项目和大型丛书，编委会对《列国志》提出的基本要求是：资料翔实、准确、最新，文笔流畅，学术性和可读性兼备。《列国志》之所以强调学术性，是因为这套丛书不是一般的"手册""概览"，而是在尽可能吸收前人成果的基础上，体现专家学者们的研究所得和个人见解。正因为如此，《列国志》在强调基本要求的同时，本着文责自负的原则，没有对各卷的具体内容及学术观点强行统一。应当指出，参加这一浩繁工程的，除了中国社会科学院的专业科研人员以外，还有院外的一些在该领域颇有研究的专家学者。

现在凝聚着数百位专家学者心血，共计141卷，涵盖了当今世界151个国家和地区以及数十个主要国际组织的《列国志》丛书，将陆续出版与广大读者见面。我们希望这样一套大型丛书，能为各级干部了解、认识当代世界各国及主要国际组织的情况，了解世界发展趋势，把握时代发展脉络，提供有益的帮助；希望它能成为我国外交外事工作者、国际经贸企业及日渐增多的广大出国公民和旅游者走向世界的忠实"向导"，引领其步入更广阔的世界；希望它在帮助中国人民认识世界的同时，也能够架起世界各国人民认识中国的一座"桥梁"，一座中国走向世界、世界走向中国的"桥梁"。

《列国志》编辑委员会

2003年6月

# CONTENTS
# 目　录

# CONTENTS

# 目 录

# CONTENTS
## 目 录

# CONTENTS
# 目　录

# CONTENTS

## 目 录

# CONTENTS
## 目 录

# CONTENTS

# 目 录

# CONTENTS
# 目 录

# 导言：韩国是一个什么样的国家？

我最早开始关注韩国，是 1997 年开始在北大读硕士研究生的时候。

那时，中韩刚建交不久，双边的交流不算多。即便如此，韩国政治经济上的发展成就令国内学界啧啧赞叹，不少学者关注"汉江奇迹"和韩国的政治转型，一批译著、博士论文、专著等相继出版。比较有代表性的是国立首尔大学宋丙洛的《韩国经济的崛起》，北京大学尹保云的《韩国为什么成功》（文津出版社，1993）、《韩国的现代化：一个儒教国家的道路》（东方出版社，1995），复旦大学任晓的《韩国经济发展的政治分析》（上海人民出版社，1995）、《当代各国政治体制：韩国》（兰州大学出版社，1998），复旦大学郭定平的《韩国政治转型研究》（中国社会科学出版社，2000）等。那时候的学术杂志，刊登的韩国相关文章越来越多。中国社会科学院的《当代韩国》、复旦大学的《韩国研究论丛》、北京大学的《韩国学论文集》等韩国研究专门期刊也纷纷问世。

那时候，我选修了北京大学经济学院巫宁耕教授的亚太经济课程，时值亚洲金融危机韩国遭受重创，巫老师心平气和地讲，"我对韩国的发展并不悲观。经历了危机的洗礼，韩国经济还会有更好的发展"。事实证明，巫老师的判断是正确的。

韩国通常被看作一个"小国"，主要原因是地处大国"环伺"的朝鲜半岛，深受中国、日本、俄罗斯和域外大国美国的影响。韩国自身也经常强调自身的"三明治"夹心困境。其实，韩国并不"小"。

韩国在 1962 年实行第一个五年计划，经济在战争的废墟上开始高速增长。韩国在这个过程中充分利用了有利的国际条件，在"发展型政权"

的带领下积极向前推进。1996 年，在金融危机前夕，韩国加入了号称"富国俱乐部"的经济合作与发展组织（OECD）。1997 年金融危机之后，韩国经济重整旗鼓再出发。2015 年 8 月，时任总统朴槿惠在光复 70 周年讲话时提到，"世界上人口超过 5000 万的国家中，人均收入超过 3 万美元的只有 6 个国家，我确信，在不久的将来，韩国将成为'5030 俱乐部'的第七个成员国"。① 从当前的发展趋势来看，这一梦想并不遥远。国际货币基金组织（IMF）2016 年 10 月发布的《世界经济展望》报告显示，2016 年韩国经济规模 1.4 万亿美元，列世界第 11 位，人口 5000 万，名义人均 GDP 2.8 万美元。预计到 2017 年，韩国的名义人均 GDP 将达到 2.98 万美元。② 预计在 2018 年韩国将实现迈入"5030 俱乐部"的目标。

从政治发展进程来看，1987 年，在民众抗争的巨大压力下，韩国修改了宪法，重新确立了总统直选制。在亨廷顿所讲的第三波民主化浪潮中，韩国的民主进程算是相对成功的。三十年来，韩国经历了执政党和在野党之间两次和平的政权交替。2004 年 3 月时任总统卢武铉、2016 年 12 月时任总统朴槿惠遭到国会弹劾。即便是出现了如此的政治真空，韩国人也几乎不担心在政治上再次出现军人干政、发动军事政变的情况。应该说，韩国的民主转型已经基本稳固。

从外交上来看，自 1945 年朝鲜半岛被南北分区占领、南部被纳入美国主导的资本主义阵营以来，特别是在经历了 1950 ~ 1953 年的朝鲜战争之后，韩国一直是在韩美同盟的羽翼下维持着国家的生存。韩国军队的指挥权自朝鲜战争以来一直在美军的手中。当前，尽管军队的平时指挥权已经收回，但是韩国保守派一直在拖延战时作战指挥权的收回。此举主要还是希望继续依赖韩美同盟来实现国家安全。在这样的前提下，韩国于 1992 年开始发展对华关系，主要是经济互惠关系。韩国相对成功地分享了中国经济高速增长的红利。这是当前的热点问题萨德导弹防御系统的基

---

① 韩国总统府青瓦台网站，http：//www. president. go. kr/。

② 国际货币基金组织网站，http：//www. imf. org/external/datamapper/NGDPDPC @ WEO/OEMDC/ADVEC/WEOWORLD/KOR。

本背景。在韩国的保守派看来，离开了韩美同盟，韩国没有安全可言，即便萨德保卫韩国安全的效果微乎其微，韩国也还是要选择韩美同盟、绑在美国的战车上。不然的话，没有韩美同盟，一旦危险来临，谁来拯救韩国？所以，尽管韩国力图在中美日俄等大国之间寻求相对平衡的外交政策，但是，与安全相比，经济毕竟是重要性和优先性较低的议题。鱼和熊掌能兼得当然好，不能兼得，则必然有所取舍。

概言之，尽管韩国长期被看作在大国夹缝中生存的"小国"，但是从世界范围内来看，韩国并不小，它是中等强国中的佼佼者，是要尽力迈进国际社会"第一阶层"的国家。但愿本书能够为想了解韩国的读者，开启一道门，打开一扇窗。

董向荣

2017 年 6 月 6 日

# 第一章

# 概　览

## 第一节　国土与人口

第二次世界大战接近尾声时，美国和苏联以北纬 38 度线为界分区占领朝鲜半岛。美苏双方矛盾的升级、冷战在东亚的萌动和半岛各派政治力量之间的分歧导致朝鲜半岛陷入分裂。1948 年 8 月 15 日，大韩民国宣告成立。

### 一　地理位置与行政区划

韩国位于亚洲大陆东北端朝鲜半岛的南部，北纬 33～38 度，东经 124～132 度。东、南、西三面环海。东面隔韩国东海（日本海）与日本列岛对峙，南面是韩国南海，并由此向太平洋延伸。西面与中国的山东半岛隔黄海相望，最近处不足 200 公里。北面与朝鲜接壤。韩国的国土面积约为 10 万平方公里，[①] 约占朝鲜半岛总面积的 45%。2015 年，大约有 5106.9 万人生活在这片美丽的土地上，首都为首尔（原称汉城）。

朝鲜半岛的行政区划是从朝鲜李朝开始逐步建立起来的。1413 年（太宗十三年）朝鲜王朝改革地方制度，将全国的行政区域划分为咸镜

---

[①]　受填海造地等因素的影响，韩国的国土面积近些年来略有增长。韩国统计厅网站发布的数据显示，2015 年，韩国国土面积为 100295 平方公里，比 2001 年增加了 757 平方公里。来源：韩国统计厅网站，http：//www. index. go. kr/potal/main/EachDtlPageDetail. do? idx_ cd = 2728#quick_ 03。

道、平安道、黄海道、京畿道、江原道、忠清道、全罗道和庆尚道等 8 个道，下设府（大都护府）、牧、都护府、郡。1895 年（高宗三十二年），全国的行政区域被重新划分为 8 道 23 府，不久又划为咸镜南道、咸镜北道、平安南道、平安北道、黄海道、京畿道、江原道、忠清南道、忠清北道、全罗南道、全罗北道、庆尚南道和庆尚北道等 13 个道。这种区划一直延续到 1945 年朝鲜半岛光复。南北分裂后，咸镜南道、咸镜北道、平安南道、平安北道、黄海道等 5 个道划归朝鲜，而京畿道、忠清南道、忠清北道、全罗南道、全罗北道、庆尚南道和庆尚北道等 7 个道划归韩国。江原道则一分为二，北部属于朝鲜，南部属于韩国。

1946 年 8 月 1 日，位于半岛南端的济州岛从全罗南道划分出去，成为济州道。1946 年 10 月 18 日，首尔市从京畿道划分出来成为特别市。一直到 1963 年以前，韩国拥有 1 个特别市和 9 个道。1963 年，韩国再次进行行政区域改编，半岛东南端的重要港口城市釜山从庆尚南道分离出来，成为一个直辖市。进入 20 世纪 80 年代，几个经济重镇大邱（1981年）、仁川（1981 年 7 月 1 日）、光州（1986 年 5 月 8 日）、大田（1989年 1 月 1 日）、蔚山（1997 年 7 月 15 日）等相继从所在的道独立出来成为直辖市（1995 年 1 月改称广域市）。2006 年 7 月 1 日，韩国政府赋予济州道高度自治权，设置为济州特别自治道。2012 年 7 月 1 日，韩国政府设立了世宗特别自治市。

韩国实行道（广域市）—郡（市、区）—邑、面、洞三级行政体制。目前，韩国共有 1 个特别市、1 个特别自治市、1 个特别自治道、6 个广域市、8 个道（相当于中国的省）。在日常生活中，人们习惯于把首尔、京畿道和仁川称为首都圈，把忠清南北道和大田称为忠清圈，把全罗南北道和光州称为湖南圈，把庆尚南北道、釜山、大邱等地称为岭南圈。

韩国实行地方自治制度。宪法规定，"地方政府应负责处理当地居民的福利事务，管理财产，并可在法律和法规范围内制定地方自治的规章制度"。韩国的《地方自治法》于 1949 年通过。地方议会 1961 年被军政府解散。20 世纪 70 年代至 80 年代，随着地方经济的迅速发展，争取地方自治的呼声日益高涨。1988 年，韩国政府修订了《地方自治法》，恢复了地方自治。根据新的法律，韩国于 1991 年 3 月举行了市、郡、区的地方议会选举，1991 年 6 月举行了广域市和道的议会选举。道知事和市长选举也于 1995 年顺利举行。

各地区的长官主管各自的市、郡或区的行政事务，但法律另有规定者除外。地方行政职能包括中央政府委托的职能，例如管理公共财产和设施，以及评估和征收地方税和各种服务费用。广域市、道等高级地方政府在中央政府和邑、面、洞等基层地方政府之间起中间作用。基层地方政府通过行政区系统为居民提供服务。邑、面、洞的办公机构主要负责日常的行政和社会服务工作。

**首尔特别市（Seoul）**　首尔市位于朝鲜半岛的中部，紧邻朝韩分界线——北纬 38 度线，南北分裂后被确定为韩国的首都，是韩国的政治、经济、文化中心。由于韩国政府制订了迁都计划，中央政府的相关部门陆续迁移至新建都市世宗市，当前青瓦台、国务总理室、外交部、国防部、国会等留在首尔市内。

**世宗特别自治市（Sejong）**　由于忠清南道地处韩国中部、人口密度较低，2004 年该道的燕歧、公州郡曾被选定为韩国新行政首都的建设地。这是卢武铉政府分散过密的首都圈、发展地方经济的重要举措。其后，新行政首都计划遭遇挫折，宪法法院判《新行政首都特别措施法》违反宪法，迁都问题一度被搁置。2005 年 5 月 19 日，《行政中心复合都市建设特别法》（法律第 7391 号）制定并公布。2006 年 12 月 21 日，韩国政府确定新行政复合城市名称为"世宗市"。2010 年 12 月 27 日，《关于设立世宗市等相关法律》（法律第 10419 号）公布实施。2012 年 7 月 1 日，根据该法律第 6 条之规定，韩国政府在忠清南道燕歧郡设立世宗特别自治市。

**京畿道（Gyeonggi）**　京畿道位于朝鲜半岛中西部，拱卫首都首尔。京畿道面积为 10189 平方公里，约占韩国国土总面积的 10.2%。由于地理位置等方面的原因，京畿道内的城南、果川等一些小城市逐步发展成为首尔的卫星城，分担了首尔的部分职能。不少首尔市民选择居住在这些卫星城。

**仁川广域市（Incheon）** 仁川市位于朝鲜半岛中西部的仁川半岛。1995 年 1 月设立广域市之际，仁川市总面积为 955 平方公里。2000 年以后通过填海等措施，仁川市的面积有所增加。到 2016 年 12 月末，仁川市的面积约 1047.41 平方公里，① 约占韩国总面积的 1%。仁川是首都首尔的外港，距离首尔仅 28 公里。

**釜山广域市（Busan）** 釜山市位于朝鲜半岛的东南端，面向东海（日本海），是韩国乃至西太平洋地区的重要港口城市，是韩国的第一大港口、第二大工业中心和商业中心。自工业化以来，韩国形成了以首尔和釜山为轴线的发展格局。

**大邱广域市（Daegu）** 大邱是韩国的第三大城市，位于朝鲜半岛东南部，是连接首尔和釜山的中间要地，自 15 世纪中叶以来一直是岭南地区的行政和军事中心。大邱市的总面积为 883.68 平方公里，占韩国国土总面积的 0.9%。②

**光州广域市（Gwangju）** 光州市位于朝鲜半岛西南部的全罗南道，是湖南地区最大的城市。由于湖南圈的发展相对滞后，光州的发展与东部的大城市相比也稍显逊色，主要产业集中在制造业和服务业。随着铁路和公路交通状况的改善，光州的发展自 20 世纪末期以来有了很大的起色。

**大田广域市（Daejeon）** 大田市位于韩国的中部，是中部地区的行政、经济和教育中心，也是交通枢纽。

**蔚山广域市（Ulsan）** 蔚山市位于韩国东南部，聚集了现代、SK 等韩国主要财阀集团的重要企业，是一座新兴的工业化城市。人口约 120 万，占地面积 1060 平方公里，约为首尔的 1.7 倍。1962 年，韩国第一个经济五年计划实行之初，蔚山就被指定为特定工业区。1997 年 7 月 15 日，蔚山被设立为广域市。蔚山是韩国最重要的工业区，是汽车业、造船业、石油化工业的基地，是韩国经济起飞的发动机。有年出口额超过千亿美元的辉煌历史。在一定程度上可以说，所谓"汉江奇迹"，实际上是

---

① 仁川市政府网站，http：//www.incheon.go.kr/posts/2184/104？rnum＝6&curPage＝1。

② 大邱市政府网站，http：//chinese.daegu.go.kr/cms/cms.asp？Menu＝612。

"蔚山奇迹"。蔚山连续多年位居韩国人均地区生产总值的首位,是韩国的"产业之都"。

**江原道（Gangwon）** 江原道位于朝鲜半岛的中东部,东临韩国东海（日本海）,北与朝鲜的江原道为邻。在韩国各道中人口最为稀少。道政府所在地为春川市。江原道多山,有著名的雪岳山。风景秀丽的海滨小城束草是有名的旅游胜地。每到盛夏或深秋的假日,从首都圈通往江原道的高速公路总是车满为患,人们争相去江原道度假休闲。

**忠清北道（Chungbuk）** 忠清北道位于韩国中部,是唯一的内陆道。道厅所在地为清州市。2010 年以后的经济指标显示,忠清北道的道内生产总值占全国经济总量的比例呈上升态势,人均地区生产总值超过全国平均值。

**忠清南道（Chungnam）** 忠清南道位于韩国中西部。道厅位于大田广域市。这里山与海、辽阔平原与深水江河相映衬,构成协调而美丽的景观。1500 年前这里绽放了灿烂且富有独创性的百济文化,其命脉世代相传,使这片土地承载了丰富的文化和悠久的历史。忠南还是众多儒生和独立运动家曾居住过的忠节之乡,彰显伟大先烈们的爱国精神。在经济方面,忠清南道注重汽车、半导体、显示器、钢铁等出口主力产业到先导未来的新成长尖端产业以及配件产业,带动韩国的经济发展。[①]

**全罗北道（Jeonbuk）** 全罗北道位于朝鲜半岛的西南部,西临黄海。道府为全州市。全罗南北道通常一并被称为湖南圈。全罗北道有山,多平原,是韩国的千年谷仓,韩民族饮食文化的命脉在此得以传承。这里既是最具韩国特色的时尚、文化之乡,也是拥有秀丽风景和得天独厚之自然环境的地方。

**全罗南道（Jeonnam）** 全罗南道位于朝鲜半岛的西南端,西临黄海,道厅位于光州广域市。

---

① 忠清南道政府网站,http：//www.chungnam.net/chinese_ simplified/CCN-FA-01.jsp？mnu
 _cd=CCNMENU00004&initNavi=1#stamore_ view_ language。

**庆尚北道（Gyeongbuk）** 庆尚北道位于朝鲜半岛东南部，东临韩国东海（日本海）。道厅位于大邱广域市。庆尚北道社会、经济随着 20 世纪 70 年代韩国政府重工业战略的推进取得了突飞猛进的发展。位于该道的浦项制铁是世界上最著名、生产效率最高的钢铁企业之一。

**庆尚南道（Gyeongnam）** 庆尚南道位于朝鲜半岛南端，东临韩国东海（日本海）。道厅位于昌原市。庆尚南道集中了韩国主要的重工业和化学工业企业，依托南面的重要港口釜山，马山、蔚山、昌原等新兴工业化城市迅速崛起，使庆尚南道成为韩国最重要的工业区。

**济州特别自治道（Jeju）** 济州特别自治道由韩国最大的岛屿济州岛及其附近的岛屿组成，位于韩国最南端。道府位于济州市。济州岛是一个火山岛，有大量的熔岩和岩洞。

二 地形、气候

朝鲜半岛多山少平原，山地和丘陵约占 2/3。北部和东部地势略高，西部和南部坡度平缓，形成小的平原和低地。

从地质结构来看，韩国由一系列的陆块、向斜和盆地相间分布而成。从北向南可以分为京畿陆块、沃川陆向斜、岭南陆块、庆尚盆地等。从太古代到中生代，朝鲜半岛发生多次沉降、隆起、堆积和侵蚀，但是没有大规模的地壳运动，中生代侏罗纪发生了强烈的大宝造山运动，整个朝鲜半岛发生了强烈的褶皱、断裂，形成了一系列的盆地和大宝花岗岩体。从中生代的白垩纪到新生代初，发生了佛国寺造山运动，形成了新的构造带。中生代的典型地层是侏罗纪的大同系和白垩纪的庆尚系。大同系在朝鲜半岛南部分成下南浦群、上南浦群和盘松层群，主要是由砾岩、石英砂岩、黑砂页岩、煤页岩和煤层组成。庆尚系主要分布于庆尚南北道的广大地区，其中的动物化石表明，它们是在淡水到微咸水中形成的，主要为花岗岩。韩国东部沿海有一些第三纪地层。其岩石主要是砂岩、页岩、砾岩等，陆相沉积物和海相沉积物交替出现。

韩国的主要山脉有太白山脉、车岭山脉和小白山脉。太白山脉是朝鲜半岛上最长的山脉，它源于江原道的安边郡与通川郡交界处的黄龙山，沿东海海岸向东南延伸，止于太白山。这条山脉的海拔约为 1000 米，长约 500 公里。由于受到非对称隆起运动的影响，这条山脉东坡为悬崖峭壁，西坡则较平缓。雪岳山（海拔 1708 米，是太白山脉的最高峰）和位于朝鲜境内的金刚山（海拔 1638 米）、五台山（海拔 1563 米）等著名山峰散落其中，风景秀丽，是著名的旅游胜地。车岭山脉和小白山脉都是这一主干山脉的支脉。

车岭山脉源于太白山脉的五台山，由东北向西南延伸，止于忠清南道的车道岭，全长 220 公里。山势东高西低，最后为汉江所截断。主要山峰有桂芳山、飞来峰等。

小白山脉从太白山脉南端的太白山向西南方向延伸，止于丽水半岛，全长 350 公里。智异山（海拔 1915 米）、国望峰（海拔 1421 米）等高山横亘其中，使该山脉成为韩国东南到西北的主要交通障碍。

汉拿山位于济州岛的中部，海拔 1950 米，是韩国的最高峰。它是因新生代的火山活动而形成，山体主要由粗面岩和玄武岩构成，山顶有直径 30 米、深 6 米的火山湖白鹿潭。这里亚热带、温带、亚寒带垂直的植物分布也是独特的旅游资源。

韩国主要的平原有湖南平原、全南平原和金海平原。湖南平原位于全罗北道西部，是朝鲜半岛上最大的平原。它分布于万顷江、东津江和锦江等河川流域，面积约为 500 平方公里。这里土壤肥沃，灌溉便利，盛产水稻。全南平原由全罗南道荣山江沿岸的冲积平原与准平原构成，总面积约为 300 平方公里。这里土壤肥沃，水源丰富，气候温和，自古以来一直是韩国主要的水稻产区。金海平原是庆尚南道洛东江下游的冲积平原，面积约为 200 平方公里，是韩国东南部主要的水稻产区。

韩国地形复杂，河网稠密，河流大都以雨水补给为主，河川径流季节性变化很大。在暴雨频繁的夏季，河水暴涨，汛期来临，而冬春季则为枯水期。韩国的主要河流有洛东江、汉江和锦江。

洛东江发源于太白山脉北部的咸白山南麓，经庆尚道向南流，至釜山以西注入朝鲜海峡。全长约 525 公里，流域面积 2.3 万平方公里，有南江等 22 条长 20 公里以上的支流，通航里程达 344 公里。洛东江水系呈树枝状，下游水流缓慢，适于农业灌溉，滋养着金海平原这一韩国东南部最主要的产粮地带。

汉江发源于太白山脉的五台山，在首尔以东与发源于金刚山的北汉江汇合，过首尔与临津江汇合后注入江华湾。全长约514公里，流域面积2.6万平方公里。汉江几乎横断朝鲜半岛，是沟通东西部的一条重要河流，也是首尔与海洋沟通的水上通路，可通航里程达330公里，有北汉江、临津江、松川等重要支流。汉江水流湍急，水力资源丰富，上游建有大型水电站，下游经过京仁工业区，是主要的工业用水水源。数千年来，朝鲜民族在汉江沿岸繁衍生息，而今汉江更是现代韩国人口密集地区的生命线。韩国自20世纪60年代以来的经济腾飞，也被称为"汉江奇迹"。

锦江发源于全罗北道长水郡蛇头峰，依山势蜿蜒曲折，最后注入黄海，全长395公里，有12条较大的支流。锦江下游江面宽广，水流缓慢，通航里程达到152公里，是忠清道的运输大动脉，也是内浦平原、湖南平原的主要灌溉水源。

由于地形的原因，韩国境内没有大的湖泊。

韩国位于北温带，属温带季风气候。四季分明，春、秋两季较短，夏、冬两季较长。韩国各地区之间温差较大，平均气温为6℃～16℃。在全年最热的8月份，平均气温为19℃～27℃。而在全年最冷的1月份，平均气温在－8℃至7℃。年平均气温最高的地方是济州岛，西归浦年平均气温为15.5℃。由于地处亚洲大陆的东岸、三面环海，受季风的影响很大。冬天，韩国主要受西伯利亚气团的影响，西北季风呼啸而来，整个半岛非常干燥寒冷，多数地区的最低气温都下降到零下。首尔有气象记录以来的最低气温为－23.1℃。而济州岛上的西归浦气温最高，1月份的平均气温为5.4℃。从12月到来年2月，韩国的降水量只有全年的10%。夏天，韩国主要受北太平洋高气压的侵袭，持续高温，风向多为西南风、南风和东南风。7～8月为梅雨季节，常有热带低气压的台风掠过朝鲜半岛，并有可能引发暴雨或洪灾。首都首尔的年均降雨量达1295毫米。

## 三 人口、民族、语言

朝鲜李朝末期，朝鲜半岛的人口数约为 1300 万。日本殖民统治前期，由于采取了卫生防疫、接种疫苗、引进西医等措施，朝鲜半岛的人口增长率稳步提高。1910～1940 年大约 30 年间，人口出生率由 3.8% 提高到4.4%，死亡率则由 3.5% 降低至 2.3%。根据 1960 年《韩国统计年鉴》，1911 年年底朝鲜半岛的人口数为 1383.2 万，1935 年的人口数为 2220.8万。20 世纪 30 年代中后期开始，随着日本向中国东北地区的入侵，大批朝鲜半岛的居民被迁移至中国东北，也有部分人迁移至日本。临近光复时，有 200 万以上的朝鲜人居住在中国东北和日本。与此同时，大批日本人迁移至朝鲜半岛，1910 年约有 17 万人，到临近光复时已经高达 70 万人。这些日本人主要居住在城市里，1945 年光复后都回到日本。1910 年朝鲜半岛有华侨大约 1 万人，1945 年增加至约 8 万人。

1945 年光复以后，大批海外侨民回国。与此同时，由于美国和苏联分区占领朝鲜半岛和南北分裂趋势的加剧，部分人依据政治倾向重新选择居住地，三八线南北的居民相互流动。光复之初三八线以南的人口约为 1600 万，以北约为 880 万。而到 1949 年韩国第一次进行人口调查时，全国人口已经达到了 2017 万。增加的人口中，大致而言，从海外回国的有 150 万～200 万，从北部净迁入 70 余万，加上本地的人口自然增长，使人口总数突破了 2000 万。朝鲜战争期间，人口从北向南净迁入的现象继续存在，但战争中的死伤和出生率的降低使几年间的人口增加缓慢。

朝鲜战争结束后，韩国人口变化的趋势主要有两点。第一，人口在50 年代中后期到 60 年代末经历了一个快速增长的阶段，其后增长率稳步下降。1955～1966 年，韩国的年均人口增长率逼近 3%。韩国自 20 世纪60 年代初期开始实行计划生育政策，并逐步显现了一定的成效，人口增长率出现了明显的下降趋势。1966～1970 年人口增长率降至 2% 以下。韩国的计划生育政策没有中国"一对夫妇只生一个孩子"的强制性，在这样的背景下能够达到如此良好的效果，的确是一个很大的成就。进入 90

9

年代，韩国的人口增长率继续降低，年人口增长率不足1%。人口增长率的降低也引发了新的问题，即人口结构的老龄化。1949～2015年韩国人口增长情况见表1-1。

表1-1 1949～2015年韩国人口增长情况

单位：人

| 年 度 | 人口数 | 年 度 | 人口数 |
|---|---|---|---|
| 1949 | 20166756 | 1985 | 40419652 |
| 1955 | 21502386 | 1990 | 43390374 |
| 1960 | 24989241 | 1995 | 44553710 |
| 1966 | 29159640 | 2000 | 45985289 |
| 1970 | 31435252 | 2005 | 47041434 |
| 1975 | 34678972 | 2010 | 47990761 |
| 1980 | 37406815 | 2015 | 51069375 |

注：韩国大约每5年进行一次全国人口调查，以上人口数据为调查数据。
资料来源：韩国统计厅网站，2015年数据见 http：//kosis. kr/statisticsList/statisticsList_ 01List. jsp？vwcd = MT_ ZTITLE&parentId = A#SubCont，1949～2010年数据见 http：//kosis. kr/ statisticsList/statisticsList_ 01List. jsp？vwcd = MT_ ZTITLE&parentId = A#SubCont。

第二，国内人口的大迁移。韩国的快速工业化缩短了其他国家往往要经过几十年才能实现的过程，城市化也比世界其他国家要快得多。特别是在工业化初期，劳动密集型产业聚集了大批从农村来到城市的年轻人。近七成的移动人口是在市、道内从乡村迁移到城市，另外三成则是在区域间流动。首都首尔往往是人们迁移的首选，其人口膨胀的程度可想而知。在人口流动的过程中，首尔、釜山、京畿道等地处于人口净迁入的状态，而江原道、庆尚南道等其他各道的人口则属于净迁出的状况。

韩国经济开始起飞后，由于工业部门的快速增长和农业部门的相对停滞，城乡差距迅速拉大。1971年朴正熙政府开始实施大规模的"新村运动"，通过政府和民间的投资来改善农村的基础设施和居民的生活条件，同时采取发放大米补贴等措施提高农民收入，用5年的时间基本缩小了城乡收入差距。韩国的城市化速度长期居高不下，一直到90年代，韩国的城市化速度才慢慢地降下来。

与世界发展中国家的平均水平相比，韩国的城市化明显偏早、偏快。从韩国的经历来看，尽管存在棚户区、高失业率等短期问题，但超前的城市化带来的有利方面非常明显：一是为劳动密集型产业提供了充足的劳动力；二是人口高度集中于城市，为服务业的发展创造了条件，第三产业占GNP的比重较高；三是农村的人均耕种土地面积逐步提高，形成一定的经营规模，农业的机械化水平和劳动生产率明显提高。1960～2004年，韩国农民人均耕地面积从2.08亩增加到7.93亩。尽管韩国的农业一直被归为小农制，但这样的人均耕地规模依然是很可观的。

韩国人口分布有两个主要特点：一是人口密度大，二是分布不均衡。根据2015年全国人口普查数据，韩国的人口密度高达505人/平方公里。首都首尔的人口密度远高于全国平均水平，达到16291人/平方公里。这已经是近几年来明显改善后的状况，因为首尔交通拥挤、空气污染等大城市病的恶化导致越来越多的人倾向于搬迁到周边的卫星城居住。尽管人口近距离的迁移降低了首尔的人口密度，却使首尔附近京畿道的某些小城人口出现了明显的增长趋势。京畿道的人口密度从2012年的1176人/平方公里增加到2015年的1218人/平方公里，京畿道人口数量2015年达到1239.8万。

包括首尔、京畿道、仁川市在内的首都圈，2015年人口总数达到2514.4万，约为韩国总人口的一半，在首都圈，人口密度为2751人/平方公里，是全国人口密度的5.4倍。

韩国是单一民族国家。据称，其民族属于蒙古人种新西伯利亚族类的阿尔泰族系。曾与阿尔泰族一起居住于西伯利亚的朝鲜民族，不断地向南迁移。时至今日，所谓阿尔泰族指的是突厥语族、蒙古族和通古斯族等，不包括朝鲜民族。可能的解释是，朝鲜民族在南下的过程中已经脱离了阿尔泰族的主流，逐步定居于中国的东北局部地区和朝鲜半岛，发展了农耕生产与青铜器文化，形成了具有自身特色的民族。也有学者认为，朝鲜民族起源于朝鲜半岛，在这里经历了人类进化的全过程。据称，平壤市祥原郡的"黑色铁砧遗迹",力浦地区的"力浦人骨骼化石""胜利山人"等都是朝鲜半岛有早期人类活动的迹象。他们经过几千年的发展,形成了今天的朝鲜民族。中国学者多认为古朝鲜即"箕子朝鲜"。商朝末年,箕子东渡,建立古朝鲜。《论语》《史记》等诸多历史文献中对此有记载。其后,"箕子朝鲜"绵延千年,为"东方君子之国"。尽管上述说法莫衷一是,但可以基本确定的是,早在新石器时代和青铜时代,朝鲜民族的祖先就居住在朝鲜半岛了。

朝鲜民族有明显的身体特征。韩国人中等身材。从局部特征来看,韩国人头型属于短头型,额部属于广额型,肩膀属于广肩型,体形比较匀称。随着经济的发展和国民生活水平的提高,韩国人的平均身高有明显的上升趋势。根据韩国《朝鲜日报》网站转引 BBC 等媒体相关报道,英国的一项研究显示,1914～2014 年,韩国女性的平均身高从 142.2 厘米增加至 162.3 厘米,同时期韩国男性的平均身高从 159.8 厘米增加至 174.9 厘米。[①] 100 年间,韩国人的平均身高增长相当显著。

1446 年,世宗创制韩语文字。韩国语是拼音文字,有 10 个元音和 14 个辅音,可组成不同的音节。由于历史上山地阻隔、交通不便、交流不畅,半岛各地形成了几种不同的地方方言,主要有东南方言(也叫岭南方言,主要在庆尚道使用)、东北方言(咸镜道)、西南方言(全罗道)、济州方言(济州道)、中部方言(包括京畿道、江原道、忠清道、黄海道、首尔)等。但是,除济州道地区使用的方言外,各地的方言都相似,讲起来彼此都能够听懂,不存在交流和沟通的困难。由于首尔在朝鲜半岛政治、经济中的突出地位,自 20 世纪 30 年代以来,中部方言的代表——首尔话——被作为标准语来使用。

从语言结构、语音、语法等方面来看,一般认为韩国语属于乌拉尔-阿尔泰语系。同属这一语系的还有土耳其语、蒙古语、通古斯-满语。

韩国语有几个突出的特点。从音韵上来看,在谓词的语干与部分词尾

---

① 韩国《朝鲜日报》网站,http://news.chosun.com/site/data/html_dir/2016/07/26/2016072601332.html。

之间、在拟声拟态语和一些形容词的语根内部有元音和谐现象，即一个单词里的元音同化现象。从语法上来看，韩国语属于黏着语，用大量的助词、词尾等附加成分来表达词在句中的地位和语法关系。动词的词干和形容词不能单独使用，必须加上有特定语法意义的词尾。韩国语的基本句法结构是"主语—宾语—谓语（动词、形容词或名词）"。韩国语的词序，除了定语之外，其他成分可以根据表达的需要较自由地颠倒位置。韩国语的词汇可以分为固有词和借词。借词根据来源又可以分为汉字词和外来词。固有词是韩国语词汇的核心，汉字词主要来源于汉语，但读音遵照韩国的汉字读音规则。朝鲜半岛光复前有许多来自日语的借词。随着建国后韩国与美国等西方国家的关系日益密切，来自英语的外来词日益增多。韩国语还有一个重要的特点就是讲究使用敬语，以表示不同的感情色彩和社会地位，可以表示对句中行动主体的尊敬，也可以表示说话者对听话者的尊敬。除非是在亲近的朋友之间或和年龄或职位低于自己的人说话，如果不使用敬语会被认为是没有礼貌和教养。

总体来看，由于韩国语主要是一种创制文字，其使用的时间只有几百年。与其他语言相比，韩国语简单而又具有系统性，比较容易学习和书写，非常有利于韩国文化的普及，再加上政府对教育非常重视，韩国国民中的文盲很少，这是韩国独立后经济社会发展迅速起步的一个重要方面。随着中韩经济文化交流的日益密切，对韩国语人才的需求越来越大，目前中国已经有数十所大学设立了韩国语专业。

四 国旗、国徽、国歌

1883 年，朝鲜王朝派朴泳孝和金玉均出使日本，临行前朝鲜政府向清政府请求将中国的龙旗作为国旗使用，清政府回复称藩属国不能用五爪龙旗只能用四爪龙旗。于是朴泳孝、金玉均便在路途中绘制了太极旗作为朝鲜王朝的国旗使用，并成为 1897~1910 年大韩帝国的国旗。

1949 年，韩国文教部审议委员会在确定太极旗为韩国国旗时做了明确解释。太极旗的横竖比例为 3∶2，白地代表土地，中间为太极两仪，四角有黑色四卦。太极的圆代表人民，圆内上下弯鱼形两仪，上红下蓝，分别代表阳和阴，象征宇宙。四卦中，左上角的乾即三条阳爻代表天、春、东、仁；右下角的坤即六条阴爻代表地、夏、西、义；右上角的坎即四条阴爻夹一条阳爻代表水、秋、南、礼；左下角的离即两条阳爻夹两条阴爻代表火、冬、北、智。整体图案意味着一切都在一个无限的范围内。

韩国国徽公布于1970年。国徽中央为一朵盛开的木槿花。木槿花的底色白色象征着和平与纯洁，黄色象征着繁荣与昌盛。花朵的中央被一幅红蓝阴阳图代替，它不仅是韩国文化的一个传统象征，而且在此代表着国家行政与大自然规律的和谐。一条白色饰带环绕着木槿花，饰带上缝着国名"大韩民国"四字。此特点与朝鲜的国徽设计相同。

韩国的国歌是《爱国歌》。韩国最早创立的民间报刊《独立新闻》曾于1896年时刊登了多版本的爱国歌歌词，但当时"爱国歌"的旋律还未确定。后在大韩帝国时期，爱国歌的旋律被定为军队曲，称大韩帝国爱国歌。作曲家安益泰在1935年重新创作了国歌曲，立刻被当时的大韩民国临时政府采用。

## 第二节　民俗与宗教

### 一　民俗

**（一）居所**

据韩国学者推测，人类于4万~5万年前开始在朝鲜半岛上居住。旧石器时代，人类有的居住在洞穴中，有的则在平地筑屋而居。他们以摘野果、挖树根或渔猎为生。新石器时代的先民约于公元前4000年出现于朝鲜半岛，并有迹象表明，约在公元前3000年，他们的足迹已遍及朝鲜半岛。人们普遍认为新石器时代的先民是朝鲜民族的祖先。新石器时代的先民在深入内地以前，居住于海滨和河岸附近。他们的食物主要取自大海。他们用渔网、钓钩、钓丝捕鱼和贝类动物。打猎是他们获取食物的另一途径。其后，他们开始从事农业，使用石锄、石镰刀等器具。种植稻米始于青铜时代。韩国的青铜时代一般被认为延续至公元前400年，在此期间，先民们仍居住于地穴之中，殡葬时主要以两三块竖石上承一横石条（支石墓）和以石板衬砌的石墓埋葬死者。当农业成为主要生产活动之时，村落便开始形成，同时出现了拥有最高权力的首领。要管理村社，就必须建立法规。据称，古朝鲜时期就曾经有过"杀人者立即处死、伤人者须以谷物赔偿、盗窃他人财物者罚为事主之奴隶"等严格的律法条款。

韩国传统式的住宅从三国时代到朝鲜李朝后期一直没有多大变化。"温突"系统是韩国的一种独特的地下取暖系统，最初在北方使用。这种系统是利用地面之下构筑的烟道传送热气取暖。在气候较温和的南方，木地板下面也构筑有这种烟道系统。传统住宅的建筑材料主要为黏土和木材。屋顶用的瓦片通常是用红黏土烧制的黑色瓦片。韩国传统住宅在建造时不用铁钉而是用木榫、木钉。上层社会的住宅由几处独立的建筑物构成。一处归妇女和孩子居住，一处归家中的男子和他们的宾客使用，还有一处是给仆人居住的。住宅之外建有围墙。家祠建在住宅后面。有时围墙外面、住宅的前方还有一方荷塘。

由于北方寒冷、南方较温和，因此住宅的形状有所不同。在南方，简单的传统住宅有一长方形客厅，两端是一间厨房和一间卧室，住宅呈 L 形。在北方，住宅则呈 U 形或四方形，中间是一个小院落。

韩国的传统庭院包含土地、建筑、花草树木、溪流荷塘、岩石垣墙、小桥曲径等元素。韩国人依照顺应自然的哲学，将这些元素有机地整合起来，和谐有序地置于有限的空间，是生活起居的场所，也是修身养性之地。在韩国人看来，庭园是把自然融入家中，是另一个生活空间。位于庆州的鸡林和雁鸭池、昌德宫的后园、全罗南道的潇洒园等，是韩国庭园艺术的典范。观赏韩国的庭园毋宁说是在领略它所体现的韩国人的审美观、自然观和生活哲学。韩国学者认为，"东方的庭园虽然都以自然观念为基础，但各具特色。韩国庭园散发出天人合一的舒适感。相比之下，中国庭园是在与自然的抗争中体现一种恢宏气度之美，日本庭园则以其精巧玲珑体现出一种人工美，二者都给人一种紧张之感"。[①]

---

① 〔韩〕郑在镳:《韩国的庭园》，载于韩国国际交流财团《高丽亚那》2003 年夏季号。

从 20 世纪 60 年代后期以来，由于建造了西方公寓式的建筑，韩国住宅的式样变化很快。自 70 年代以来，千篇一律的高层公寓拔地而起，很难再从居所中找寻到闲情逸致、天人合一的元素。

**（二）服饰**

韩国人很早便开始用麻、葛织布，并养蚕制作丝绸。三国时代，男子穿短上衣、长裤，外穿罩衫，配以帽子、腰带和鞋子。妇女则穿有两根长丝带的短上衣，丝带结成一个蝴蝶结，以及一条高腰长裙，配以布袜和钩头胶鞋。这种服装叫作"韩服"，千百年来代代相传，除短上衣和高腰长裙的长短不一外，没有什么变化。朝鲜战争期间西式服装进入韩国。同时，在 20 世纪 60 年代和 70 年代高速工业化时期韩服被认为穿着不便，穿着者大为减少。近年来传统的韩服焕发了新的生机与活力。韩服有两个发展方向，一是在日常生活中韩服日益简化，更容易穿着。女式韩服包括一条长裙和一件短上衣。男式韩服包括一件短上衣和一条长裤。男女韩服外面都可罩一件剪裁类似的长衫。在年节喜庆之时，身着艳丽的韩服成为节日里一道亮丽的风景线。二是在 T 形台上，由于时装界复古风和民族风的盛行，韩服比以往更加雍容华贵，色彩也更华丽，各种刺绣和龙、凤、松、鹤等传统图案点缀其中，成为表达韩国服装设计师设计理念和风格的重要载体。

**（三）饮食**

从古至今，韩国人的饮食习惯已经发生了很大的变化，但是米饭和泡菜依然是现代韩国人的最爱。米饭是韩国人的主食，也有不少年轻人喜欢吃西餐。韩国人餐桌上主要的菜肴是泡菜、汤、新鲜蔬菜和肉。泡菜是韩国最具标志性的饮食，对于韩国人而言就像盐一样不可或缺，每日三餐必备。泡菜是用大白菜、萝卜、小葱、黄瓜等蔬菜腌制而成的。每年 11 月底或 12 月初，家家户户便为漫长的冬季准备腌制泡菜。以前，韩国人将泡菜储藏于瓦缸之中埋入地下，以备冬季食用。公寓式的楼房出现后，家用电器商则专门为储存泡菜制造了泡菜冰箱。此外，越来越多的家庭不再自己腌制泡菜而是买现成的，因此泡菜工厂的生意十分兴隆。

除泡菜外，"大酱"（黄酱）因其抗癌的功效引起了现代营养学家的关注。韩国人过去通常在家里制作黄酱。制作时先将黄豆煮熟，然后将黄豆在阴凉处晾干，用盐水浸泡，并置于阳光下使之发酵。今天，自制豆酱的家庭为数很少，大多数都买工厂制作的豆酱食用。肉类菜肴中，韩国人喜欢吃烤卤汁牛肉和烤卤汁排骨（牛排或猪排）。烤肉是深受韩国人喜爱的佳肴。

**（四）家庭**

传统的韩国家庭通常是三代甚至是四代人住在一起的大家庭。过去由于婴儿死亡率高，同时大家庭又被认为是一种福气，因此都渴求多子多福。为了发展经济、控制人口过快增长，韩国自 20 世纪 60 年代起就开始实行有效的计划生育，每对夫妇生育的孩子数量大大减少，至 80 年代时，平均每对夫妇的孩子已减少到不足两个。1980 年出生率降为 1.67%。根据保健福祉部的统计，2003 年韩国的出生率仅为 1.17%。此后虽然有所波动，但一直维持在相对较低的水平。虽然生育率下降是一种世界趋势，但韩国下降速度之快令人震惊。社会学家分析指出，养儿防老的观念已经销声匿迹，子女效用价值的减退和养育成本的高涨使人们的生育观念发生了很大的变化，追求自我实现的价值取向使越来越多的人不愿意在生育孩子上花费精力。同时，由于越来越多的韩国女性更加积极地参与社会经济生活，育龄妇女处于事业与孩子的两难之间，晚婚、晚育甚至是不生育的现象相当普遍。韩国社会需要积极地应对低出生率和人口老龄化所带来的挑战。

由于长期受儒家思想的影响，韩国人多认为长子是未来的一家之主，祈望生男孩的思想十分普遍。为了解决重男轻女的思想，韩国政府彻底改写了有关家庭方面的法律，保证男女在继承方面享有平等的权利。同时，工业化使人们的生活变得紧张、忙碌、复杂，年轻的夫妇一般选择脱离大家庭自立门户。现在，多数家庭是以一对夫妇为核心的小家庭。近些年来，一人户逐渐增多。

韩国人的姓名基本上都是以韩语发音的三个汉字组成的。前面一个字是姓，后面两个字是名字。近年来，越来越多的人以韩国的固有词为他们的孩子取名。韩国的姓有数百个，但只有很少一部分常用。最常见的韩国姓氏有：金、李、朴、安、张、赵、崔、陈、韩、姜、柳和尹等。韩国妇女婚后一般不改姓。除非在亲密的朋友之间，韩国人不直呼别人的名字。

**（五）婚俗**

婚礼是人生的重头戏，因此也被称作"人生大事"。

在韩国传统社会里，婚姻在很大程度上不是两个彼此相爱的人的结合，而更多的是两个家庭的结合，因此也被称作"两姓之合"，在重视家庭出身和地位的贵族家庭尤其如此。传统婚姻程序从两家家长讨论婚事（议婚）开始。首先是提亲，双方家长同意联姻后互相交换婚书，就此确定婚事。男女双方交换写有生辰八字的庚帖和婚书，称为"纳采"。在传统韩国人看来，生辰八字反映了一个人出生的年、月、日、时的天地之气，是了解人的本性特征的符号，同时也是解读命运的重要代码，有时甚至是判断男女双方婚姻是否相合的唯一根据。通过生辰八字占卜姻缘相合后，女方找风水先生选择良辰吉日，男方送来聘礼，等待完婚。

传统的韩国婚礼仪式相当复杂。结婚当日，"纱帽冠带"的新郎一大早就要骑马或坐轿来到女方家，先向木雕鸿雁行"奠雁礼"，借从一而终的大雁许下相伴终身的誓言，此时，身着艳丽的"公主服"、脸颊和额头中央点着红红的胭脂点和吉祥痣的新娘则端坐在里屋，等待着新娘的母亲掷过来的木雁。据称，如果木雁倒了就会生女孩，如果木雁端坐就会生男孩。随后，结婚典礼正式开始。新郎新娘分别站在礼桌的东侧和西侧，新娘先向新郎鞠两个躬，新郎回礼鞠一个躬，重复几次后坐下行交杯礼。前两杯由新郎新娘各自饮尽，第三杯互换酒杯，将新郎的酒杯缠上蓝线送给新娘，将新娘的酒杯缠上红线送给新郎，双双一饮而尽。交换杯盏象征夫妇二人合为一体，结婚典礼至此结束。洞房花烛夜是在女方家。新郎新娘在第三天一起前往男方家，称作"三日于归"。新娘向公婆行大礼，婆婆则将栗子等抛向新娘，祈愿早生贵子。新娘从第二天开始要早晚问候婆家的长辈，第三天开始进厨房准备早餐，开始在婆家的日常生活。结婚程序的最后一项是"归宁"，新娘用在婆家第一年耕种收获的粮食做成糕，酿成酒，婚后初次去拜见娘家父母，表明自己已经适应了婆家的生活。至此，婚姻程序才告结束。

基督教的迅速传播使越来越多的韩国人选择在教堂举行婚礼。也有的家庭除此之外还要举行一次传统的婚礼，昭示着本土文化与外来文化的融合。

与传统婚姻观不同，现代韩国人越来越把结婚看作男女两人在爱情基础上的结合。受实用主义的价值观的影响，现代韩国人的结婚仪式也悄然发生着变化。花销巨大而又千篇一律的结婚仪式越来越受到冷落，取而代之的是在社会福利院或露天的婚庆场所举办婚礼，奥林匹克公园、南山公园、落星垈公园、果川赛马场等地也是不错的选择。随着女性经济社会地位的上升和平等意识的增强，由女方率先提出结婚的情况越来越多。以往的教堂婚礼中，父亲带着新娘出场，亲自将新娘交给新郎，不少韩国女性认为这是男性至上的残余，因此越来越多的新娘选择与新郎同时入场。结婚后继续工作的"白领丽人"也很常见。

### （六）丧葬

丧葬文化蕴含着一个民族对于生命的最原始的诠释。韩国丧葬文化融入了东方与西方、传统与现代等不同的文化元素。按照韩国人传统的生死观，生者的世界是阳间，死者的世界是阴间，出生之前的世界是阴间，死后要去的世界也是阴间，死亡意味着回归降生的地方。基于这一信念，韩国人传统的葬礼也就是将死者送回降生之地的仪式。在仪式中，融合了本土的巫俗仪礼以及外来的儒教、佛教、基督教等的宗教思想。

为死人举行的巫俗仪礼是为了将死者的灵魂引入阴间，而死者的尸体则要经过复杂的葬礼程序。死者着绸缎寿衣躺在棺材里，子女们将棺材供在家里，身着传统孝服恭迎前来吊丧的亲朋。这期间举行的仪礼程序几乎都是儒教式的，复杂而肃穆。要像对待生者那样每顿在祭桌上摆上饭食，并在桌前行礼。出殡那天，由32人抬灵柩前往墓地，一路上挽歌凄婉，多是佛教的内容，祈求观音菩萨引导死者走上极乐之路，可见韩国受佛教影响之深。

韩国人的风水传统根深蒂固，认为只有将墓地建在明堂吉地才能为子孙后代带来福泽。他们用土建成一个大坟茔，在上面种上草皮，定期清除杂草和修剪草坪。如果谁家不扫墓或对墓地疏于管理而杂草丛生，就不免受到邻居的指责。由于这种特殊的墓地文化，多数韩国人每年都要返乡扫墓，从而形成了浩浩荡荡的中秋返乡扫墓大军。

受西方基督教的影响，韩国的丧葬礼仪已经发生了很大的变化。女巫已由做礼拜和弥撒的神父和牧师取代。弥撒多种多样，有祈求上帝保佑故人的慰灵弥撒，有葬礼前的死亡弥撒，有安葬时祈求保佑的安葬弥撒，有葬礼三天后的三虞弥撒，以及解丧时所做的解丧弥撒等。以往丧主多着素服，而今大都穿黑色西服，为故人焚香、敬酒的风俗也逐步改为敬献白色菊花。由于宗教信仰的多元化，传统儒教式的丧葬礼仪正在逐步被其他宗教祈祷仪式取代。

二 节 日

以往韩国最盛大的节日就是宗教纪念活动。远在三国时代，韩国就开始过收获节和感恩节。除龙鼓节于农历十二月举行外，其他的节日活动通常在秋收后的农历十月间举行。在后继的各个朝代中，节日虽有增减，但庆祝秋收和迎接农历新年的活动一直沿袭下来。由于今天的生活十分紧张忙碌，韩国已经失去了很多的传统节日。但是，韩国人还有一些尽情欢庆的盛大节日，比如农历正月初一的春节、农历四月初八的佛诞节、农历五月初五的端午节、农历八月十五的秋夕等。此外还有一些对韩国人来说很重要的家庭节日，如婴儿的"百日""周岁"，老人的"花甲"生日等。

韩国的全国性假日主要有如下数个。

1月1日元旦，新年第一天为公众假日。

春节，农历正月初一，也称民俗日。这一天，韩国人要在祖先牌位前供奉酒食，祭祀完毕，要向家中长辈拜年。正月十五前夕，制作一个稻草人扔进河里。这种习俗在很多地方早已停止，但备办和吃各种应节食物的传统仍广泛流传。韩国人的家庭观念很强，春节或秋夕两个重要节日到来之际，政府一般会放假 3 天。居住在城市里的人在节日来临时往往要举家返乡。特别是由于首都圈（包括首尔、京畿道、仁川等）集中了韩国近一半的人口，因此每逢重要节日来临，浩浩荡荡的返乡车流堵塞了从首都通往全国各地的高速公路。此时火车票、飞机票也需要提前预订，有时则会出现一票难求的窘境。

3 月 1 日是独立运动纪念日。1919 年 3 月 1 日，韩国民众发起了大规模的反抗日本殖民主义统治的独立运动，史称"三一运动"。为纪念这一伟大的民族救亡运动，特设此纪念日。

5 月 5 日是儿童节，在这一天里全国民众为儿童举行各种庆祝活动。

佛诞日（农历四月初八）。韩国佛教徒众多，佛诞日的纪念活动丰富多彩。佛寺中有庄严的纪念仪式，大街上有热闹的提灯游行，各种活动相得益彰，吸引了不少非佛教徒参与。

6 月 6 日显忠日，国民在首尔国立显忠院、大田国立显忠院、各地的显忠塔或忠魂塔前，举行各种纪念仪式，鸣笛默哀，一同缅怀为国捐躯者的灵魂。

7 月 17 日制宪节，这一天纪念 1948 年颁布大韩民国宪法。值得强调的是，韩国宪法的制定早于韩国政府的成立。尽管在制定后经历了 9 次修改，但宪法在韩国的政治发展中扮演了重要的角色。设立制宪节，也是提醒国民尊重和遵守宪法的重要举措。

8 月 15 日光复节，1945 年的这一天，朝鲜半岛从长达 35 年之久的日本殖民主义统治下解放出来，这是最值得纪念的日子。1948 年的这一天，大韩民国政府宣告成立。

秋夕指的是农历八月十五，是韩国最重要的传统节日之一。为了祭祀和扫墓，居住在城市里的人们大举返乡，形成了浩浩荡荡的返乡车流。

10 月 3 日开天节，这是为纪念檀君于公元前 2333 年建立古朝鲜而设立的节日。尽管檀君开天是一个传说，但是韩国曾以此纪年，在阅读某些韩国文献的时候，经常会遇到以檀纪纪年的情况，需要的时候可以减

2333 换算成公元纪年。

12 月 25 日圣诞节，同西方国家一样，韩国的数百万基督教徒和非教徒共同庆祝这一节日。

### 三 宗教

韩国犹如宗教文化的万花筒，生动地展现着儒教、佛教、基督教、天主教、萨满教、天道教等多种宗教文化。随着宗教人口规模的逐步扩大，宗教日益成为韩国人生活中的重要组成部分。

韩国调查公司盖洛普公司分别于 1984 年、1989 年、1997 年、2004 年、2014 年专门进行过五次宗教主题社会调查。调查结果显示，在这 20 年间，韩国的宗教信徒比例在 44% 到 54% 之间波动，女性人口中的宗教信徒比例明显高于男性（见表 1 - 2）。

表 1 - 2　1984 ~ 2014 年韩国人的宗教信仰变化

单位：%

| 年份 | 1984 | 1989 | 1997 | 2004 | 2014 |
|---|---|---|---|---|---|
| 成年人信教人口比例 | 44 | 49 | 47 | 54 | 50 |
| 女性信教人口比例 | 53 | 58 | 58 | 63 | 57 |
| 男性信教人口比例 | 34 | 40 | 36 | 44 | 44 |

资料来源：《韩国的宗教（1984 ~ 2014）》，韩国盖洛普公司网站，http：//www. gallup. co. kr/gallupdb/reportContent. asp？seqNo = 625&pagePos = 1&selectYear = &search = &searchKeyword。

盖洛普的调查显示，从年龄层来看，年龄越大，宗教信徒的比例越高。以 2014 年的调查为例，19 ~ 29 岁的年轻人中只有 31% 的受访者表示有宗教信仰。而在 30 多岁、40 多岁、50 多岁的年龄层中，信徒比例达到 38%、51% 和 60%，在 60 岁以上的老年人中，宗教信徒比例高达 68%。

从盖洛普的连续调查结果来看，20 年间韩国人最主要的宗教信仰是佛教、基督教（改新教）和天主教，形成了三大宗教三足鼎立的局面。

其中佛教和基督教信徒更多一些。以 2014 年的调查为例，佛教信徒占 1500 名被调查者的 22%，基督教信徒占 21%，天主教信徒占 7%，其他宗教微乎其微。不信教的人士占被调查者的 50%。

盖洛普调查还显示，从各年龄层来看，年龄越大，信仰佛教的比例越高。以 2014 年的调查为例，19 ~ 29 岁的被调查者中，只有 10% 信仰佛教，而在 60 岁以上的老年受访者中，有 35% 信仰佛教。基督教的信仰者尽管也有随着年龄增长信徒比例增加的现象，但不像佛教变化这么大。

从地区来看，2014 年的调查显示，首都圈（首尔市、仁川、京畿道）和湖南圈（光州、全罗南道、全罗北道）等地被调查者信仰基督教者居多；而在岭南地区（大邱、庆尚南道、庆尚北道、釜山、蔚山）等地，信仰佛教的被调查者更多。在韩国中部地区的大田、忠清北道、忠清南道等地，佛教略占优势。[①]

韩国统计厅《2015 年人口住宅总调查标本统计结果》结果显示，韩国宗教信徒人数为 2155.4 万，占国民总数的 43.9%。其中，基督教改新教是第一大宗教，教徒 967.6 万人，占人口总数的 19.7%；佛教徒 761.9 万人，占总人口的 15.5%，比 2005 年 22.8% 的比例下降明显；天主教徒 389.0 万人，占 7.9%；儒教徒占 0.2%。从纵向比较来看，韩国人中宗教信仰者的比例在近十年里出现了大幅度下降，下降了 9 个百分点。[②] 具体内容见表 1 - 3。

根据韩国《2015 年人口住宅总调查标本统计结果》，从年龄结构来看，70 岁以上韩国人信仰宗教的比例最高，达到 58.2%；信教人口比例最低的是 20 ~ 29 岁年龄段（35.1%）。

---

① 韩国盖洛普公司网站，http：//www. gallup. co. kr/gallupdb/reportContent. asp？ seqNo = 625&pagePos = 1&selectYear = &search = &searchKeyword。

② 韩国统计厅：《2015 인구주택총조사표본집계결과（인구，가구，주택기본특성항목）》，第 17 页。见韩国统计厅网站，http：//kostat. go. kr/portal/korea/kor _ nw/2/9/1/index. board？ bmode = read&bSeq = &aSeq = 358170&pageNo = 1&rowNum = 10&navCount = 10&currPg = &sTarget = title&sTxt = 。

表 1 – 3　1995～2015 年韩国人口住宅总调查宗教信仰概况

单位：千名，%

| 年份 | 1995 | 2005 | 2015 |
|---|---|---|---|
| 合计 | 43834 | 46352 | 49052 |
| 有宗教信仰 | 22100(50.4) | 24526(52.9) | 21554(43.9) |
| 　佛教 | 10154(23.2) | 10588(22.8) | 7619(15.5) |
| 　基督教(改新教) | 8505(19.4) | 8446(18.2) | 9676(19.7) |
| 　基督教(天主教) | 2885(6.6) | 5015(10.8) | 3890(7.9) |
| 　圆佛教 | 86(0.2) | 129(0.3) | 84(0.2) |
| 　儒教 | 210(0.5) | 104(0.2) | 76(0.2) |
| 　天道教 | 28(0.1) | 45(0.1) | 66(0.1) |
| 　大宗教 | 7(0.0) | 4(0.0) | 3(0.0) |
| 　其他 | 225(0.5) | 196(0.4) | 139(0.3) |
| 没有宗教信仰 | 21735(49.6) | 21825(47.1) | 27499(56.1) |

资料来源：《2015 年人口住宅总调查标本统计结果》《2015 인구주택총조사표본집계결과 (인구, 가구, 주택기본특성항목)》。

## （一）儒教

尽管从统计数字上看，儒教徒只占韩国总人口的 0.2%，但这一统计数字可能不能真实反映儒教在韩国的现况。实际上，儒教已经融入国民的价值体系之中，其影响是如此深入和广泛，以至于人们往往忽视了它的存在。

儒学思想体系的基本伦理思想为仁、义、礼、智、信，旨在齐家治国，要求人们恪守社会等级秩序即"三纲五常"，倡导社会的有序与和谐。在朝鲜半岛有重要影响的中国宋朝二程和朱熹的"性理学说"在高丽末期传入朝鲜半岛。公元 10 世纪末引入的科举考试制度，在吸引大批学子研读儒家经典的同时，也将儒家的价值观深深地植根于韩国人心中。建立于 1392 年的朝鲜王朝以儒教思想为官方意识形态，并在教育、礼仪、行政管理方面推行儒学系统。朝鲜封建社会被认为是比中国还典型的儒教社会。在朝鲜李朝历史上出现了金宗直、赵光祖、李滉、李珥等著名儒学家，朝鲜社会也长期处于比较稳定、有序的局面，李朝延续了 500 余年的历史。但是，在西方现代化大潮来临之际，朝鲜李朝没有能够适应新的发展。

诺曼·雅可布斯（Norman Jacobs）等学者认为儒教伦理阻碍了社会的发展，儒教敌视生产性的商业和工业经济，提倡对平庸的上级的绝对忠诚，宣扬节俭而不是通过生产来解决贫困，追求个人道德完善而不是社会功利效果。[①] 在 20 世纪后期东亚迅速崛起之后，赫尔曼·康恩（Herman Kahn）、彼得·伯格（Peter Berger）等学者则试图用"新儒教文化""后儒家伦理"等概念来解释东亚的崛起，认为儒教伦理中的某些成分有利于经济发展，比如重视教育、提倡节俭、强调和谐等。[②] 两派学者的观点明显对立。可见，要回答这一问题不能简单地从文化的层面去解释，而是要结合不同的历史背景和制度约束进行深入的分析。

日本殖民统治时期，韩国儒教受到了亲日势力的干扰，他们提倡皇道儒学，推行儒学皇国化。光复后，韩国儒学面临着恢复和净化的重任。1945 年 10 月，全国儒林会议在首尔召开，会议决定成立儒道会、恢复成均馆。1946 年 9 月 25 日，成均馆大学宣告成立，金昌淑任校长。成均馆大学的成立使具有 1600 多年历史的太学传统得以延续，为儒学的研究和传承提供了重要的载体。

1964 年，《儒林时报》开始发行，后改名为《儒林月报》（1969）、《儒林新报》（1987）。1975 年韩国妇女儒林会和韩国青年儒林会相继成立。儒学教育活动在全国范围内日益活跃。目前，儒教在韩国有很广泛的影响。许多传统的儒教仪式，在韩国人祭祀祖先、婚丧嫁娶等重要纪念和

---

[①] Norman Jacobs, *The Korea Road to Modernization and Development*, Urbana and Chicago, 1985, pp. 232 - 233. 雅可布斯的观点与马克斯·韦伯（Max Weber）一脉相承。在《儒教与道教》一书中韦伯认为，中国的儒教伦理"拒斥了行业的专门化、现代的专家官僚体制与专业的训练，尤其是拒斥了为营利而进行的经济训练"。韦伯关于中国儒教的分析对于理解儒教对韩国的影响也有帮助。〔德〕马克斯·韦伯：《儒教与道教》，洪天富译，江苏人民出版社，1997。

[②] Herman Kahn, *World Economic Development*, Boulder: Westview Press, 1979, pp. 121 - 123; Peter Berger (eds.), *In Search of An East Asian Development Model*, New Brunswick and New Jersey, 1988.

庆典活动中依然很流行。

**（二）佛教**

在之前的韩国全国人口统计中，佛教经常占据第一大宗教的地位。但是，在 2015 年的统计中，佛教信众的比例降到了第二位。

佛教戒律严格、富于哲理，强调通过轮回转世来拯救自己。佛教于公元 4 世纪从中国传入朝鲜半岛，是韩国传统文化的重要组成部分，在政治社会生活中扮演着重要的角色。新罗统一朝鲜半岛后将佛教奉为国教。由于王室好佛，这一时期佛教艺术和寺庙建筑十分繁荣，在新罗首都庆州建造了佛国寺和其他佛教建筑物。由于贵族沉迷于奢侈的生活，作为国教的佛教开始衰落。禅宗创立后，佛教在朝鲜迎来了一个发展的高峰。高丽王朝的统治者更加热衷于扶持佛教。高丽时期，由于贵族给予了充分的支持，佛教艺术和佛教建筑继续繁荣。这一时期出现的《高丽大藏经》是韩国佛教文化的代表。

韩国的佛教深受中国佛教的影响。宋明佛教的教禅合一、儒释道三者的合流使高丽、朝鲜佛教出现了各教会通的情况，禅宗也相继在中国和朝鲜成为佛教的主流。佛教传入韩国后，与本土的民族文化相结合，形成鲜明的民族特征。例如，韩国把佛教的"世俗五戒"解释为"一曰事君以忠、二曰事亲以孝、三曰交友有信、四曰临阵无退、五曰杀生有择"，这与印度和中国的解释截然不同。① 佛教与儒教的影响相互渗透，使护国、忠孝成为韩国佛教的根本精神和道德伦理准则。

1392 年，李成桂起义，自立为朝鲜王国开国君主，他努力清除佛教对政府的影响，并采用儒教作为治理国家和维护伦理道德的指导原则。在朝鲜王朝历时 5 个世纪的统治时期，任何复兴佛教的努力都遭到儒家学者和官员的强烈反对。日本于 1910 年强占朝鲜并使之成为殖民地之后，曾试图用日本的佛教来同化朝鲜半岛上各佛教派别，但是这些企图均以失败告终。光复后，韩国的佛教有了新的发展。

---

① 黄心川：《当前东亚佛教的复兴情况及其对社会经济的影响》，《中华佛学学报》2000 年第 13 期。

目前，在韩国众多的佛教宗派中，信徒在百万以上的有大韩佛教曹溪宗、韩国佛教太古宗、大韩佛教天台宗、大韩佛教总和宗等。不少在中国早已销声匿迹的宗派，如三论宗、法相宗等在韩国依然存在。超宗派的全国性组织"韩国佛教宗团协议会"是各佛教团体的核心，以弘布佛法、推行教化、进行教义学术研究、增进社会福祉、加强国际佛教交流为己任。韩国佛教于1968年建立军宗僧制度，军队和警察队伍中开始出现军法师和警僧。佛教的影响已经深入韩国政治、经济、社会、伦理等各个方面。

1995年，全国人口统计显示，当时韩国佛教徒有1000万人。[①]到2015年，佛教徒数量明显下降。在各类佛教团体中，青年佛教会、大学生佛教团体、佛教初高中学生会等比较活跃。韩国佛教各团体还开办有大专院校、初高中及大批小学和幼儿园等。

### （三）天主教

天主教经中国传入朝鲜半岛，传统宗藩关系下的使节扮演了重要角色。明朝时期，朝鲜国王每年都要定期或不定期地派遣多批使团赴北京，这些使团回国时将天主教介绍到朝鲜，带回了不少的书籍资料。这些书籍除了宗教教义外，还包含许多西方的学问，如阳历历法等，引起了朝鲜王朝实学派学者的重视。到了18世纪，有些实学派学者改变了信仰。1794年，中国神甫周文谟来到朝鲜半岛。尽管当时外国宗教在韩国土地上传播在理论上仍属非法，偶尔还会遭到迫害，但皈依耶稣的人不断增加。到了1865年，朝鲜半岛已有12名教士，管理约23000人的宗教社团。1863年摄政王大院君掌握政权后，天主教徒开始受到严重迫害，并一直持续到1873年。1925年，在罗马圣彼得教堂为朝鲜王朝时期殉道的79名朝鲜人举行了宣福礼。

朝鲜战争后，天主教救济机构和传教士的数量均有增加。韩国天主教会迅速发展。1962年，韩国天主教会由传教地教会升格为独立的教区，直属罗马教廷，并正式设定教阶制度。全国出现了首尔、大邱、光州等3个大教区和春川、仁川、大田、清州、釜山、全州等6个教区，其后教区

---

① 韩国文化观光部：《2004文化政策白皮书》，2005，第468页。

数量和范围都有所调整。1968 年，首尔大教区的金寿焕大主教升为枢机卿，韩国教会有机会在决定世界天主教会的重大问题中发挥作用。1984年，在天主教会庆祝其在韩国建立 200 周年之际，教皇保罗二世访问了首尔，并追认殉道的 93 名韩国和 10 名法国传教士为圣徒。1987 年教皇第二次访问韩国，出席国际圣体大会，并特意为韩国国民和朝鲜半岛的和平与稳定祈祷。2005 年 4 月保罗二世去世后，韩国总理李海瓒率领吊唁团亲赴梵蒂冈参加教皇的葬礼，足见韩国对于天主教会的重视。

据韩国文化观光部的资料，2002 年韩国有天主教堂 2348 个，神职人员 14310 人，1995 年全国人口调查时的天主教教徒数为 295 万。[①] 2015 年调查显示，韩国有天主教信徒 389 万人。

**（四）基督教**

基督教在韩国被称为改新教。19 世纪末，基督教开始传入朝鲜半岛并对韩国的发展产生了长期而深远的影响。在"西风东渐"的大背景下，开港后的朝鲜李氏王朝开始接受基督教。通过开化派金玉均等人的引见和介绍，1884 年美国长老会传教士、医生艾伦（Horace N. Allen），1885 年长老会传教士安德伍德（Horace G. Underwood）和卫理教传教士阿彭泽勒（Henry G. Appenzeller）等人陆续来到朝鲜半岛，行医治病，创办学校，传播基督教义。在思想启蒙、推进韩国的近代化方面，基督教与韩国的开化派是一致的。这也正是开化派积极引进新教的原因。

初到朝鲜半岛的传教士们的活动重点是教育、医疗和出版文化事业，特别是以往受到严重忽视的女性教育。艾伦因救治了甲申政变中受重伤的闵英益而得到了王室的信任，于 1885 年创建了朝鲜半岛上第一所西式医院广惠院。阿彭泽勒在 1885 年创办了培材学堂（由高宗命名），传教士斯克兰顿（William B. Scranton）于 1886 年创办了梨花学堂。这两所学校后来都发展成为韩国有名的大学。贞信女子学校、培花女子学校、英花女子学校等大批女校，在促进男女平等、提高女性的平等意识、号召女性积极参与社会生活方面发挥了重要作用。

---

[①]　韩国文化观光部：《2004 文化政策白皮书》，2005。

　　1903 年"首尔基督教男青年会"成立后，其他的新教组织也相继成立。这些组织积极开展政治活动，号召民众反对迷信和陋习、废止身份制度、简化庆典礼仪等。不仅如此，基督教的启蒙逐渐与民族意识的形成和独立精神的培养结合在一起，不少新教徒（如徐载弼、李向在和尹致昊等）开始积极献身于政治事业，成为独立运动的重要领袖。有了政府的支持和民众的积极参与，基督教在韩国展现了日益增长的活力，1905 年韩国出现了大规模的读经会，1909 年的百万人救灵运动吸引了众多民众皈依基督教。

　　1905 年《乙巳条约》的签订，激起了广大基督教徒的强烈愤慨，他们走上街头，挂出"誓守国权"的条幅，号召国民保卫国家。在日本强制高宗退位时，基督教徒们组织了王室守备敢死队，不少义兵将领是基督教徒。1910 年大韩帝国被日本吞并后，基督教徒曾遭受残酷的迫害，基督教联合会也遭到镇压。1933 年，朝鲜半岛有基督教徒约 33 万人。1937年七七事变后，日本加强了对朝鲜民族的皇民化教育，教徒在做礼拜之前被强迫背诵《皇国臣民誓词》，各教派也必须改用日本教派名称，教权完全掌握在日本人和亲日派的手中。

　　二战结束后，韩国基督教艰难地进行了清算日帝残余、恢复信仰信心的工作。20 世纪 60 年代和 70 年代基督教在韩国发展迅猛，教徒数量快速增长。到 80 年代，基督教已经成为韩国最重要的宗教之一。根据人口普查的结果，1985 年韩国基督教徒达 648.9 万人，约占全国人口的 15%。1995 年基督教徒增至 850.5 万人，约占全国人口的 19.4%，基督教发展之快令人惊叹。2015 年，韩国有新教教徒 967.6 万人，占总人口的19.7%。新教成为韩国第一大宗教。

　　基督教为何能有如此迅猛的发展？这与韩国深刻的经济社会变迁有关。

　　首先，经济起飞后，韩国经历了快速的工业化和城市化过程。在新的社会环境中，原有的缺少活力的、田园牧歌式的佛教对于缓解人们面临的各种新压力来说已经力不从心，而带有个人拯救和个人命运的信息的基督教成为人们在瞬息万变的时代里新的精神支柱。基督教鼓励个人奋斗和发展，强调理性，这与当时的社会发展趋向一致，于是城市青年、新兴中产阶级等纷纷皈依基督。

其次，基督教在传播基督教义、教育普及、增进社会福祉等方面发挥了重要作用，为社会弱势群体提供了庇护伞，这也大大促进了基督教在韩国的发展。快速的工业化和城市化不仅带来了经济的发展，也引发了社会公平、基本人权保障等各方面的问题。早在 20 世纪 60 年代韩国的基督教会就建立了产业传教问题委员会，探索如何向工人和城市贫民传教。1970 年青年工人全泰一自杀引起巨大的社会冲击，教会对产业工人更加关注。

最后，韩国的基督教会和天主教会积极地参与了韩国的政治民主化进程，成为民主运动中的一支重要力量，这是其能够吸引更多民众的重要原因。在分析第三波民主化浪潮的原因时，亨廷顿（Samuel P. Huntington）把韩国作为宗教变革引发民主化的典型。[①] 由于基督教在韩国快速扩张，人们的价值观念发生了重要的变化，儒教对国家权威的尊崇和佛教的消极被动被摈弃，民主、平等的观念日益深入人心。而韩国的 20 世纪 70 年代正是维新体制下军事独裁和经济不平等最严重的时候。现实与信仰之间的巨大差距激活了基督教会的社会参与。1973 年 4 月 22 日，在南山举行复活节礼拜的牧师和"韩国基督教学生联盟"的学生组织了反维新体制的游行示威。政府对他们的拘捕引发了更大规模的反政府集会和游行。1973 年 11 月，66 位基督教领导人联合发表声明，要求废除维新宪法、恢复民主主义。1974 年，5 位主教领导数千名天主教徒举行了反对朴正熙政权的大游行。政府的高压使市民、学生、神职人员、社会在野势力更加紧密地团结在一起，形成了强大的反体制力量。基督教会在很长时间里成为受到压制的民主人士的庇护所。在 80 年代大规模民主化运动到来时，教会已经成为反对军人政权、倡导民主运动、捍卫人权的主要场所，首都首尔的明洞圣堂成为标志性的教堂，是基督教参与民主运动的象征。

宗教的跨国性质，使得有教会参与或有教徒参与的问题都不再是一国

---

① 〔美〕塞缪尔·亨廷顿：《第三波——20 世纪后期民主化浪潮》，刘军宁译，上海三联书店，1998，第 84 页。

的内部事务，而很有可能在国际上产生影响。在韩国，教会积极参与民主化运动使威权政府在处理相关问题时非常被动，加之民主运动的主要领导人金大中和金泳三都是虔诚的天主教徒或基督教徒，使威权政府承受了巨大的来自国际社会的压力。

基督教的迅猛发展和各教团之间的竞争，导致教职人员规模的急速膨胀和素质降低，甚至出现了为赚钱而办教会的情况。教会林立的现象也很不正常。韩国著名漫画家李元馥在分析韩国人的特性时曾指出，除了韩国，在世界的任何地方都见不到教会的尖塔如此林立的稀奇现象，甚至在一个建筑物上竖着三四个不同教堂的尖塔，整个首尔的夜晚成了红十字架的丛林。李元馥认为，这充分显示了韩国人的特征："别人做了，我不能不做！"① 这与韩国人一窝蜂地去卡拉 OK、染发、买泡菜冰箱如出一辙。然而，这种不甘落后的精神或许也是韩国经济发展的一个重要动力。

**（五）其他宗教**

除了儒教、佛教、基督教和天主教等主要宗教以外，萨满教、天道教和伊斯兰教在韩国也有不同程度的影响。

萨满教是一种原始宗教，虽无组织系统，但通过传说和民俗已深入人民的生活。新石器时代的先民信奉泛灵论，认为万物皆有灵魂。他们认为人类也有灵魂，并且永不消亡。安放尸体时，头要朝太阳升起的东方。先民们相信，诸如太阳这样的善良的神灵会给人带来吉祥，而邪恶的神灵则会带来厄运。作为统治人民的手段，萨满教后来虽逐渐让位于儒教和佛教，但其影响至今依然存在。萨满教巫师是沟通阴阳两界的媒介，被认为能祛灾、治病，并能保证人们平安吉祥地从今世进入另一个世界。萨满教巫师还被认为能解决活人和死人之间可能存在的冲突和紧张关系。韩国的萨满教崇拜存在于自然界各种物体之中的数以千计的神怪，这些物体包括岩石、树木、山川，以及天体。萨满教仪式富于驱妖降魔的内容，表现出音乐、舞蹈等戏剧成分。儒教和佛教等宗教的传入，并没有使人们完全放弃对萨满教的信仰。在古代朝鲜，萨满教是一种令人敬畏而迷信的宗教。

---

① 〔韩〕李元馥：《漫话韩国》，朴惠园译．中信出版社，2004，第63页。

对现代人而言，萨满教已经成为多元文化的一个组成部分。

天道教是在 19 世纪 60 年代抵制西方的运动中兴起的，由大主教崔济愚创立，最初被称为"东学"，是朝鲜半岛的本土宗教。在创立过程中，天道教吸收了其他宗教的某些成分，如儒教的五常、佛教的净化心灵、天主教的组织和仪式等。天道教强调人神合一，意指人潜在地是神，但只有当人虔诚地信仰其精神与肉体的统一以及神的普遍性时，才能实现这种合一。《东经大全》《龙潭遗词》是天道教的经典。天道教的发展十分曲折。1864 年崔济愚被以左道乱政罪处以极刑。1894 年东学教徒在全罗道全琫准等人的领导下举行起义，史称甲午东学革命，后遭镇压。以孙秉熙为首的天道教徒参与了独立宣言的发表，是"三一"运动中的一支重要力量。天道教坚持排洋斥外、除暴救民，努力扩大教势，坚持抗日斗争。光复前夕，天道教有教徒 9 万余人。朝鲜战争结束后，韩国天道教重建教会，并重新制定教宪。从 20 世纪 60 年代末期到 80 年代，天道教致力于编纂和刊行东学经典，整理和完善宗教戒律，设立教育机构，并积极参与民族和解与统一进程。据统计，2002 年韩国天道教有教堂 283 座，教职人员 5670 人。[①] 2015 年的调查显示，韩国有天道教信徒 6.6 万人。

## 第三节　特色资源

韩国风景优美，有许多文化和历史遗产，旅游业较发达。韩国主要旅游点有：首尔"五大古宫"（即景福宫、昌德宫、昌庆宫、德寿宫、庆熙宫）、国立博物馆、国立国乐院、南山塔、国立现代美术馆、江华岛、民俗村、板门店、庆州、济州岛、雪岳山等。为使国民能够有机会充分领略历史遗迹的魅力，韩国的文化景点的门票价格普遍较低，还经常开展活动，吸引市民参观。近年来颇有意思的是，首尔市出台政策，凡是穿古装进入古宫均可以免门票。不少外国游客索性租来一身韩服，周游首尔，俨

---

① 韩国文化观光部：《2004 文化政策白皮书》，2005。

然成为一道亮丽的风景线。只是在神情气质上，缺少韩国人的那份矜持和对韩服的那种深情。

## 一　首尔"五大古宫"

景福宫是太祖李成桂于 1395 年建造的新朝鲜王朝的正宫，位于东阙（昌德宫）、西阙（庆熙宫）的北侧，因而又被称为"北阙"。景福宫无论是从规模还是从建筑风格来看都堪称韩国五大宫殿之首。壬辰倭乱时期景福宫的大部分建筑被烧毁，后高宗时期，兴宣大院君主持恢复并兴建了多座建筑。但明成皇后暗杀事件以后，随着王朝的逐渐没落，景福宫也不再作为王宫使用。

昌德宫于 1405 年建成，因位于正宫景福宫的东面，从而又被称为"东阙"。锦川桥建于 1411 年，敦化门建于 1412 年，从朝鲜第 9 代王成宗开始便有许多君王在此居住过，于是昌德宫成为相当于本宫的宫殿。壬辰倭乱时期，昌德宫被烧毁。宣祖下令前往义州逃难，百姓对此心怀悲愤，放火烧了宫殿。现今的宫殿由光海君于 1611 年重建而成，自然与人工建筑完美结合，内部有仁政殿、大造殿、宣政殿、乐善斋等文化遗产。昌德宫后苑在太宗时期建造而成，是王室休息的地方。后苑也被称为"北苑""禁苑"，高宗以后又被称为"秘苑"。在矮山坡和山谷里，完好无损地保存下了自然风景，只在必要的地方稍做修缮，打造出了韩国屈指可数的庭院。其中有芙蓉亭、芙蓉池、宙合楼、鱼水门、映花堂、不老门、爱莲亭和演庆堂等众多亭子和泉水。尤其是秋天枫叶变红之际，景色尤为美丽。1997 年 12 月，在意大利那不勒斯举行的联合国教科文组织世界文化遗产委员会上，德寿宫与水原华城一同被指定为世界文化遗产。

1418 年世宗（1397～1450）登上王位后，为奉养退位的太宗（1367～1422）而建造了寿康宫，这便是昌庆宫的雏形。之后，成宗为了奉养世宗的王妃贞熹王后、德宗的王妃昭惠王后和睿宗的王妃安顺王后，建立了明政殿、文政殿和通明殿，取名"昌庆宫"。昌庆宫中发生过许多令人悲伤的故事。壬辰倭乱时期昌庆宫曾被全部烧毁，李适之乱和丙子胡乱时期也曾被火烧。

德寿宫位于首尔最繁华的街道，其以富有韵味的石墙路而闻名。在首尔的宫殿中唯有德寿宫与西式建筑并肩矗立，营造出了一番别致的风景。德寿宫本来是朝鲜成宗（1469～1494 年在位）的兄长月山大君（1454～1488）的住宅。光海君（1575～1641）即位后将其改称为"景云宫"，使之具备了王宫的面貌。后来又被改称为"德寿宫"。经过德寿宫入口的大汉门就是禁川，河流上方有禁川桥，桥宽可容王驾通过。中和殿是法殿，古色古香，充分展现了其古老的历史。殿内的屋顶上画有两条龙。一般而言龙趾数代表龙的级别。中国和韩国大部分都是以五爪龙象征王，以七爪龙象征皇帝。即祚堂是光海君和仁祖（1595～1649）曾举行过即位仪式的地方，故得名"即祚堂"。堂前匾额上的字是高宗 1905 年登上皇位后亲笔手书。咸宁殿是高宗的寝殿，其名之意是祈愿高宗永远平安。现已进行改建，东面是皇帝的房间，西面是皇后的房间。静观轩是 1900 年建造的西式建筑。高宗曾在此喝咖啡、休闲，后面有一条又窄又长的秘密地下通道，通向俄罗斯公馆，现在依然存在。

庆熙宫是朝鲜开国太祖李成桂居住过的地方，也被称为"新门大阙"或"西阙"。先前作为王室的私邸使用，光海君八年（1616），认为新门大阙存在王气，为了消除王气，建造了离宫，称其为"庆德宫"。仁祖反正变乱后，将光海君逐出朝鲜，英祖三十六年（1760）将宫阙改名为"庆熙宫"。庆熙宫内有会祥殿、兴政堂、缉敬堂、崇政殿和兴化门等建筑，纯祖二十九年（1829）火灾导致大部分建筑被烧毁，1831 年又重新修建。①

## 二　世界文化遗产项目

韩国共有九处联合国教科文组织指定的世界文化遗产。第一处是佛国寺和石窟庵。它们坐落在吐含山山腰处，是灿烂的新罗佛教文化的中心。1440 年前，新罗法兴王 22 年，为了维护国家安定和百姓平安，建造了佛国寺。以后在新罗景德王时期，在宰相金大城的指挥下重新修建，面貌焕

---

① 五大古宫的资料源于韩国文化观光体育部网站，http：//www. mcst. go. kr/chinese/culture/palace/palace. jsp？pMenuCD =3201010100。

然一新。壬辰倭乱时期，佛国寺的大部分建筑被烧毁。1920 年之前部分建筑和塔一直衰败，后来经过不断的复原和修缮才最终拥有了如今大寺庙的面貌。从佛国寺沿着山脊往上走约 3 公里，就能看到著名的石窟庵，里面有面朝韩国东海的东方最大的如来坐像。石窟庵是韩国第 24 号国宝，始建于新罗景德王十年，由当时的宰相金大城主持修建。佛国寺和石窟庵、海印寺八万大藏经、宗庙于 1995 年 12 月 6 日一同被指定为世界文化遗产。

第二处是海印寺，建于 802 年，相传其与通度寺、松广寺并称为"韩国三大寺庙"。建于朝鲜初期的藏经板殿保持着当时的面貌。世界文化遗产藏经板殿是藏有 13 世纪高丽大藏经板 8 万余张的木造建筑物。规模相当于两座佛殿之大，南北相依，安然坐落在天地间，南边为修多罗殿，北边为法宝殿。没有华丽装饰和漆彩的佛殿却有着保存大藏经板绝佳的天然条件，这让人感觉非常神奇。古代精湛的技术在这里得到了巧妙的运用，通风顺畅，透气性强，在室内温度可自行维持的大殿里，8 万张大藏经板虽历经了岁月变迁，却依然保存得非常完好。藏经板殿准确的建造时间虽不明确，但自从 1488 年在朝鲜世祖名义下修建之后，没有经历过一次火灾或战争的破坏。

第三处是宗庙，这是供奉朝鲜历代国王牌位、举行祭祀的地方。1394 年太祖李成桂（1335～1408）创立李氏王朝之后，在新的都城，即汉阳修建了景福宫，同时还在那里修建了宗庙。由于宗庙很好地保留了庄严的祭礼、祭礼乐等古老的传统和习俗，因而被指定为世界文化遗产。进入宗庙正门后，有三条路，中央稍高一些的路是为去世的国王所设，东边和西边的路分别是国王和太子专门行走的道路。中间的路直接通往正殿。两边的路则连接到沐浴、斋戒和准备祭祀的房间。国王和太子在洁身净心后进入曲祀厅，这里是准备祭祀食物的地方，中间有院落，整个建筑呈"口"字形。宗庙的中心是正殿，这里是供奉历代国王的牌位及举行祭祀的地方。祭祀已故国王的做法从中国传来，但把这一传统延续至今的却只有此处。一提到宗庙，让人不能不想到宗庙祭祀乐，它由器乐、歌曲和舞蹈组成，500 年前的旋律至今仍在传唱，展现着古老的综合性祭祀礼仪文化，

每年 5 月的第一个周日都可在此看到祭祀典礼。

第四处是水原华城，这里是朝鲜后期建于京畿道水原市内的邑城。水原城的轴城于朝鲜第 22 代王正祖十八年，即 1794 年开始建造，于 1796 年建造完成。水原华城是正祖为了向父亲庄献世子表示孝心以及显示经济实力而建造的新城市。水原华城城墙全长 5.52 公里，安装了各种在其他城内看不到的军事设施。城墙上方建造了女墙，上面有多个射击口，可以掩护自身，还能监视攻击敌人。东西南北四个方向都有城门，北门称"长安门"，南门称"八达门"，东门称"苍龙门"，西门称"华西门"。水原城内还有小溪流经，小溪与城墙相遇处则设置了水门，共有 7 个拱形水门可供小溪流过，其上还修建了名叫"华虹门"的楼阁。建造华城时，参考了实学家柳馨远和丁若镛的意见，并以此为设计的基本方针，其中华城还被认为是韩国城墙中最科学的。特别是修建城墙时同时使用了石材和砖块，其结构既能防御敌人的弓箭和长枪，又能向敌人开枪发炮，可谓十全十美。此外，丁若镛发明的起重机使用了多个滑轮，只用很小的力气就能拉动沉重的石头，大大提高了工程的效率。水原华城在长久的岁月中，城墙多处遭受损毁，在朝鲜战争时期更有许多设施遭到破坏，1975～1979 年的重建让这里基本恢复了原样。水原华城于 1963 年 1 月被指定为第 3 号史迹，1997 年 12 月与昌德宫一同被注册为联合国教科文组织认定的世界文化遗产。

第六处是庆州历史遗迹。这个遗迹区域蕴含着新罗时代（57～935）古都庆州的历史和文化，2000 年 11 月被联合国教科文组织注册为世界文化遗产。根据遗迹的性质，大体可分为 5 个历史遗迹区：新罗佛教美术的宝库——南山地区；新罗千年王朝宫阙聚集地——月城地区；新罗王和王妃、贵族们的古坟群区域——大陵苑地区；新罗佛教精髓——皇龙寺地区；皇城防御设施——山城地区。

第七处是韩国的支石墓遗址，主要包括和顺、高敞、江华等地的支石墓，这些遗迹 2002 年 12 月 2 日被联合国教科文组织列为第 977 号世界文化遗产。高敞支石墓遗址和和顺支石墓遗址于 2000 年 11 月 29 日一同被载入了世界遗产名录。支石墓是史前时代石墓，英语称为"Dolmen"。埃及金字塔和英国的巨石阵等都如同支石墓，都是用石头做成的纪念物。全世界支石墓分布最多的地方是东北亚地区，其中在韩国分布着 30000 余座支石墓。

和顺支石墓位于道谷面孝山里与春阳面大薪里交界的山涧一带。位于道谷面孝山里一带的石墓共有 980 多个，其中经调查确认为支石墓的有 135 个，支石墓石桌下的磐石一部分被掩埋或损毁，能够辨别出原貌的有 100 多个。和顺支石墓最突出的特征就是在面积不大的地区却密集了多达 596 个支石墓，而且其中含有韩国最大（重量）的支石墓石桌。在雅山面的上甲里、高敞郡的竹林里、梅山里、松岩里等方圆 2 公里的地区均分布着大大小小的支石墓。该支石墓群自青铜器时期起就已形成，一直保存至今。在仁川广域市以江华郡富近里地区为中心分布着 120 余座支石墓。支石墓一般用长 7.1 米、宽 2.6 米的巨石搭建而成。支石墓在此被发现后，这里就成为研究史前文化的宝贵资料库。

第八处是朝鲜王陵，指的是从朝鲜建国（1392）至灭亡（1910）期间二十七代国王、王妃以及被追尊的国王及王妃的陵寝。这是韩国历代王陵中保存状态最为完好的。这些朝鲜王陵分布于以首尔为中心的 4 公里之外、40 公里之内的汉江南北两侧，依山傍水。朝鲜时代共建造了 119 座朝鲜王室陵寝，并根据埋葬者的身份把陵园分为陵、园、庙。其中有 40 座是国王和王妃的陵（其中两座在朝鲜境内）。这些国王和王妃陵寝有的单独存在，有的集群分布，其中最早的陵寝建造于 1408 年，最晚的陵寝建造于 1966 年。2009 年 6 月，40 座韩国朝鲜王陵被联合国教科文组织列为世界文化遗产。

第九处是安东河回村和庆州良洞村。河回村是丰山柳氏曾经生活过的住所，在这里可以感受到韩国的传统之美。河回村还是朝鲜时代名儒柳云龙和柳成龙的出生地，这里因洛东江水向东流淌后又以 S 形回转过来环绕村庄而得名"河回"。其东面有太白山的支脉花山，山脊一直延伸到村庄，形成了低矮的丘陵。由于村落的房子均以丘陵为中心，面朝低处建造而成，因此在村内不会看到方向一致的房子，每家的住宅都按地势高低分别朝向东西南北，这也是河回村的一大特点。在村落的中心，建有柳氏的大石瓦房，至今为止仍保存完好，其周围则是草房。在村前可以欣赏到缓缓流淌的洛东江江水、淡雅的芙蓉台、广阔无垠的白沙滩以及茂盛的古松林等美景。在村前的水道里还可以渡船。良洞民俗村是朝鲜时代传统文化与自然相结合的典范，是韩国规模最大的村落，由月城孙氏和骊江李氏建造而成。村庄内的国宝、宝物和民俗资料非常丰富，整个村落被指定为重要民俗材料第 189 号。村庄规模宏大，保存状态良好，文化遗产数量较多，传统色彩浓郁。2010 年 7 月 31 日，安东河回村和庆州良洞村作为韩国历史村落，被联合国教科文组织指定为世界文化遗产。

韩国有一处联合国教科文组织指定的世界自然遗产，即"济州火山岛和熔岩洞窟"，因其具有多样稀贵生物及濒危物种栖息地的稀贵性和优秀的外在条件，于 2007 年 6 月 27 日被联合国教科文组织列为世界自然遗产。该项目分为汉拿山自然保护区域、城山日出峰以及拒文岳熔岩洞窟 3 个部分。①

---

① 韩国十大世界文化与自然遗产内容来自 http：//www. mcst. go. kr/chinese/culture/heritage/heritage. jsp？pMenuCD＝3201020100。

# 第二章

# 历　史

## 第一节　古代史

### 一　古朝鲜时期

大约 50 万年前，朝鲜半岛就有人类繁衍生息。在朝鲜半岛发现的原始人类遗址主要包括韩国忠清南道公州附近的石壮里遗址，朝鲜平壤附近的祥原遗址、平壤力浦区大岘洞遗址、平安南道德川郡胜利山遗址等。这些遗址留存了旧石器时代的古人类生活遗迹。

在朝鲜半岛发现的新石器时代的遗址较多，主要集中在平壤附近大同江边的清湖里、首尔附近汉江沿岸的溪沙里和岩寺洞、釜山附近的东三洞等地。这些遗址属于新石器时代早期，距今六七千年。新石器时代早期的人靠捕鱼、打猎和采集野果为生。他们已开始在磨石上碾磨橡子和野生谷物。这个时期的平底无纹陶器和其他具有简单几何图形的陶器与韩国普遍存在的篦纹陶很相似。到新石器时代晚期，大约公元前 4000 年，陶器表面的图案有了变化，采用了闪电形状的平行波状线条或一组组凹痕。朝鲜半岛西海岸和南海岸沿河地区相继发掘了不少此类陶器遗址。

朝鲜半岛的青铜器时代开始于公元前 15 世纪左右。青铜器时代的主要遗址有大田市槐亭洞、庆尚北道庆州附近的入室里等地。这些遗址中出土的青铜器制品有斧、凿、短剑、矛等。青铜器工具的发明和使用，是人类发展历史上的一个重要里程碑。青铜器不仅是一种生产工具，也是征服不同氏族的有力武器。青铜冶炼技术的发展加快了大部落的崛起。这个时期的陶器也有明显的特点，有表面没有任何图案的平底陶，还有黑陶陶器和赤陶陶器。在平壤三石区湖南里青铜遗址中发现了炭化五谷粒，表明这一时期的人们已经开始种植和食用多种粮食作物了。

古朝鲜是半岛上最早建立的国家。根据中国《尚书大传》《史记》等书和韩国的《三国史记》《三国遗事》等书记载，商代王族箕子因不满殷纣王而被囚禁。公元前1066年周武王灭殷，将箕子释放。箕子遂率5000人东去朝鲜，在朝鲜建国，名曰"箕子朝鲜"，都城为王俭城（今平壤）。公元前195年，燕王叛汉，汉高祖派大军征讨。燕地大乱，卫满遂率众1000余人投奔箕子朝鲜。翌年，卫满率众攻打箕子朝鲜。箕子朝鲜亡，卫满为之建国，名曰"卫满朝鲜"。

在韩国，关于古朝鲜的起源问题，流传最广、影响最深的是"檀君神话"。檀君神话在《三国遗事》《帝王韵记》《东国李相国集·东明王篇》《世宗实录·地理志》等文献中都有记载，内容大同小异。在《三国遗事》中记载道："古记云：昔有桓因庶子桓雄，数意天下，贪求人世。……雄率徒三千，降于太伯山顶神檀树下，谓之神市，是谓桓雄天王也。将风伯、雨师、云师，而主谷、主命、主病、主刑、主善恶，凡主人间三百六十余事，在世理化。时有一熊一虎，同穴而居，常祈于神雄，愿化为人。时神遗灵艾一炷，蒜二十枚，曰：尔辈食之，不见日光百日，便得人形。熊虎得而食之，忌三七日，熊得女身。虎不能忌，而不得人身。熊女者无与为婚，故每于檀树下，咒愿有孕。雄乃假化而婚之。孕生子，号曰檀君王俭，以唐高即位，五十年庚寅，都平壤城，始称朝鲜。"如果按照檀君神话，那么古朝鲜的建国大概是公元前2333年。但是，并没有其他资料可以佐证。

汉四郡时代。公元前109年，卫满朝鲜与西汉交战。卫满朝鲜不支，败亡。西汉于翌年在该地建立汉四郡：乐浪郡、真番郡、临屯郡、玄菟郡。乐浪郡为汉四郡中心，治所为平壤。

辰国。大约在公元前3世纪兴起于朝鲜半岛中南部，由马韩、辰韩、弁韩等三韩族构成。中心地区是"月支国"，大概是在忠清南道的稷山，后迁移至"国邑"，即今天的锦江以南的益山附近。伴随准王南迁，有大批古朝鲜的移民南下至辰国。公元前 1 世纪，辰国内部矛盾激化，政治危机加剧，统治机构逐渐瓦解。公元 1 世纪中叶辰国被百济吞并。

## 二　"三国"时期

古朝鲜和辰国灭亡后，中国东北及朝鲜半岛兴起了高句丽、百济、新罗三个主要的国家，史称"三国"。

高句丽本是貊族的一支。《三国志》记载，高句丽为扶余别种，语言多与扶余同。据传，公元前 37 年，扶余的贵族朱蒙因受到排斥而与乌伊、摩离、陕父等人一同南下，在卒本地区（今中国辽宁省桓仁县附近）建立了高句丽。第二代王琉璃王迁都国内城（今中国吉林省集安市），并频频对外发动战争。到公元 1 世纪 50 年代，高句丽的势力已经扩展到清川江一带。公元 4 世纪，高句丽继续向南扩张，领土延伸至大同江、临津江、汉江沿岸。427 年，长寿王迁都平壤。475 年，高句丽占领了位于汉江流域的百济京都。此时，高句丽幅员辽阔，建立了中央集权的官僚体制。

公元 598 年，隋文帝令 30 万大军进攻高句丽，未果。公元 612 年，隋炀帝以百万大军分陆海两路进攻高句丽，久战，仍未果。高句丽将军乙支文德依据防御工事抵挡住隋炀帝的大军，并在其撤退时在萨永（清川江）伏击隋军，大胜。公元 642 年 11 月，高句丽国内发生武装政变，西部大人渊盖苏文以进行军事检阅为名拥兵杀掉文武官员百余人，掌握政权并自立为莫离支。他对内实行强有力的专制统治，对外则联合百济进攻新罗。新罗派遣使节向唐求援。公元 645 年 3 月，唐太宗从陆海两路进攻高句丽，占领辽东城后止步不前，日久天寒，被迫撤军。公元 647 年和 648 年，唐太宗两度进攻高句丽虽未果，但削弱了其实力。军事上强大的高句丽并没有维持多久，终因统治阶级内部的争权夺利和社会矛盾的激化而逐步衰落。

据传，建立百济国的温祚王是高句丽朱蒙王之子。在辰国陷入分裂时，温祚王与部分高句丽人一同南下，在汉江下游逐步发展成为百济，并定都于汉江南岸的慰礼城，其后领土有所扩张。从4世纪末开始，百济开始受到高句丽的侵袭。公元475年，高句丽长寿王大举南侵，攻陷百济京都。百济失去了汉江流域的大片土地，不得不迁都熊津（今忠清南道公州），后再迁至泗沘（今忠清南道扶余）。

据称，公元前57年，朴赫居在朝鲜半岛东南部的庆州建立了新罗。4世纪末以后，高句丽和百济之间持续交战，而新罗则在此时趁机将领土扩张至洛东江等地，吞并伽倻。到6世纪真兴王时期，其领土已经扩展至汉江流域、洛东江流域和东海岸地区。新罗的经济实力和军事实力显著增强。新罗为培养文武兼备的人才，发展了独特的花郎组织。这一组织主要向贵族出身的青少年进行思想教育，宣扬儒学、佛教的基本信条，并以武术锻炼身体，以歌舞陶冶情操。概括而言就是要"事君以忠、事亲以孝、交友以信、临战无退、杀生有择"。花郎作为一种相对严密的组织体系，对新罗加强中央集权统治、对外推行领土扩张发挥了重要作用。目前，韩国军队仍有名为"花郎"的军事演习，足见该组织体系的影响之大。

公元7世纪，中国东北地区和朝鲜半岛高句丽、百济、新罗三国鼎立的局面被打破，唐朝联合新罗征服百济和高句丽。唐朝在平壤设置了安东都护府，以管辖原高句丽和百济的领土。新罗也试图吞并高句丽和百济。新罗与唐朝之间的矛盾引发了数年争战。公元676年，唐朝将安东都护府迁移到辽东（今辽阳），新罗占领了原百济的领土和原高句丽的南部领土。直至公元735年，唐朝才承认大同江以南的领土属于新罗。至此，新罗统一了三国。

新罗统一朝鲜半岛后，政治上加强中央集权统治，经济上重新丈量土地、登记户籍，实行丁田制，并通过兴修水利促进农业生产。经过长达百余年的和平时期，至8世纪中叶，新罗的国力达到鼎盛状态。国内经济繁荣，对唐贸易发达。此时的新罗文化也呈现一派繁荣的景象。新罗文化有三国时期的历史积淀，也有唐朝文化影响的印记。新罗文化的一个突出特点是佛教的广泛传播和对佛教哲学的深入研究。新罗将佛教定为国教，积极鼓励僧人去唐朝学习和取经。这些僧人的足迹甚至经唐朝辗转至印度和中亚各国。新罗也以精湛的建筑艺术建造了石窟庵和佛国寺，成为当时佛教在新罗社会生活和文化思想领域居统治地位的象征。

新罗时期，儒学也得到了一定的发展。公元682年新罗在中央设国学，747年置诸业博士、助教，招收15岁至30岁的贵族子弟，学习和研究儒学经典，学制9年。公元788年新罗开始实施准科举考试制度。8世纪末至9世纪，许多贵族子弟到唐朝学习和研究儒学，考中唐朝宾贡科的达50余人，以文学家和哲学家崔致远最为突出，其著作《桂苑笔耕》流传至今。

公元8世纪末，新罗由盛而衰。真骨王族内部叛乱接连不断，中央集权逐步衰弱。王室、贵族、官吏和佛教寺院大肆圈占土地，激化了社会矛盾，引发了大规模的农民起义。新罗王朝逐步失去了对原有广袤国土的控制力。此时，西南地区的甄萱势力迅速扩大，其利用原百济地区民众对新罗的不满，大肆宣扬复兴百济，并于公元900年建立后百济国，自封为王。

曾追随梁吉举行农民起义的弓裔背叛了梁吉，并网罗了松岳郡等地的豪族，利用原高句丽地区人民对新罗统治的反对情绪，于901年建立后高句丽国，定都松岳，904年改国号为摩震，迁都至铁原，911年改国号为泰封。这样，后百济、泰封和残存的新罗王室再次形成了三足鼎立的格局，史称"后三国"。

公元918年6月，泰封国侍中王建发动宫廷政变，自立为王，改国号为高丽，并迁都松岳，开始了近500年的高丽王朝。在三国鼎立过程中，高丽联合新罗共同对付后百济。公元934年，王建进攻后百济。翌年，王建接受新罗景顺王的逊位。公元936年，后百济神剑投降。至此，高丽统一后三国，朝鲜半岛上建立了一个统一的王朝。

高丽统一朝鲜半岛后，逐步建立起比较巩固的中央集权制，实行科举制度择优遴选官吏，改革地方行政，加强国家对土地的控制权，实行20～60岁良人壮丁义务服役的府兵制。公元982年，高丽成宗采纳了儒学家崔承老的上疏，为用儒家国家模式治理国家铺平了道路。按唐朝体制设立政府组织，并建立了官吏向国王进言和对国王的决定进行审查的制度。高丽王朝实行的一系列政治、经济和军事措施，很快扭转了新罗末期混乱的社会状况，高丽社会进入了一个相对和平的发展繁荣时期，在一段时间里有能力抵挡外国的入侵。

公元 10 世纪契丹辽王朝兴起后，不断地通过战争扩大领土范围。公元 993 年，辽军大举进攻高丽，两军形成僵持，辽军无果而退。公元 1010 年、1018 年，辽军连续进攻高丽。尽管辽军最后败退而归，但持续的战争也对高丽人民的生产和生活造成了很大的破坏。女真部落兴起后于公元 1115 年成立金。金与辽之间的战争使高丽获得了较长时间的战后发展时期。

公元 12 世纪，蒙古接连不断进攻高丽。高丽朝廷和官吏于公元 1232 年逃到江华岛。蒙古大军于公元 1238 年攻入高丽境内。高丽民众同仇敌忾，英勇抗击外来侵略。1271 年元朝建立后，元朝的统治者在形式上保留了高丽王朝，表面上承认其独立，实际上完全控制了高丽王朝，这种状态一直持续到 1368 年明朝建立。

高丽王朝末期，将军李成桂逐步掌握了军事和政治大权，废黜昌王，立恭让王。李成桂掌权后进行了私田整理事业，实行"科田法"，全面改革高丽王朝的土地制度。李成桂在对土地进行丈量并编造册档之后，在首都开京附近划出一区域为京畿，将京畿内的部分土地按照官员等级分配给两班官僚，受田者获得收租权。科田法的实行限制了两班的土地积累，使农民获得了土地的耕种权，缓和了社会矛盾。

## 三 李氏朝鲜时期

1392 年，李成桂建立了新王朝，翌年宣布国号为朝鲜，不久由开京迁都至汉阳（今首尔），史称李氏朝鲜。

李朝建立后，进一步加强以国王为中心的中央集权统治。在中央，设有司谏院、议政府、六曹和三司。在地方，全国设京畿、忠清、庆尚、全罗、黄海、江原、平安和咸镜等八个道，道下设州、府、郡、县，长官由国王直接任命，在地方上享有行政权、司法权和军权。通过实施号牌法和邻保制，李朝进一步掌握了国民的基本情况和动向，严格控制百姓的自由流动，将农民长时间地束缚在土地上。

李朝实行义务兵役制，规定除两班、奴婢、僧侣和屠户以外，16～60

岁的良民壮丁都有服兵役的义务。国家为保证军队的来源，在全国实行军户制度，将直接履行兵役义务者定为户首，将其帮助者定为保人或奉足，以一名户首和几名保人组成一个军户。在户首服兵役期间，保人每月交一匹棉布帮助户首。在义务兵役制下，李朝拥有中央 5 万、地方 10 万的常备军和约 5 万的水兵及 500 艘舰船。

李朝初期，朝鲜即确立了儒家学说在治国方略中的指导地位，儒教逐步取代了曾经在高丽时代占统治地位的佛教。科举制度成为选拔官吏的主要途径，形成了"士农工商"的社会等级。世宗统治时期（1418 ～ 1450），李朝文化与艺术繁荣。在世宗大王的倡导下，王室学术机构的学者创造了朝鲜拼音文字"训民正音"，对文化的传播与普及起到了重要的推动作用。韩国 2000 年版的 1 万元币正面是世宗的头像，表明韩国人对世宗的敬仰与爱戴。

李朝太祖曾在抗击日本掳掠者的战斗中战功卓著。尽管其后朝鲜开放了三个港口与日本封建领主通商，但依然满足不了崛起的日本封建领主的野心。丰臣秀吉当权后，试图通过朝鲜进攻中国。1592 年 4 月，日军以 14 万陆军和 3 万～4 万海军进犯朝鲜，朝鲜人民进行了艰苦卓绝的抵抗，史称"万历朝鲜之役"。在海上，李舜臣将军依托铁甲战船"龟船"与日本人作战，取得了一系列辉煌胜利，李将军因此而成为韩国历史上最受尊敬的人物之一。在陆上，自愿参战的农民和僧侣军队也奋勇杀敌。这场战争最终于 1598 年结束。

17 世纪初，"实学"运动在思想开明的士大夫中开始兴盛起来。一批未曾涉足政权的两班和新兴庶孽以及中人出身的知识分子，痛恨"固陋狭隘"的恶劣作风，主张在学风上"大变机枢"，建立"致用于世"的学风。实学家们广泛涉猎朝鲜历史、地理、语言与风俗，研究当时的土地制度、租税制度、身份制度、国防对策、商业政策等，反对朱子性理学的空谈，注重考察与验证，建议改良工业、农业，主张大刀阔斧地进行改革。尽管实学思想并没有摆脱当时朝鲜政治社会背景的束缚，但实学思想家们改革社会弊端、富国强兵、主张开放、学习外国的先进科学技术、发展工商业等政策主张，有力地推进了朝鲜社会的发展，为后来的开化思想奠定了基础。

# 第二节　近代史

## 一　列强逐鹿朝鲜半岛与日本势力的增强

朝鲜王朝末期，王朝统治内忧外患。国内社会矛盾激化，农民不堪重负纷纷揭竿而起，1862 年晋州农民起义达到高潮；国外列强大兵压境，"洋扰"事件接连不断。1864 年 12 岁的高宗即位，其父大院君掌握了国家实权，实行"弊政革新"，以求加强王权、拯救摇摇欲坠的李朝。为彰显王室尊严，大院君不顾国家财政之拮据，命令重建景福宫。大院君倡导"以才择官""四色平等"，关闭大部分书院，打破安东金氏的势道专政。大院君闭关自守，取消备边司，恢复三军府，以加强国防，抵御外来侵略。大院君的改革并没有能够守住朝鲜的大门。1866 年的法国"丙寅洋扰"和 1871 年的美国"辛未洋扰"事件，是欧美列强叩击朝鲜大门的尝试，也使朝鲜国内强调"开国"的闵妃后党派和主张闭关自守的大院君派之间的斗争日益加剧。

日本则趁机加强了对朝鲜的侵略。朝鲜并不丰富的自然资源和大米生产令日本人垂涎三尺，况且朝鲜又是日本图谋入侵中国的必经之地，日本对朝鲜觊觎已久。1875 年日本挑起"云扬号事件"。1876 年 1 月 16 日，由大规模军队护卫的日本代表团在江华岛登陆，以"云扬号事件"为借口强行要求与朝鲜进行谈判。在日本的武力威胁和朝鲜国内主张通商势力的影响下，朝鲜不得不与日本签订《朝日修好条规》，即《江华岛条约》。

这一包括 12 项主要内容的条约尽管声称"朝鲜国自主之邦，保有与日本国平等之权"，而实际上日本是要以此否决中国对朝鲜行使宗主国的要求，排除中国的影响，为日本吞并朝鲜扫清道路。《江华岛条约》还规定朝鲜在 20 个月内开放釜山和另外两个港口，并允许日本人在朝鲜指定的港口设立领事馆。朝鲜王朝沉重的大门由此而被强迫打开。

开港后，朝鲜兴起了以开化派为主导的改革运动。所谓开化，即开明化、文明化，是指先觉者试图教导无知的大众并将其引到文明阶段，与西方启蒙的概念异曲同工。开化的概念最初由日本传入朝鲜，但影响朝鲜开化思想形成的主要书籍则是中国清末学者魏源的著作《海国图志》、福建巡抚徐继畬的著作《瀛环志略》、黄遵宪的《朝鲜策略》等。从国王到臣民，开化思想在李朝末期渗透到整个朝鲜社会，其主要代表人物包括朴珪寿、吴庆锡、刘鸿基、金玉均、朴泳孝、李东仁、徐光范等。根据韩国著名的开化史学者李光麟的研究，开化思想的内容经历了3个发展阶段。第一阶段是19世纪70年代，"开化"作为与"开国"意义相同的概念使用，将应该具备海外知识看作开化思想；第二阶段是19世纪80年代，演变为接受所谓外国技术以实现国家富强的思想；第三阶段从19世纪90年代至20世纪初，倡导国家独立和国民权利。[①]

本着"师夷长技以制夷"的原则，朝鲜派"亲善使团"赴日本进行考察，日本按照欧洲模式建立的种种新体制给考察团成员留下了深刻的印象。1881年，朝鲜政府再派人赴日考察行政、军事、教育、工业和技术体制。与此同时，由金允植率领数十人访问中国，研习中国洋务运动中制造和操作西方武器的技艺。开化派还于1883年10月创办了朝鲜的第一份近代报纸《汉城旬报》，评介各国富国强兵的经验，力陈改革朝鲜国政的必要性，为改革制造舆论。

朝鲜开化思想的传播遭遇了保守势力的顽强抵抗。1882年朝鲜爆发反日兵变，大院君站到政治前台，采取陈旧的统治方式，完全抛弃了改革事业。开化运动经历了一次严峻的考验。兵变在一个月后被清政府派兵镇压，改革派重新掌握实权，朝鲜社会上也形成了积极的改革氛围。但改革派与保守派之间的斗争并没有结束。

1882年10月，在李鸿章的一手策划下，清朝与朝鲜签订了《中朝商民水陆贸易章程》，竭力借助近代条约的形式，继续维护屡遭日本挑战的

---

① 〔韩〕李光麟：《韩国开化史研究》，陈文寿译，香港社会科学出版社，1999，第35页。

宗藩关系。① 同时，1882 年 6 月 6 日，朝鲜与美国签署"通商条约"。1883 年 11 月 26 日朝鲜同英国和德国签署了修订条约。1884 年 6 月 25 日，朝鲜同俄国签订通商条约。新条约的签订使朝鲜进一步暴露在资本主义扩张的世界背景之下，朝鲜作为边缘地区被纳入资本主义世界体系，陷入了国际角逐的旋涡。

与此同时，改革派与保守派的斗争也更加激烈。闵妃后党仰赖中国的支持独揽国家大权，高宗摇摆不定，开化派的改革运动举步维艰。在此背景下，开化派决定依托日本的兵力牵制清军，通过政变夺取国家政权。1884 年 12 月 4 日，开化派利用邮政总办洪英植设宴庆祝邮政总局落成之机发动政变，史称"甲申政变"。右营使闵泳翊、外衙督办闵泳穆、内衙督办闵台镐、吏曹判书赵宁夏、前营使韩圭稷、左营使李祖渊、后营使尹泰俊等诸多保守派要员被刺杀，开化派一度掌握了政权，成立了以稳健改革派和开化派为主的新政府，发表了一系列结束与清的隶属关系、废除封建身份等级、发展经济等体现现代化倾向的政治纲领。但是，新政府掌权只三日便告失败。驻朝清军将领袁世凯的出兵干预是政变失败的直接原因，"但最大的败因，则是对计划连原因也不知道便进行反对的一般民众的无知和没有觉悟"。②

甲申政变失败后，金玉均、徐载弼等改革派主要成员逃往日本避难。在随后朝鲜与日本两国政府关于日本公使介入政变的交涉中，朝鲜处于下风，不仅未能深究日本公使的责任，反而要赔偿其损失。1885 年双方签订的《汉城条约》规定，朝鲜修国书致日本表明谢意，为被害日本家属提供抚恤金，重建日本使馆和兵营，由朝鲜支付建筑费用。

《汉城条约》签订后，日本政府又加紧与清政府谈判交涉甲申政变中两国军队发生冲突的问题。双方于 1885 年 4 月签订《天津条约》，主要内容包括：（1）自条约签订 4 个月内，中国撤出驻朝鲜的军队，日本撤

---

① 宋成有：《历史悠久的中韩（朝）文化交流》，何芳川编《中外文化交流史》（上卷），国际文化出版公司，2016，第 187 页。
② 〔韩〕姜万吉：《韩国近代史》，贺剑城等译，东方出版社，1993，第 193 页。

出护卫公使馆的军队；（2）朝鲜军队由朝鲜政府聘请数名外国武官进行演练，中日两国不得派员教练；[①]（3）将来朝鲜国若有变乱或重大事件，中日两国或一国派兵，应先照会另一方，事情办妥，立即撤回，不得留驻。《天津条约》的签订，是日本政府外交讹诈的又一"成果"，清政府在朝鲜问题上的重大让步使日本取得了与清相等的地位和权利。但日本的野心并没有因此而得到满足。

随着日本对朝鲜半岛的政治渗透和经济侵略的加强，日本产品及其转销的欧美产品对朝鲜的传统经济造成很大的冲击。同时，由于日本对朝鲜粮食的需求逐步上升，朝鲜出现了粮食大量外流的情况，农民的处境日益艰难，各地农民纷纷揭竿而起。东学革命是这一轮农民革命的代表。崔济愚的东学学说带有浓厚的宗教色彩，吸引了大批为贫困所迫的农民。1892～1893 年，全罗道和忠清道发生了大规模的东学集会和示威。1893 年年初，约两万名东学信徒在忠清道举行报恩集会，教徒们的要求不再仅仅停留在为"教祖申冤"上，而是要"扫破倭洋"、反对封建势力，开始反映农民阶层的政治要求。1894 年，在全琫准等人的领导下，一场大规模的农民起义爆发了。起义军大败政府军，占领了全罗道的首府全州城。在甲午中日战争中获胜的日本加强了对朝鲜事务的干预。借助镇压此次农民战争，

---

① 朝鲜自开港以后，各列强争相对其渗透势力。在此背景下，谁能够向朝鲜派遣军事教官、训练朝鲜的军队特别是宫城亲卫队，谁就能在很大程度上掌控朝廷。日本与清政府相约都不向朝鲜派遣军事教官，有"欲擒故纵"之意，是要以此来排除清政府在朝鲜的影响，而后由日本来独霸朝鲜。自 1882 年朝美通商条约签订以来，"无论是国王还是官吏，均将美国视为公正无私可以信赖的国家"，因此，1883 年朝鲜国王在单独接见美国公使时邀请美国政府派遣外交顾问和军事顾问，并提议任命其为参判。这是朝美关于军事教官问题的开端。但是，尽管朝鲜百般催促，美国政府迟迟没有向朝鲜派军事教官。在签订 1885 年《天津条约》时，日本和清政府似乎非正式地同意将来由美国派遣负责朝鲜军队训练的外国军事教官。在此背景下，朝鲜政府再次敦促美国尽快派遣教官。一直到 1888 年 4 月，朝鲜政府期盼已久的美国教官才抵达朝鲜。关于美国在此问题上的消极态度，韩国历史学家李光麟认为，这是美国在南北战争后力量和视野陷入衰退和不振的表现，也与美国的政治中立主义政策有关。见〔韩〕李光麟《韩国开化史研究》，陈文寿译，香港社会科学出版社，1999。本书作者认为，美国主要的殖民目标在中国、东南亚等地，幅员狭小、资源贫乏的朝鲜半岛在当时并没有引起美国的注意，因此美国才会对朝鲜的事务、对日本侵略朝鲜的图谋漠不关心。

日本在朝鲜的力量得到进一步加强。中国在朝鲜的影响力逐步被日本取代。

面对日益加重的内忧外患，朝鲜政府也做出了改革的尝试，史称"甲午更张"。改革派核心人物金弘集认为，大抵更张云者，即政法之病弊，变而通，以合其宜，即时措之义也。汉臣之言曰，琴瑟不调，则必解而更张之，以此调琴，谕理国也。1894 年 7 月，高宗任命金弘集为领议政，并成立军国机务处作为国家的最高行政和立法机关，亦由金弘集兼任总裁。日本出于侵略朝鲜的目的，继续向朝鲜政府施加压力。在随后近 3 个月的时间里，军国机务处公布了多达 208 条改革措施，涉及行政、教育、产业发展、对外政策等方方面面。诸多改革措施符合朝鲜的发展方向，表达了朝鲜政府和民众要求自强、独立的愿望。尽管日本曾敦促朝鲜进行改革，但其并不希望看到朝鲜真正现代化，当朝鲜政府改革的努力触及日本在朝鲜的利益时，日本政府通过各种手段干涉阻挠改革的进行。不久，金弘集及其同僚被排除出政界圈子，军国机务处也被关闭，"甲午更张"匆匆结束，但其对触动朝鲜传统的政治、经济和社会体制和启蒙民众，还是起到了不可忽视的作用。1895 年 11 月 15 日，朝鲜改用公元纪年，定年号为建阳，以 1896 年为建阳元年。1897 年 8 月，改年号为光武。10 月 12 日，高宗李熙改国名朝鲜为大韩帝国。

与此同时，以徐载弼为首的开明知识分子也开始了对国民的启蒙教育。1896 年 4 月，在内政大臣俞吉浚的支持下，徐载弼创办了用朝鲜文和英文出版的《独立新闻》，向民众传播国内外新闻、现代科学和西方思想，点评政府的各项政策，要求政府阻止外国势力增长、保障国家主权。1896 年 7 月，徐载弼参与创建了独立协会，凝聚了一大批锐意改革和为争取独立斗争而不懈追求的人士。独立协会在接下来的数十年里成为反抗日本侵略、领导朝鲜独立斗争的旗帜。

为实现吞并朝鲜的目标，日本政府加紧了对朝鲜的侵略。1895 年 10 月，日本公使三浦梧楼等策划杀死了亲俄的闵妃，并焚尸以掩盖罪证。尽管对日本的暴行十分愤慨，但欧美列强将日本在朝鲜的军事存在视为对俄国威胁的制衡，以阻止俄国向南扩张。且此时英国、美国等列强殖民渗透的主要目标在中国、东南亚等地，对资源贫乏、市场狭小的朝鲜半岛没有多大的兴趣。1905 年 7 月 29 日，日本与美国秘密签订了《塔夫脱—桂太郎协定》，日本承认美国在菲律宾的特殊地位，作为交换，美国承认日本在韩国拥有特权。日本和英国于 1905 年 8 月 12 日签订了《第二次英日同盟条约》，其第三条规定："日本国在朝鲜拥有政治上军事上及经济上之卓越利益，英国承认日本在朝鲜为保护及增进此类利益，有采取其认为正当及必要之措置，以行指导管理及保护之权利，惟此项措置须不违反各国商工业机会均等主义。"①正是在这种险恶的国际利益交换中，日本侵略朝鲜的图谋得到了欧美列强的支持，其野心进一步膨胀。

1904~1905 年，日本和俄国为争夺中国东北和朝鲜半岛而发生战争。日俄战争以日本的胜利而告终，这场胜利极大地助长了日本侵略亚洲的嚣张气焰，俄国在朝鲜半岛的影响力被大大削弱。根据日俄 1905 年签订的《朴次茅斯条约》，"俄国政府承认日本国于韩国（此时朝鲜国号已改称'韩国'——编注）之政治军事经济上均有卓绝之利益，如指导保护监理等事，日本政府视为必要者即可措置，不得阻碍干涉"。②

如此这般，美国、英国和俄国对日本侵略韩国给予了国际默认。

在《朴次茅斯条约》生效后，日本立即派伊藤博文到韩国，迫使韩国政府于 11 月 17 日与其订立第二个韩日条约，即《乙巳条约》。③《乙巳条约》以"保护"的名义完全剥夺了大韩帝国的外交权，实际上是把国家的统治权交给了日本统监。根据这项条约，日本在韩国设立统监府来实施殖民统治，这是日本吞并韩国的关键步骤。日本开始以"保护"韩国之名行殖民之实。

1906 年 2 月 1 日，日本在汉城设置统监府，并任命伊藤博文为首任

---

① 王芸生：《六十年来中国与日本》第 4 卷，三联书店，1980，第 210 页。
② 王芸生：《六十年来中国与日本》第 4 卷，三联书店，1980，第 201 页。
③ 韩国的历史学家曾认真研究了《乙巳条约》的正本，其上只有外部大臣朴齐纯和日本公使林权助的签名，没有韩国皇帝高宗的签字，也没有加盖国玺，因此《乙巳条约》在国际法上是无效的。参见〔韩〕慎慵厦《关于 1905 年韩日缔结乙巳条约之不成立与无效问题》，北京大学韩国学研究所编《韩国学论文集》第 2 辑，北京大学出版社，1993。

统监。"统监府本来是以管理大韩帝国的外交事务为借口而设立的，但日本又在它的内部设置了警务部、农产工部、总务部等部门，实际上掌管全部内政外交。"①韩国完全陷入日本的控制之下。统监通过所谓"朝鲜管理改进委员会"强迫朝鲜政府在财政、银行、农业、林业、采矿、交通、教育、文化、法学、安全、地方行政和王室等方面进行改革。

1907年7月，日本逼迫高宗退位，其子李拓继位，是为纯宗。7月24日，日本迫使韩国签订《第三次日韩协约》，该协约的签订使日本完全控制了韩国的内政、司法等大权，韩国军队随后被解散，韩国货币也被纳入日本货币体系。1910年6月，日本迫使韩国签署《警察权让渡条约》，日本在韩国创立了宪兵体制，任命日本宪兵司令兼任韩国警察总监。1910年8月22日，日本统监寺内正毅和韩国内阁总理大臣李完用签署《日韩合并条约》，称"韩国皇帝陛下将关于韩国之一切统治权，完全永久让与日本国皇帝陛下。日本国皇帝陛下允受前条所举之让与，且允将韩国全然合并于日本帝国"。8月29日，公布《日韩合并条约》，同时发布《日韩合并宣言书》，日本天皇发布诏敕，废韩国国号，设置朝鲜总督府，前日本统监寺内正毅出任第一任总督。

## 二　日本殖民统治下的朝鲜

大韩帝国于1910年因日韩"合邦"而告灭亡，朝鲜半岛沦为日本帝国的一个地区，被称为"朝鲜"。与"合邦"前的殖民政策不同，日本不再把朝鲜当作"殖民飞地"不负责任地进行资源掠夺和商业渗透，而是要采取"整合"的政策，将朝鲜这块"新领土"全面纳入日本帝国体系之内。但是，尽管有"合邦"之名，朝鲜仍被置于日本宪法的适用范围之外，朝鲜人甚至连最基本的人权都得不到保障。

日本对朝鲜长达35年的殖民统治可分为三个阶段。

第一个阶段从1910年至1919年，是占领和取代阶段，或称为"军事专制"阶段。在这个时期，日本为镇压反对殖民的义兵斗争和爱国启蒙

---

① 〔韩〕姜万吉：《韩国近代史》，贺剑城等译，东方出版社，1993，第209页。

运动，禁止一切军事活动、政治活动和文化活动，在专制、恐怖的气氛中构筑日本殖民统治基础，对朝鲜实行全方位的"日本化"。在日本的残酷统治下，朝鲜人民的民族抵抗运动前仆后继。1919 年 3 月 1 日爆发了全国范围的民族解放运动，"三一"运动在朝鲜人民的独立解放运动史上具有极其重要的地位。"三一"运动是"他们民族政治的基石，是他们历史上少有的几次为人们所分享和贴切感受的光荣事件之一。因为他们第一次在一种信念下联合起来，而未被追逐权力的斗争所分裂"。[①]

第二个阶段从 1919 年至 1931 年"九一八事变"，是所谓"文化政治"时期。日本在镇压"三一"运动的过程中屠杀了不少西方传教士，引起英美等国的愤慨，日本也意识到只凭借武力统治已经无法有效地控制朝鲜，便被迫放弃了强硬控制和同化措施，转而推行"文化政治"，允许办报、集会和结社等，经济上允许日本自由资本进入朝鲜，朝鲜的工业得到了一定的发展。

第三个阶段从 1931 年至 1945 年光复，是"强制性整合"和工业发展时期。随着日本日益法西斯化，日本对朝鲜采取了比"军事专制"阶段更为严酷的统治：废除朝鲜文字，强制进行"创氏改名"。出于侵略中国的战争需要，日本在 30 年代急速推进朝鲜的工业化，特别是军工生产。

在长期的殖民统治中，日本人强加给朝鲜人民沉重的奴役和剥削，也带来了现代经济因素和西方文化，两者交织在一起很难区分。[②] 为侵略朝鲜，日本很早就有目的地向朝鲜移民。1882 年移居朝鲜的日本人有 3622人，1905 年达 42460 人，1910 年总督府设立时达到 171543 人，1940 年则上升至 708448 人，相当于朝鲜总人口的 3.2%。[③]移居朝鲜的日本人占据了朝鲜的官僚机构和农工商业高层部门，成为朝鲜社会金字塔的塔尖部

① Gregory Henderson，*Korea*：*The Politics of the Vortex*，Cambridge，Massachusetts：Harvard University Press，1968，pp. 82 – 83.

② Gregory Henderson，*Korea*：*The Politics of the Vortex*，Cambridge，Massachusetts：Harvard University Press，1968，p. 111.

③ Gregory Henderson，*Korea*：*The Politics of the Vortex*，Cambridge，Massachusetts：Harvard University Press，1968，p. 75.

分，以日本人的方式全方位地改造和同化朝鲜。

政治方面，尽管日本在朝鲜沿袭和利用了李朝的官僚体制框架，但借助于现代的警察和法律制度，总督府的统治更具强制性、更加冷酷和无人性。总督府的行动具有明显的军事化色彩，有单纯的、明确的目标，利用其高效率的、强大的官僚机器强行推进改革，不惜一切代价地完成其既定目标。尽管改革的内容与"甲午更张"基本一致，但有了强大的国家机器的推动，改革更具强制性。现代法律制度、税收制度、城市商业化、农业优良品种等现代化的因素被强行植入朝鲜社会肌体内。

经济方面，日本总督府首先进行了"土地调查"。土地调查的起因是多方面的。土地所有权是国家征税的重要基础，总督府要征税就必须掌握朝鲜土地的基本情况，并尽可能地扩大税基。为军事目的计，摸查朝鲜的地形情况也相当重要。由于同化殖民的需要，日本大量地动员本国农民来到朝鲜，而这些新增农业人口需要大量土地，除了从朝鲜人手中掠夺别无他法。以官方的名义进行的土地调查，就是一场"合法"的掠夺。土地调查主要包括3项基本内容：土地所有权调查、土地价格调查和军事地形调查。1910年总督府设立"临时土地调查局"，1912年颁布土地调查法，要求所有人在规定时间内呈报登记其所拥有的土地。到1918年12月，庞大的土地调查工作基本完成，耗资约为2040万日元。

朝鲜人对将他们拥有的土地向日本总督府申报深感不安，对土地登记的程序也不甚了解，许多农民没有及时去进行土地登记。结果，无人登记的土地被总督府没收，以前拨给宫内府或各种官府的宫庄田乃至驿站的驿屯田也都自动成为总督府的财产。这样，到1930年，总督府占有的农林土地面积达888万町步，[①] 占朝鲜全部国土面积的40%。[②]总督府将部分掠夺来的土地卖给"东洋拓植株式会社""南满铁道会社"等新财阀。由于土豪的霸占或自己不敢去登记，大批农民在土地调查中失去耕地。加上土地兼并和农业高利贷等的影响，大量自耕农失去土地而沦为佃农甚至是火

---

① 1町步约合15亩或1公顷。

② 〔韩〕李基白：《韩国史新论》，厉帆译，国际文化出版公司，1994，第332页。

田民。① 1913～1945 年，朝鲜自耕农占全部农户的比例由 22.8% 下降到 14.2%，而与此同时佃农的比例则由 41.7% 上升到 69.1%。② 1916 年火田民约为 25 万人，而到 1927 年则增加至近 70 万人。据称，到 1936 年火田民的数量超过了 150 万。与此同时，大批朝鲜农民逃往中国东北以及日本。到 1940 年，有大约 145 万朝鲜人迁移到中国东北。到 1941 年，有大约 147 万朝鲜人被迫迁移到日本。③

由于大量日本自由资本进入朝鲜，朝鲜的工矿业在 20 世纪 30 年代有了较大的增长。1939 年，朝鲜产业结构中农业产值占 GNP 的比重为 42%，工矿业比重为 45%，涌现出一批新的工业区和现代工厂。1910～1945 年，朝鲜的工业产值年均增长 15%。但是，这种快速的增长带有明显的畸形性，主要是为了满足日本扩充军备、侵略中国的需要。根据日本的战略布局，朝鲜半岛北部主要是重工业区，南部则主要是轻工业和农业区。这种产业布局的局限性在光复后南北单独建国的情况下立刻显现出来。1948 年韩国宣布成立新政府后，北方断绝了对南方的电力供应，整个首尔一片漆黑。

文化方面，在"合邦"前，朝鲜也试图接纳现代的教育模式。基督教传教士创办的学校展示了欧洲式的现代教育。朝鲜政府于 1895 年颁布了首尔师范学校、外国语院校和小学教育条列，于 1899 年颁布了医学院、中学以及商业和技术学校条例，由此为现代教育奠定了一定的基础。1904 年，朝鲜（大韩帝国）政府扩大了商业和技术学校的范围，把农业学校也包括在内。与此同时，设立了一批学习日语、英语、法语、汉语和德语等的外国语学院。在一些专科学校中，开设了诸如采矿、法律、邮政和电力等领域的课程，为政府各部门培养专门的技术人员。"合邦"后，总督

---

① "火田民"即火耕荒地的流动农户，他们采取这种原始的耕作方式以逃避苛捐杂税。

② Chang Yun-shik, "Planned Economic Transformation and Population Change", C. L. Eugene Kim and Doretha E. Mortimore (eds.), *Korea's Response to Japan: The Colonial Period 1910 - 1945*, Western Michigan University, 1977, pp. 53 - 58. 转引自尹保云《韩国的现代化》，东方出版社，1995，第 33 页。

③ 〔韩〕李基白：《韩国史新论》，厉帆译，国际文化出版公司，1994。

府强制性地把日本的教育体制移植到朝鲜，推动朝鲜的教育扩张。1912年，朝鲜在校小学生4.5万人，1922年达到23.6万人，1942年达169.5万人。1945年朝鲜在校中学生8.4万人，大学生0.8万人。教育扩张的速度超过其他社会指标变化的速度。1944年，朝鲜半岛南部1700万人口中，识字率高达57%。①这在不发达国家中是相当高的。

为"同化"朝鲜，遏制其人民的独立意识，日本殖民当局从1938年开始禁止朝鲜人使用朝鲜语，强迫朝鲜割断既有的文化联系，违反者面临被逮捕的危险。据称，在1910年对有关朝鲜历史地理书籍的全国性搜查中，有20万~30万册书籍被没收烧掉。查禁书籍的范围包括民族英雄的传记和有关独立、国家的诞生、革命等外国书籍的朝文译本等。朝鲜的本土文化受到了严重的摧残。

在1919年"三一"运动后，朝鲜国内报刊业有了一定的发展。1920年开办的3家报纸《东亚日报》、《朝鲜日报》和《时事新闻》，积极推广朝鲜语言的使用，并在文学、戏剧、电影、音乐和美术等传统领域以及在传播国外消息方面做出了重大贡献，对抨击日本殖民政策、提高民族觉悟发挥了重要作用。1921年12月，朝鲜语学会成立，旨在通过研究朝鲜语促进对下一代的教育。《东亚日报》和《朝鲜日报》以及一些月刊对朝鲜语运动予以全力合作。这个学会于1933年确立了朝鲜语的新拼写法，并使朝鲜文字和翻译外国词汇标准化。此间一批朝鲜史学家也积极致力于朝鲜文化的保存与发展。朴殷植、申采浩、安在鸿、郑寅普、宋相焘等学者都留下了重要的作品，激发了国人的独立和爱国主义精神。

概括而言，在殖民统治时期，日本在短时间内把大量的现代事物强加给朝鲜，并按照日本的战略构想整合朝鲜半岛。一方面，这种在外来压力下的强制性现代化，缩短了社会缓慢进化的时间，客观上造成了朝鲜的追

---

① Hak-chung Choo, "The Educational Basis of Korea Economic Development", Chung H. Lee and Ippei Yamajawa (eds.), *The Economic Development of Japanese Korea*, New York, 1987, pp. 171 – 184；尹保云：《韩国的现代化》，东方出版社，1995，第38页。

赶型发展。但另一方面，殖民统治极大地损害了朝鲜人民的民族自尊心，摧残了民族文化，超出了社会的承受能力，给朝鲜人民带来了巨大的伤害。

### 三　朝鲜民族的独立抗争

日本对朝鲜的侵略，引起了朝鲜人民的强烈反抗。朝鲜民族解放运动的历史大致可以划分为 3 个阶段：第一个阶段以"三一"运动为起点，发展为 20 世纪 20 年代前期的临时政府活动以及各地区的武装斗争；第二个阶段是 20 年代后期朝鲜本土波澜壮阔的工农运动和朝鲜共产主义运动，以及作为民族联合战线运动的国外"唯一党运动"及"新干会运动"；第三个阶段以日本帝国主义的法西斯化和共产国际指示朝鲜共产党解散及重建为契机，展开了国外的民族统一战线运动及武装游击战争和国内的共产党重建运动及革命的工农运动，还有建国同盟的建立等。[①]

第一次世界大战结束前后，受一些国家宣告独立的鼓舞，朝鲜人民的反日斗争日益高涨。在上海，新韩青年党的吕运亨、张德秀、金奎植等人积极谋求外交独立。在东京，朝鲜留学生积极行动起来，1919 年 2 月 8 日，留学生们向各国驻日使领馆、日本国会议员、各报社、杂志社等发出《独立宣言》和《决议书》，留日学生独立运动进入高潮。在国内，汉城等地的青年学生积极联络，秘密筹划联合行动。1919 年 1 月 22 日高宗之死为大规模的群众运动提供了契机。3 月 1 日以孙秉熙为首的基督教、天道教、佛教等宗教界民族主义者数十人，聚集在汉城明月馆饭店，发表《独立宣言书》，宣布朝鲜独立，并派人把此书分送给日本政府、朝鲜总督府、巴黎和会以及美国总统威尔逊。随后，他们又给警务总监打电话，告诉对方他们所在的地点。他们想以这种方式表示将采取温和请愿手段达到独立的目的。就在他们举杯庆祝之时，日本宪兵警察蜂拥而至，将他们全部逮捕入狱。

---

① 关于独立运动三个阶段的划分，见〔韩〕姜万吉《韩国现代史》，陈文寿等译，社会科学文献出版社，1997，第 25 页。

当日，成千上万的青年学生和市民在首尔塔洞公园举行大规模集会，其间天道教青年郑在镕挺身登台，大声诵读《独立宣言书》，群情激奋，高呼"朝鲜独立万岁"。《独立宣言书》在朝鲜民族独立历史上有着划时代的意义，其主要内容如下：

> 吾等兹宣言：我朝鲜之为独立国，朝鲜人之为自由民，以此告于世界万邦，而阐明人类平等之大义；以此诰于子孙万代，而永有民族自存之政权……
>
> 丙子修好条规以来，时时种种食金石之盟约，日本之无信固可罪也。学者于讲坛，政治家于实际，视我祖宗世业以殖民地，视我文化民族以土昧人，徒快征服者之贪欲而已。无视我久远之社会基础，卓越之民族心理，日本之无义固可责也……当初两国并合非出于民族的要求者，故毕竟并合之结果，以姑息的威压与差别的不平……明矣今日吾人之谋独立，使朝鲜人获逐正当之尊荣也，并使日本人救出邪路全其支持东亚者也，使中华人脱免于梦寐不安之恐怖也，且世界和平人类幸福以东洋和平为重要一部，则朝鲜独立这必要之阶段……
>
> 吾等今兹奋起矣！良心与我同存；真理与我并进。无论男女老幼皆活发奋起于阴郁之古巢，与万汇群象得遂快之复活，千百世祖灵佑我于冥冥，全世界气运为我外护，着手即成功也。第向前头之光明，而蓦进也哉。[1]

"三一"运动爆发的消息迅速传遍全国，平壤、仁川、元山等地也爆发了群众性示威游行。起义人民捣毁殖民统治机构，袭击日本公司，拒纳租税，还用木棒、斧头等同日本军警搏斗，惩处卖国贼。总督府调动大批军警采用野蛮屠杀手段镇压独立运动。起义失败后，朝鲜各派政治力量在国内外继续展开各种形式的反日运动。比较重要的 3 支政治力量是：海参崴的大韩国民会议、上海的临时议政院以及"首尔政府"。三方达成妥

---

① 〔韩〕朴殷植：《韩国独立运动之血史》，首尔，瑞文堂，1972。

协：承认韩国国内13个道的代表所创设的"首尔政府"的正统性，李承晚任临时总统；"海参崴政府"的代表李东辉任国务总理；政府暂时设于上海，承认上海政府实施的行政有效，现政府阁员总辞职，由"首尔政府"选任的阁员接任；政府名称确定为"大韩民国临时政府"。这是一个确立了"首尔政府"的正统性的上海临时政府，是左翼和右翼、坚持武装斗争和坚持外交独立战线的暂时妥协。自1919年宣告成立到1945年，先后领导过临时政府的人有李东宁、李承晚、金九、赵素昂、金奎植、李始荣、李范奭等40余人。临时政府在领导体制上先后经历了国务总理制、大统领制、国务领制、主席制、主席副主席制等，并先后5次修改宪法，该政府之不稳定状态可见一斑。后来，由于左翼力量的退出，临时政府演变成为以外交独立为中心的右翼政府，但是，在外交上成绩寥寥。

太平洋战争爆发后，流亡重庆的韩国临时政府开始加紧与美国进行接触。1941年12月，在美国对日宣战后，临时政府也对日宣战，并通过李承晚要求美国承认临时政府并支援光复军。李承晚致信美国国务卿赫尔（Cordell Hull），指出：如果美国支持临时政府，光复军可扰乱日军后方，也可防止苏联对朝鲜半岛的占领。美国对临时政府的情况知之甚少，因此主要参考中国和英国等盟国的意见。美、英、中三方比较一致的意见是：朝鲜各派政治势力之间存在很大的分歧，在内部派系斗争平息并形成统一的力量之前，不存在正式承认任何一个派别的可能性。

1943年11月，中美英三国首脑在开罗举行会晤并发表《开罗宣言》，关于战后的朝鲜问题，《宣言》中指出："轸念朝鲜人民所受之奴隶待遇，决定在相当期间，使朝鲜实现独立。"1945年2月，罗斯福和斯大林在雅尔塔也讨论到包括中国、英国等在内的战后对朝鲜半岛的托管。美国坚持认为，由于长期的日本殖民统治，朝鲜人没有机会担任比较重要的职位，缺乏基本的行政管理训练，因而无法管理自己，只能被盟国托管。1945年6月5日，美国代理国务卿明确向李承晚表示，临时政府以及其他朝鲜组织并不具备作为一个统治当局得到美国承认的必要资格，临时政府从未在朝鲜的任何地区行使过行政权力，也不能被认为是代表今天的朝鲜人民，在海外的追随者也很有限。美国政府与此类组织接触的基本政策是：

避免采取在盟国获胜后可能妨碍朝鲜人民选择政府最终形式以及人选的权利的政策。1945 年 7 月，中美英三国发表《波茨坦公告》，重申了履行《开罗宣言》中关于朝鲜独立的决定，8 月 8 日，苏联也加入该条约。8 月 9 日，苏联远东军出兵参加对日战争，势如破竹。8 月 11 日，苏联军队登陆占领朝鲜的雄基，随后攻占罗津、清津，并继续向南挺进。8 月 15 日，日本天皇发布"终战诏书"，正式宣布投降。

## 第三节　现代史

### 一　光复之初的混乱与南北单独建国

二战接近尾声时，美苏反法西斯同盟关系开始发生微妙的变化，在继续反法西斯的同时，二者加紧占领战败国及其所辖殖民地，开始了意识形态阵地的争夺。美国不希望由苏联的军队独占朝鲜半岛，提出美苏以三八线为界接受日本投降。这样，一来可以使美国在不放弃登陆朝鲜半岛的条件下，集中兵力抢先独占日本，二来可以使首都首尔被包括在美军受降的范围之内。出乎美军意料的是，苏联竟然没有任何异议地接受了美军的提议。1945 年 9 月 7 日，美军太平洋战区总司令麦克阿瑟（Douglas MacArthur）在日本横滨发表告朝鲜人民书。

尽管这个文件是临时草就的，却明确反映了美国对朝鲜半岛的政策企图：奠定自己在三八线以南地区不可动摇的权威，拒绝承认一切可能对其产生威胁的异己力量，包括"大韩民国临时政府"和国内的"人民共和国"。

大韩民国临时政府主席金九在日本投降后仍然希望通过多方努力得到美国对临时政府的承认，因而并没有能够迅速地回国。为了能够在战后的朝鲜半岛执政，独立党在 8 月举行了第五次临时代表大会，根据时局发展修改了党义、党纲和党策。9 月 3 日，金九根据会议精神发表《告国内外同胞书》，认为临时政府完全有能力在正式的过渡政府产生之前主持政局。但是，临时政府的多方努力却未被美国官方理睬，美国拒绝以临时政府为交涉对象，坚持临时政府领导人只能以个人身份回国，否则将不为临时政府成员提供归国的交通工具，并拒绝他们入境。最终，在希望得到美国对临时政府的承认失败后，金九一行在不得不承诺解散临时政府后，于1945 年 11 月 23 日乘坐美国飞机返回朝鲜半岛。①

"人民共和国"是朝鲜半岛上另一支比较有影响的政治力量。吕运亨等人于 8 月 15 日在建国同盟的基础上成立了"朝鲜建国准备委员会"，在这个政治组织中起主要作用的是左翼力量。9 月 6 日成立了"人民共和国"。美国占领军司令官霍奇（John R. Hodge）中将率领部队在 9 月 8 日登陆仁川时，吕运亨派代表前去迎接，表示愿意与美军充分合作。但是，进驻的美军当局不可能承认以左翼力量为主的"人民共和国"的合法性。

尽管没有得到美国的支持，建国准备委员会仍然继续开展了大量的工作，在各道、郡、面迅速建立起各级地方人民委员会，不仅造成了与尚在重庆的大韩民国临时政府的根本对立，更是对美国占领军政府权威的挑衅。1945 年 10 月 10 日，美军政长官阿诺德（Archibald V. Arnold）发表声明，否认"人民共和国"的合法性。

1945 年 12 月，美国、英国、苏联三国外长在莫斯科就朝鲜半岛问题达成决议：第一，为在民主主义的原则下建立独立国家，成立朝鲜民主主义临时政府；第二，为帮助建立临时政府，设置美苏联合委员会；第三，实施以美国、英国、苏联、中国等国政府共同管理，最长为 5 年的托管。这项决议的实质性内容与美国原先的"先托管后建立独立的政府"的主张并不一致，在美国原先的四国托管格局中，以美国、英国、中国为一派，苏联为另一派，美国完全有信心在这样的形势下在朝鲜建立亲美的新政权。而莫斯科外长会议主张的是先建立朝鲜临时政府后实行托管，无疑对于美国目标的实现增加了很大的变数。莫斯科决议传到韩国国内以后，左右翼政治势力最初都予以强烈反对，但左翼阵营很快开始赞成托管，总

---

① 客观地说，当时的大韩民国临时政府是最有号召力的政治组织，尽管美国没有予以承认。1948 年大韩民国宪法曾明文规定：大韩民国是继承了韩国临时政府的法统。1961年"五一六政变"后修改宪法时删除了有关法统的条文，1987 年重新修订宪法时又再次阐明大韩民国与临时政府之间的法统渊源。

体上支持三国外长会议决议。右翼力量继续反对托管。1946 年 10 月 12 日，美军政府公布第 118 号法令，宣布成立过渡立法议院。李承晚在过渡立法议院选举中的胜利，使美国国务院开始考虑把李承晚作为未来的韩国领导人。美国不顾苏联的反对于 1947 年 9 月将朝鲜半岛问题提交联合国。1947 年 11 月 14 日，联合国大会通过第 112 号决议，内容如下：

1. 邀请选出的朝鲜半岛代表参加有关建立政府的讨论；

2. 为监督选举，建立由 9 国（澳大利亚、加拿大、中国、法国、印度、菲律宾、萨尔瓦多、叙利亚、乌克兰）组成的"联合国朝鲜临时委员会"，赋予其在朝鲜半岛监督和协商的权力；

3. 1948 年 3 月 1 日前在临时委员会的监督下按照人口比例根据普选和无记名投票的原则选举国民代表；

4. 选举产生的代表尽快召集国会、成立政府，并向临时委员会报告；

5. 政府从南北朝鲜军政当局接受各种政府权限的移交，尽快组建自己的国防军，与有关国家协商，如有可能则在 90 天内撤出占领军；

6. 临时委员会根据事态的发展，可与联合国分会协商。①

"联合国朝鲜临时委员会"于 1948 年 1 月抵达朝鲜半岛，朝鲜问题被国际化。苏联禁止该委员会进入三八线以北地区。2 月 26 日，"联合国朝鲜临时委员会"通过决议，决定在三八线以南美国控制区内举行选举，南北分裂的危险性进一步加强。尽管金九、金奎植等民族领袖依然在为南北协商建立统一的政府而努力，但美国和李承晚主导的单独选举已经箭在弦上。

1948 年 5 月 10 日，在"联合国朝鲜临时委员会"的监督下，南方选举

① 〔韩〕韩国外务部：《韩国外交 30 年》，第 23～24 页。参考沈定昌《韩国对外关系》，香港，香港社会科学出版社，2003，第 3～4 页。

产生了制宪国会代表。7 月 17 日，公布宪法。7 月 20 日，制宪国会选举李承晚为大韩民国首任总统。8 月 15 日，大韩民国政府宣告成立。三八线以北也于 9 月 9 日建立了朝鲜民主主义人民共和国。1949 年 1 月 1 日，美国与韩国正式建立外交关系，成为第一个承认新成立的大韩民国的国家。

大韩民国建立后，美国综合考虑了在韩美军的军事价值、美国的亚洲战略、韩国的国内局势、三八线附近的军事形势等各方面的情况，在苏联从朝鲜撤军后，美国军队于 1949 年 6 月撤离朝鲜半岛。1949 年 12 月 20 日，美国国家安全委员会通过了题为《美国在亚洲的立场》的政策报告，基于中国共产党的胜利以及苏联在亚洲的优势地位，将美国在亚洲的基本政策目标确定为遏制共产主义的进一步扩张并确保对美国友好的非共产党国家的稳定和发展。为此，美国重新考虑了日本在亚洲战略中的地位，并把美国在西太平洋的防御线划在日本、琉球群岛和菲律宾一线，而韩国被排除在外。1950 年 1 月 12 日，美国国务卿艾奇逊（Dean Acheson）在新闻俱乐部发表演说，进一步阐释美国新的东亚政策，公布了美国新划定的西太平洋防线，并明确表示美国对防线以外的地区不提供安全保护。但是，局势很快发生了变化。美国新的亚洲战略受到朝鲜战争的巨大冲击。

## 二　朝鲜战争

南北分别建国后，朝鲜半岛成为冷战的前沿阵地，意识形态的斗争日益加剧，且南北都希望以自己的模式实现朝鲜半岛的统一，因此双方在边界线上摩擦不断。1950 年 6 月 25 日，朝鲜战争爆发。韩国军队节节败退，不得不将首都迁至东南一隅的釜山。

获知战争爆发的消息后，美国政府当即决定参战。这场战争是南北双方奉行武力统一方针的结果。美国的参与使战争国际化、复杂化了。

在苏联代表缺席的情况下，联合国安理会通过了美国提出的援助韩国的决议。7 月 1 日，美国第 24 师特遣部队在朝鲜半岛南部登陆并开进大田。随后，大批美军陆续抵达。7 月 7 日，联合国安理会通过了组织联合国军的决议。美国、澳大利亚、新西兰、英国、法国、加拿大、南非、土耳其、泰国、希腊、荷兰、埃塞俄比亚、哥伦比亚、菲律宾、比利时和卢森堡等 16 个国家的军队组成了联合国军，由美国太平洋战区总司令麦克阿瑟统一指挥。7 月 15 日，李承晚将韩国军队的指挥权也交给了麦克阿瑟。9 月 15 日，美军在仁川登陆，一度将战线推进到鸭绿江边，并不断地轰炸和扫射中朝边界附近的中国领土，严重威胁中国的安全。应朝鲜政府的要求，中国为抗美援朝保家卫国，组成中国人民志愿军于 10 月 25 日跨过鸭绿江，挺进朝鲜战场，并迅速扭转了战争局势，于 1951 年 1 月 4 日攻陷首尔。联合国军调整部署后于 3 月 12 日收复首尔。经过惨烈的拉锯战，战争大致在开始时的三八线地区形成相持。美国政府意识到朝鲜战争是一个无底洞，看不到胜利的希望，杜鲁门（Harry Truman）总统因此授意艾奇逊多方向苏联打探举行谈判的可能性。经过美、苏、中、朝的多方接触，停战谈判被提上议程。

1951 年 7 月，首轮停战谈判在开城举行。双方在是否以三八线为军事分界线、是否撤出外国军队等方面没有达成一致，谈判破裂，再度交战。同年 10 月，双方在板门店重开谈判，取得了一定的进展。1952 年 5 月，克拉克（Mark W. Clark）取代李奇微（Matthew Ridgway）出任联合国军总司令，宣布停战谈判无限期休会，再次以战场上的较量取代谈判桌上的论争，随后集中优势兵力发起"金化攻势"，遭遇了中国人民志愿军的顽强抵抗。1953 年 1 月，以"结束朝鲜战争"赢得了国民支持的艾森豪威尔（John Eisenhower）出任美国总统，他强调"美国人民迫切希望朝鲜和平。但是，他们坚决要求签订一个体面的停战协定"。① 1953 年 4 月 26 日，交战双方在板门店再次举行谈判。

在停战问题上，李承晚政权与美国政府之间爆发了公开的正面冲突。美国想要摆脱朝鲜战争的泥沼，而李承晚希望能够得到美国的军事保护。1953 年 6 月初交战双方在停战问题上取得较大的进展，但遭到了李承晚的坚决反对。李承晚下令在美国接受训练的韩国军官回国，又撤回了联合国军谈判代表团的韩国代表。1953 年 6 月 18 日，李承晚政府单方面释放

---

① 〔美〕哈里·杜鲁门：《杜鲁门回忆录》第 2 卷，李石译，世界知识出版社，1964，第 599 页。

了 25000 名战俘，使美国在板门店的谈判陷入尴尬的境地。1953 年 6 月
22 日，美国政府派专人来韩国说服李承晚，重申美国的立场：只要国会
批准就与李承晚签订防卫条约，帮助韩国军队扩大到 20 个师，以及经济
援助等。显然，这样的承诺已经使李承晚基本满意。1953 年 7 月 27 日，
交战双方代表金日成、彭德怀、克拉克签署《朝鲜停战协定》，战争在开
始时的三八线附近结束，参战各方都付出了惨重的代价。朝鲜战争后韩国
在美国亚洲战略中的地位陡然上升，1953 年 10 月 1 日韩美签署《共同防
卫条约》，韩国得到了美国直接的军事保护。

### 三　第一共和国民主旗帜下的独裁

建立韩美同盟，体现了李承晚高超的外交技巧，这是他对韩国发展最
重要的贡献。但是，这位深谙美国与韩国文化的"民主"人士，并没有
在韩国推行真正的民主，而是借助冷战的大背景在反共的旗帜下镇压异
己，推行独裁统治。

李承晚在竞选第一届总统时主要依托以亲日派、地主阶级为主体的韩
国民主党。韩国民主党的成员在殖民统治时期处于社会的中上层，在朝鲜
民众中的支持率很低，韩国民主党非常需要通过各种方法摆脱自己的不利
形象，与环绕着"独立运动领袖"光环的李承晚联合就成为重要举措。
但双方很快分道扬镳。随后李承晚成立了自己的政党——韩国自由党，并
依托军部、警察和民族青年团来维持统治。由于担心以李范奭为首的民族
青年团的力量过大而对自己的地位形成威胁，李承晚下令将其解散。1950
年 5 月，韩国举行第二届国会选举，执政党只获得 56 席，在野党获得 26
席，无党派获得其余 128 席，政府和执政党的支持率之低可见一斑。1952
年 5 月第二届总统选举前夕，李承晚意识到难以在支持力量薄弱的国会中
赢得间接选举，便在战争时期临时首都釜山掀起政治风波。李承晚宣布釜
山等地戒严，组织"白骨团""马蜂队"等暴力组织，要求解散国会，并
借口"反共"逮捕了数十名在野党议员。7 月 4 日，国会通过了以修改总
统间接选举为直接选举的《拔萃修宪案》。由于李承晚在民众当中尚有较
高的支持率，因而通过改宪他顺利地再次当选总统，得票率为 72%。

然而，再次当选总统并不能满足李承晚的政治欲望，终身执政才是其根本目标。在第三届国会中，李承晚要修改宪法，删除其中关于禁止总统三选的条款。在1954年11月27日国会就修改宪法进行表决的过程中，有135票赞成，60票反对，7票弃权，1人缺席，未达到总票数203票的2/3，法案被否决。但李承晚及自由党强词夺理，坚持根据四舍五入原则将203票的2/3（135.3）的小数点后面的数字忽略不计。11月29日，自由党宣布已经被否决的改宪案获得通过。通过四舍五入改宪，李承晚得以当选第三届总统，得票率为55.7%。民主党的张勉战胜自由党的李起鹏当选副总统。

50年代末，由于美国无偿援助的锐减，韩国的经济形势出现了恶化。政治方面，韩国朝野围绕《国家保安法修正案》而展开的斗争使政治局势动荡不安。在1960年的总统选举过程中，李承晚政府宣布在全国实行戒严，出动大批警察对选民进行威胁、恐吓，自由党甚至还指使特务进行暗杀活动。尽管李承晚以88.7%的得票率再次当选，但非法选举所引发的"四一九革命"还是宣告了李承晚政权的终结。

在李承晚当政的12年里，韩国方方面面发生了很大的变化。如前所述，韩美同盟是李承晚政府对韩国发展最重要的贡献。在美军政府时期和李承晚政府初期，韩国实行了土地改革，使土地这种重要的生产要素在高速经济增长之前进行了较为平等的分配，地主阶级实现了向资产阶级的转变，为韩国的经济和社会发展奠定了一定的基础。同时，由于政府掌握了日本归属财产和大量美国援助的控制权，政府官员寻租行为极其普遍，官商勾结、行贿受贿盛行。腐败的政府最终失去了对社会的控制力。

李承晚下台后，外务部长许政于1960年4月28日组成了过渡政府，国会于1960年6月15日讨论通过了宪法修正案，主要内容是实行两院制、将总统选举由直接选举改为间接选举、将总统制改为内阁责任制。民主党在接下来的国会选举中轻松获胜，由党内旧派代表尹潽善任总统，由新派代表张勉出任握有实权的国务总理。从本质上来看，"执政党民主党不是一个具有统一思想的、团结的政党。它很大程度上是反对李承晚的各种派别的联合体"。① 张勉温和的执政风格、民主党内的政治纷争等诸多原因的存在，使新政府没有能力及时有效地控制动荡的社会局势，这为军人干预政治提供了借口。

### 四 军人威权统治下的韩国

1961 年 5 月 16 日凌晨，朴正熙发动军事政变，以军官 250 名、士兵 3600 名不到 4000 人的兵力夺取了政权，韩国开始了长达 26 年的军人威权统治。韩国为什么在这个时候发生了军事政变？概括而言，主要有以下 3 个因素。

第一，军队内部的因素。在李承晚时期，韩国军队内部派别林立，得势的有之，被异化被疏远的亦有之，朴正熙等人就属于后者。由于大量美国军事援助的存在，韩国军队高层腐败严重，与政界关系密切，很多年轻军官对此极为愤慨。况且，在朝鲜战争期间韩国军队迅速膨胀，很多军人得到了较快的升职，而在战争结束以后这种情况被改变，又逢张勉政府承诺将要裁军 10 万，很多军官前途堪忧。

第二，社会环境的影响。张勉时期的社会政治危机，主要是李承晚政权的"遗产"。在推翻李承晚过程中做出过重要贡献的学生，不满于由无所作为的民主党摘取胜利果实，因而示威游行不断。同时，朝鲜经济发展迅速、社会政治稳定，与南方的萧条和动荡形成了鲜明的对比，青年学生对朝鲜体制的向往以"民族统一"的口号表达出来。1961 年 5 月 4 日，首尔大学"民族统一学生联盟"发起 10 万学生代表到板门店举行"南北学生和平统一誓师大会"运动，立刻得到韩国各地学生的积极支持和朝鲜学生组织的赞同。张勉政府无法控制学生们的行动。学生在南北关系上的过激行为，刺激了保守的韩国军队。惨烈的朝鲜战争刚刚结束不久，军队还无法接受学生的大胆行动。同时，由于新职业主义的影响，韩国军人逐渐接受了这样的观念：不仅是外来入侵，在国内政治动荡威胁到国家安全而政府没有能力控制时，军队也要坚决地干预。这是朴正熙一呼而有百

---

① 尹保云：《韩国的现代化》，东方出版社，1995，第 66 页。

应的重要因素。

第三，发动军事政变的当事人的因素。朴正熙毕业于"满洲士官学校"，并在1942~1944年就读于日本士官军官学校，1946年毕业于韩国陆军士官学校，经历丰富，但不是主流派系。他曾经在1948年"丽顺叛乱"中被捕，后因朝鲜战争的需要而被重新招入军队。日本的崛起及其军事机器的高效率给朴正熙留下了深刻的印象。他曾多次表示韩国需要一场政变。政变的其他核心人物主要是陆军士官学校的第八届毕业生，他们对腐败的军队高层不满，认为只有通过政变的手段才能够实现"净军"。正是这些政治性很强的军官，策划并领导了改变韩国历史的"五一六政变"。

政变当日发表6条公约：（1）以反共为首要目标；（2）遵守联合国宪章，加强与美国等友邦之间的纽带；（3）清除贪污，横扫旧恶，弘扬民族正气；（4）解除民众痛苦，致力于建设独立的国民经济；（5）增强国家力量，以实现统一和反对共产主义；（6）一俟任务完成，即将政权移交给有良心的政界人士等。

1961年5月18日，张勉内阁宣布总辞职。5月19日，军事革命委员会改名为"国家再建最高会议"。1962年3月16日，国家再建最高会议制定了《政治活动净化法》。1962年12月16日，国家再建最高会议公布新宪法，宣布实行总统制，选民直接选举总统，国会实行一院制。1963年1月1日，允许恢复政治活动。为帮助朴正熙角逐民选总统，金钟泌于1963年2月26日组建了民主共和党。朴正熙脱下军装，作为民主共和党的总统候选人参与了1963年10月15日的总统选举，并以46.6%对45.1%的微弱优势战胜了民主党候选人尹潽善。这次相对公平的选举，在一定程度上解决了朴正熙政权的合法性问题，也使他有机会放手解决韩国所面临的其他难题。

在60年代，朴正熙政权对韩国发展的贡献主要体现在以下3个方面。

第一，制订经济发展计划，大力发展经济。关于连续的五年经济计划与韩国经济增长的具体情况，见本书第四章经济部分。

第二，顶住国内压力，恢复韩日邦交。进入60年代，由于美国援助的迅速减少，尚未自立的韩国经济面临着前所未有的挑战。朴正熙政权不得不多方开辟财源，而恢复韩日邦交、获取战争赔偿和发展资金是其重要出路。美国为实现其东亚战略，一直积极敦促日本和韩国这两个亚洲盟国实现和解、恢复邦交，但是这一努力在李承晚政府时期几乎没有取得进展。朴正熙在这一问题上的积极态度和所获赔偿的数额之低引发了韩国民众和在野党的强烈反对。直到今天，韩国国内政治力量仍在围绕这一历史问题展开斗争。1965 年 6 月 22 日，韩国与日本签订《韩日基本关系条约》。客观地讲，恢复邦交对于韩国的发展是重要的一步，韩国从此获得了美国以外的另一个重要的资金技术来源和产品市场。[①]

第三，参与越南战争。出兵越南，无论是对韩美关系还是对韩国以后的发展，都是具有深远影响的重大事件。而在这个问题上，中国国内的学者关注很少。同时，由于文献资料所限制，往往简单地认为韩国是应美国的要求而不得不出兵的，或者说，"出兵并非韩国的初衷"。而实际上，从解密档案的情况来看，早在朴正熙发动军事政变以后第一次访问美国时，他就代表韩国向美国不止一次地提出这样的想法，表示韩国愿意为美国出兵越南，这也是肯尼迪接见朴正熙首次来访时所获得的最重要的信息。也就是说，为美国出兵越南，是韩国政府基于对当时的国际和地区形势、韩国与美国之间的双边关系以及韩国的政治经济发展前景等方方面面的因素综合的考虑而主动提出的，是有利于韩国发展的重要举措。在 60 年代东北亚安全局势逐步稳定的背景下，60 万兵力的庞大军队对于韩国的经济发展而言是一个沉重的负担，美国方面出现了裁减驻韩美军和韩国军队的声音。而军人出身的朴正熙深知裁军对于韩国的国家安全所可能产生的影响，而参与越南战争可以使其一箭双雕：既不裁减军队，又可以为经济发展赚取资金。正是在这样的背景下，在 1965 ~ 1972 年，先后共有约 32 万名韩国战斗人员参与了越南战争。而这段时间也正是韩国经济迅速发展的重要时期，这并不仅仅是一种时间上的巧合，而是有着内在关联的。

在 1967 年 5 月的总统选举中，朴正熙与尹潽善再次进行较量并以 100 万张票的绝对优势获胜。选举结果表明朴正熙在其执政的 4 年里赢得

---

① 关于韩国与日本恢复邦交谈判过程的具体细节及分析，可参阅北京大学赵成国博士论文《日韩会谈研究》，2001。

了更多国民的支持和信任。但是，为了突破宪法对总统继续连任的限制，1969 年 9 月 14 日执政党强行通过了新的宪法，这是朴正熙试图终身执政的起点。在 1971 年的总统选举中，朴正熙以 53.2% 对 45.3% 的优势战胜初出茅庐的新民党政治家金大中，第三次当选总统。另外，新政治力量的崛起也使朴正熙感到了明显的威胁。与此同时，美国的亚洲战略出现了调整，韩国所面临的周边国际局势正在发生变化。1972 年 10 月 17 日，朴正熙突然发布公告，宣布全国实行非常戒严，解散国会，禁止一切政治活动，这就是所谓"十月维新"。11 月，韩国再次修改宪法，删除了其中限制总统连任三届以上的条款，总统选举方式也改为由"统一主体国民会议"选举产生。此时，朴正熙政权已经蜕变为一个彻底的军人独裁政权。1979 年 10 月 26 日，朴正熙被韩国中央情报部长金载圭刺杀，韩国现代发展史上最重要、最有争议的一个政权终结了。此后，国务总理崔圭夏代理总统职务。韩国政治出现解冻，各路政治力量纷纷活跃起来。但是，这一政治活跃现象并没有持续多久，1979 年 12 月 12 日，以全斗焕、卢泰愚为首的强硬派发动政变，控制了军队，并通过对 1980 年光州民主抗争的镇压进一步夺取了对政治的控制。1981 年 2 月 25 日，全斗焕当选为第 12 届总统，继续推行军人威权统治。

## 五　1987 年以来韩国的政治发展[①]

韩国自建国伊始就全盘接受了西方民主政治的制度框架，但实际政治过程却是威权主义的，其间只有些许短暂的、混乱的民主经历。20 世纪 80 年代重新回到民主的轨道以来，又出现了严重的地域分割现象。近年来，地域分割的特征出现了弱化的迹象，进步与保守成为新的政治分野。

---

① 本小节内容主要参照笔者《韩国民主政治的发展与卢武铉的上台》一文，见张蕴岭、孙士海主编《亚太地区发展报告 No. 4（2003）》，社会科学文献出版社，2004，第 143～160 页；以及《总统弹劾案与韩国的政治发展》一文，张蕴岭、孙士海主编《亚太地区发展报告 No. 5（2004）》，社会科学文献出版社，2005，第 106～115 页。

### （一）韩国政治中的地域分割

韩国的"政治地图"大致可以划分为首尔圈、湖南圈（包括全罗南北道、光州等地）、岭南圈（包括被称为"TK"的庆尚北道、大邱和被称为"PK"的庆尚南道、釜山和蔚山等地）、忠清圈（包括忠清南北道和大田等地）等几个大的区域。在不同的地域之间，存在明显的政治分歧，这种分歧的产生有多方面的因素，[①] 既有经济发展长期不平衡的原因，也有代表性的政治人物或威权或民主的差异而产生的影响。由于3位军人政权时期的总统朴正熙、全斗焕、卢泰愚都是出身于岭南的"TK"地区，这里也被看作威权统治的根据地，是其获得选票的重要来源，也是在威权体制下的资源分享中占据优势的地区；岭南的"PK"地区是长期以来为韩国的民主而奋斗的金泳三的家乡，是他的权力根据地，在民主与威权进行较量的年代，这里与湖南圈属于同一个民主阵营，但是在1992年的总统选举前朝野三党合并又使该地区与岭南的"TK"地区联合，共同对抗湖南圈；湖南圈的经济发展多年来一直落后于岭南圈，在政治权力资源的分配方面也受到一定的制约，因而湖南圈的选民一直是旧的政治经济秩序的重要反抗力量，金大中出生于湖南圈的光州，是反抗威权统治的民主斗士，受到湖南圈选民坚定不移的支持；忠清圈是金钟泌的家乡，也是他的政治支持力量的主要来源。

在民主化以来的三次总统选举中，政治上的地域分割日益清晰，但每次选举又有不同的含义。1987年的总统选举，是韩国民主化进程启动的重要转折。由于国际形势的变化和国内民主力量的发展，此时韩国的军人政权已是强弩之末，很难控制国内的局势。席卷全国的1987年"六月民主抗争"迫使执政党总统候选人卢泰愚发表了"六二九宣言"，韩国的民主化转型正式启动。该宣言包括8项民主化措施：

第一，通过朝野协商尽早修改宪法，实行总统直接选举制；

---

① 详细分析见 Sonn Hochul，"Regional Cleavage in Korean Politics and Elections"，*Korea Journal*，Summer 2003，Vol. 43，No. 2，pp. 32 – 54。

第二，修改总统选举法，保障自由参加选举和公平竞争；

第三，谋求国民的和解与大团结，赦免金大中，恢复其政治权利；

第四，尊重人的尊严，最大限度地保障国民的基本人权；

第五，改善有关制度，保障言论自由；

第六，保障社会各部门的自治和自律，尽早实现大学自律和教育自治；

第七，保障政党的活动自由，创造对话与妥协的政治风气；

第八，大胆采取社会净化措施。

民主的窗户已经洞开，但是在野势力出现了分裂，金大中和金泳三都不愿放弃参加总统竞选，民主派丧失了在1987年的总统选举中掌握政权的契机，原本有可能成为民主力量对威权势力的压倒性胜利的竞选，变成了主要政治人物明确政治根据地的大演练。4名主要候选人卢泰愚、金泳三、金大中和金钟泌的得票率分别是38.6%、28.0%、27.1%和8.1%，民主派对军人威权派的优势很明显，但民主派却很遗憾地丧失了成功的机会，虽然他们在各自的权力根据地获得了明显高于对手的支持率。结果是军人出身的卢泰愚当选总统，他在许多方面继承了朴正熙和全斗焕时期威权主义的重要特征，但是韩国毕竟实现了从军人独裁向民主的转变，韩国现代史上第一次实现了政权的和平更替。

1992年的总统选举主要是在两位民主斗士金泳三和金大中之间展开。1990年年初卢泰愚的执政党民主正义党与两大在野党（金钟泌的共和党、金泳三的统一民主党）实行合并，组成民主自由党。这样，岭南圈与忠清圈联合起来，共同对抗湖南圈，使金大中的和平民主党的政治地位陡降，为金泳三的当选奠定了基础。具有威权和民主不同背景的三党的联合，表明韩国政治此时的主题已经不再是民主与威权的分野，而是为获得竞选成功而进行的势力范围的分割。在此次选举中，尽管金大中在湖南圈获得了91.0%的绝对支持，依然败给了地域基础更为广泛的金泳三，后者在岭南圈获得了68.8%的选票，在忠清圈获得了36.2%的选票。金泳三的上台是与威权势力联合的结果，但毕竟开辟了韩国政治历史上的文官政治时代，韩国的民主政治体制基本稳定下来。

1997年的总统选举，主要在执政党的候选人李会昌和在野党的候选人金大中之间展开，影响此次选举结果的主要因素有以下几个方面。第一，地域主义。金大中在湖南圈再次赢得了选民对他的绝对支持，得票率高达92.9%；李会昌在岭南圈也获得了58.1%的选票。第二，政策主张的差异。在此次选举中，双方进步与保守的分歧已经出现。早在1997年1月，韩国政府推出新的劳动法，对工人罢工、组织工会等进行了限制，赋予雇主更自由的解雇工人的权利，以刺激投资者的信心，这是比较典型的新保守主义的经济政策。作为执政党的候选人，李会昌继承了这样一些保守的政策主张；而金大中则着力于提高财阀企业的经营透明度、改革财阀的家族体制等。大国家党认为金大中的财阀改革可能破坏韩国的经济基础。在支持力量方面，在进步力量中金大中的支持率高出对手22.9个百分点，在保守力量中李会昌有13个百分点的优势。①尽管进步与保守的竞争初露端倪，但是与占主导地位的地域主义比较起来，还明显处于从属的地位。第三，在金泳三政府末期，韩国经济受到了迅猛的亚洲金融危机的重创，政治领域也不可避免地受到影响。民众认为执政党对韩国1997年的金融危机负有责任，这也为在野党掌握政权提供了难得的机遇，在韩国的政治史上，在此之前还没有一个在野党能够赢得总统选举，最终，金大中以1.6%的微弱优势战胜李会昌。

韩国国内没有民族和宗教的冲突，因而地缘成为一种重要的认同方式，并在政治发展中得到了最为突出的表达。地域主义的存在主要是经济和政治资源分配不平衡所造成的，尽管它对韩国政治发展的影响时间较长，但是相对于发展中国家政治民主化所面临的民族问题、宗教问题等重要障碍而言，地域主义的克服是比较容易的。韩国的政治发展正在逐步跨越和消融这一障碍。

① 韩国社会科学数据中心，Korean Social Science Data Center，KSDC，http：//www.ksdc.re.kr。

### （二）韩国政坛进步与保守的分野

在告别了"三金政治时代"①以后，韩国的政治真正迎来了平民政治时代。在民主制度基本巩固的情况下，政治力量之间根据执政基本政策的进步或保守的差异展开了竞争。从这个意义上来说，2002年的总统选举，是韩国政治所经历的一个重要转折，标志着一个新的政治时代正在拉开序幕。

首先，二者的政策主张表现出明显的"进步"与"保守"的差异。在如何处理对朝鲜关系方面，双方在基本的政策目标即通过积极的接触与交流、维护朝鲜半岛的和平与稳定、敦促朝鲜放弃核开发计划等方面基本一致，分歧主要体现在具体的策略上。比如，在如何评价金大中政府的"阳光政策"问题上，卢武铉认为"阳光政策"的推行是南北和解的重要一步，因而不仅继承了前任政府的"阳光政策"，还进一步发展为"和平繁荣政策"。而李会昌则认为，"阳光政策"实行已久，朝鲜并没有向和平的方向发生变化，而是继续与韩国发生了军事冲突，并蓄意开发核武器，这说明"阳光政策"是失败的。在对朝鲜进行资金援助方面，卢武铉并不反对给予朝鲜资金援助，而李会昌则坚决认为，在朝鲜半岛的和平和韩国人民的安全受到威胁的情况下，必须暂停对朝鲜的援助，特别是不能给朝鲜现金援助，以此作为对朝鲜挑衅行为的反应，这是大国家党奉行的对朝强硬政策的重要方面。在如何对待朝鲜的政治体制的问题上，卢武铉奉行的是承认现实、维持现状的原则，正视双方的政治制度的差异，搁置政治制度的差异，双方都放弃武力吞并和进攻对方的企图，谋求经济交流与合作，实现和平共存与共同繁荣。而李会昌所代表的大国家党的政策显然要激进得多，强调自由民主与市场经济，强调战略互惠，实质上是要通过各种途径诱导、引发朝鲜内部的转变，要在共同的体制下实现统一。在对朝关系中如何协调与美国的立场方面，卢武铉主张建立新型的韩美关

① 自朴正熙时期以来，金钟泌、金大中、金泳三等三位政治家长期活跃在韩国的政治舞台上，分别以三人为中心的三股政治力量左右韩国政局达数十年之久。这段时间常被称为"三金政治时代"。2003年卢武铉政府上台后，"三金"的影响力渐退。

系，要在对待朝鲜的问题上发挥主导作用，大国家党则强调协调与韩国最重要的盟国——美国的立场，表现出强烈的亲美倾向。

在经济政策方面，李会昌信奉的是新保守主义，崇尚市场竞争，认为曾经给韩国带来巨大成功的国家支配的经济发展模式现在正在侵蚀着国家的效率和竞争力，要结束国家主导的经济发展模式，建立真正的自由市场经济，刺激创新，重塑投资者信心，提高韩国公司的透明度，谋求韩国经济的长期增长。在对待劳工问题上，李会昌承诺要保护普遍的劳工权益，同时强调不放任管理者和工会的非法行为。李会昌希望能够在稳定的前提下推进政治经济改革，提高政治的透明度，纠正政府与大企业的关系。卢武铉更多地考虑经济的公平和下层民众的利益，他的主要政策是缩小地区差距实现均衡发展，缩小贫富差距实现阶层融合和社会平等，主张构建和睦的劳资关系，等等。

其次，双方的支持力量出现了明显的分化。卢武铉主要的支持力量来自湖南圈、年青一族和工人民众，这是韩国的"进步的"、要求变革的主体力量。根据韩国社会科学数据中心的调查，在保守的选民中，李会昌有28个百分点的优势，在中间派的选民中，卢武铉的优势为12个百分点，而在进步力量中，卢武铉的优势是决定性的，比对手高出近50个百分点。[①] 与1997年的总统选举相比，保守力量与进步力量之间的分化更加明显。

尽管湖南圈与岭南圈继续对抗，但表现出某种新的内涵。卢武铉的支持力量首先来自湖南圈。湖南圈的经济相对落后，具有反以往发展模式的取向，代表的是下层要求激进改革的力量。尽管卢武铉不是出生于此，但是作为执政党新千年民主党的总统候选人，在政治理念以及经济政策等方面与该区具有一致性，该区选民给予他大力的支持，这也使地域主义有了进步对抗保守的新内涵。在全罗南道、全罗北道和光州选区，卢武铉的得票率分别为93.4%、91.2%和95.2%，单单是在以上3个选区，卢武铉净胜李会昌260余万票，而全国的最终结果显示，卢武铉只领先其主要对

---

① Korean Social Science Data Center, http：//www.ksdc.re.kr.

手 57 万票。①可以说，卢武铉在湖南圈的绝对优势是其最后赢得大选的根本因素。湖南圈选民的投票率也明显高于岭南圈，表明该区选民的政治参与热情较高。李会昌在岭南圈的优势也很明显，获得了 69.1% 的支持率。相比之下，卢武铉在岭南圈的得票率（25.5%）明显高于当年的金大中（13.2%），这与该区的部分年轻选民把选票投给了卢武铉密切相关。根据韩国社会科学数据中心的报告，在岭南圈 20~29 岁的年轻选民中，卢武铉以 46.4% 的支持率超过李会昌 45.2% 的得票率。②

本次总统选举投票中的代际差异明显，40 岁以下年轻人对卢武铉的支持是卢获胜的决定性因素。韩国社会快速发展所带来的价值取向、思维方式等各方面的代际差异，集中体现在 2002 年的总统选举中，"进步的"年轻选民把选票投给了以"改革者"的形象出现的卢武铉，"保守的"年龄较大的选民则支持李会昌。③卢武铉能够赢得年轻人的支持，主要原因在于，其一，卢武铉在参加竞选时 56 岁，比李会昌小 11 岁，只担任过两届国会议员和一任海洋渔业部长官，政治资历浅，而这些劣势在求新求变的青年人看来却是优势，因为他们早已厌倦了旧政治，渴望打破旧体制，建立新的更现代的政治体制，渴望在政治舞台上出现新的面孔，卢武铉的竞选口号"让我们改变"是吸引青年人支持的重要武器。其二，卢武铉与青年人在对美关系问题上立场基本一致。随着国家的日益富强、民族主义的兴起和民主化的进一步深入，韩国民众比以往更多地、更加自由地表达反美情绪，特别是青年人，他们没有经历过朝鲜战争，对于韩美之间的

---

① 韩国中央选举管理委员会，http：//www. nec. go. kr。

② Korean Social Science Data Center，http：//www. ksdc. re. kr.

③ 根据选举法，在总统选举中，韩国 20 岁以上的人有选举权，40 岁以上的人有被选举权。据调查统计，在 20~29 岁的青年人当中，卢武铉的支持率为 62.1%，李会昌的支持率为 31.7%；30~39 岁的人中，卢武铉的支持率为 59.3%，李会昌的支持率为 33.9%，双方在 20~39 岁的年轻人群中的支持率差距非常明显。在 40~49 岁的中年人当中，卢武铉的支持率为 47.4%，李会昌的支持率为 48.7%，双方基本持平；在 50 岁以上的人中，卢武铉的支持率为 39.8%，李会昌的支持率为 58.3%，卢武铉处于明显的劣势。Korean Broadcasting System（KBS），Cho Kisuk，"Continuity and Change in the 2002 Presidential Election"，*Korea Journal*，Vol. 43，No. 2，p. 117.

同盟关系的看法与上一代人存在明显的差异。卢武铉鲜明的抗美立场①显然迎合了广大青年人的政治口味。其三，反美与青年渴望民族统一的热情密切相关，在一部分青年人看来，韩国已经成为美国武器的重要销售市场，与其说美国是韩国抵御朝鲜进攻的安全保证，不如说美国是民族统一的障碍，因此，主张在朝鲜半岛统一问题上韩国应该发挥主导性作用的卢武铉，在青年中赢得支持是很自然的。其四，网络、手机短信等新兴媒体在政治上的首次大规模运用。随着经济的发展，韩国社会的信息化程度越来越高，网络、手机等在年轻人当中相当普及，而他们也因此而获得了某种政治上的认同感。网络已经成为韩国社会特别是年轻人的一种组织方式，政治要吸引年轻人的参与就不得不通过网络这一重要的媒体。在利用网络这一新兴的、廉价的媒体方面，卢武铉比李会昌略胜一筹。众多支持卢武铉的选民通过网络组织起来，在网上成立"卢爱会"，号召更多的人支持卢武铉。

工人是卢武铉的重要支持力量。卢武铉在竞选中走的是下层路线，其竞选口号、政策主张更多地迎合了下层民众反抗、叛逆、打破旧政治等诸多极端的要求。卢武铉曾经是国会劳动委员会中的一员，一直保持着"工人利益的代言人"的形象，也一直被一些保守人士称为"左派"，工人对他的期望值很高，在竞选过程中他也靠这一形象来赢得工人们的支持。

自卢武铉政府 2003 年 2 月 25 日上台以来，韩国政局一直动荡不安，其中的原因是多方面的。首先，包括国际形势的变化引发的国内矛盾冲突，比如美国发动伊拉克战争而带来的韩国是否派兵等问题，朝鲜核危机的升级带来的国内对朝政策的分歧等；其次，卢武铉个人执政风格和能力

---

① 　在总统竞选的过程中，两个韩国女中学生被美国士兵轧死，两名肇事者经审判后被军事法院宣判为无罪，引发了大规模的反美游行示威。卢武铉也参加了群众反美示威，慰问了受害者家庭，认为韩国有能力保卫自己的安全，主张取消美军在韩国的一切特权。此举并不是卢武铉一时心血来潮，早在 1987 年，卢武铉就曾因抗议美军在韩特殊地位而被捕，并且被暂时剥夺了律师权。在当选总统前他没有去过美国，也极少与来访的美国政客接触，这在韩国政治家中独树一帜。

的问题，在协调错综复杂的国际国内关系、勾画韩国发展的全盘战略等大政方针上，缺乏准备的卢武铉面临许多困难；最后，也是最重要的因素，以大国家党为主的保守势力在国会中占据重要地位，对卢武铉政府形成了有力的牵制。

卢武铉政府上台时，执政党新千年民主党在国会内已经是少数党，其内部长期以来存在改革派和保守派之间的对立，在竞选总统的共同目标完成之后，双方的矛盾更加突出。加之其核心人物金大中退出了政治舞台，该政党的凝聚力锐减。2003年9月，新千年民主党新派议员和大国家党脱党议员组成"国民参与统合新党"，并在国会登记注册为交涉团体。不久该党宣布成立"开放国民党"，由于其支持卢武铉，所以号称"精神执政党"。卢武铉在新党成立后不久退出新千年民主党，但并没有立即加入新党。韩国出现了没有执政党的非常规状态。在没有强大的执政党支持的情况下，卢武铉政府面临严峻的局势。2004年3月9日，韩国国会159名反对党议员提出了对总统的弹劾起诉。3月12日，国会以193票赞成、2票反对的结果通过了对总统卢武铉的弹劾案。弹劾起诉书随后被提交宪法法院。

根据国会的弹劾起诉书，弹劾总统的理由①主要有3条。第一，卢武铉总统违反宪法和法律，导致国法秩序紊乱。起诉书认为，总统在多种不同场合发言支持特定政党，违反了公务员的政治中立义务，并无视中央选举管理委员会的警告，存在轻视宪法机关的行为。第二，总统阵营收取非法政治资金，违反了《政治资金法》之规定，且总统的多名亲信涉嫌腐败。第三，国政破败。起诉书认为，卢武铉政府政策方向不明，发展理念混杂，加重了经济的不安，总统的不当发言以及提出再信任投票、政界引退等轻率的国政运营，造成国民分裂、经济衰败等，违反了宪法的相关规定。概括而言，弹劾的第一条理由，即总统支持特定政党的行为，是问题的核心。弹劾的关键还是这两个主要反对党与总统之间的矛盾，而总统支持开放国民党的行为是弹劾的导火索。

---

① 弹劾起诉书的全文，见韩国国会网站（http://www.assembly.go.kr）。

5月14日，韩国宪法法院对总统弹劾案进行了宣判。宪法法院首先认可了弹劾过程的合法性。宪法法院认为，总统不是代表政党而是作为国家机关的总统身份进行选举相关发言时，应当受到选举中政治中立义务的约束。总统在记者招待会上支持特定政党，违反了政治中立义务。青瓦台（总统府）发言人贬低选举法的发言可视为总统对法律的合法性和正当性的公开质疑，与总统守护宪法和法律的义务相悖。关于总统亲信腐败问题，从时间范围来看，在当选后就职前这一段时间里发生的事不能作为弹劾起诉的事由。对于总统亲信在总统就职后发生的腐败行为，不能认定总统有指使、帮助其收取非法政治资金的行为，因此不能作为弹劾理由。基于此，宪法法院驳回了国会提出的弹劾起诉。[①]

弹劾案的发生，直接影响了4月15日国会选举的结果，从而彻底改变了韩国的政治格局。由于弹劾引发了普通民众之间明显的分化和对立，支持和反对弹劾的力量不仅通过声势浩大的示威活动来表明自己的态度，还把弹劾案审理期间的国会选举变成了赞成或反对弹劾的国民舆论大调查。结果，反对弹劾的开放国民党大获全胜，议席数由47席一跃而达到152席，超过国会议席总数的一半，成为国会第一大党。而支持弹劾的3个反对党遭遇滑铁卢。大国家党的力量明显削弱，议席数陡降至121席。新千年民主党只获得了9席，对韩国政局的影响力一落千丈。自由民主联合只拿到了4个席位。无疑，开放国民党成了弹劾案中最大的赢家。卢武铉总统复职后不久即正式加入该党，使开放国民党成为真正的执政党。韩国国会中出现了久违的"朝大野小"的政治格局。

2008年2月李明博总统的上任，结束了韩国十年的"进步"政权。成为执政党的大国家党也在2008年4月9日的国会议员选举中获得了299个席位中的153个，超过半数，随后通过吸收无党派及"亲朴（槿惠）联盟"的议员，席位增至172个。在当年的地方选举中，保守派在16个市长、道知事选举中占据了12个。由此，可以说李明博政府完全占据了

---

[①]　宪法法院判决书的内容，见韩国宪法法院网站（http：//www.ccourt.go.kr）。

行政、国会、地方三大权力。①

进步与保守之间的激烈斗争成为李明博政府时期的基本特征。在上任两个月后，李明博政府就遭遇了因"牛肉风波"爆发的接连不断的烛光示威和游行，韩国国会也因此陷入执政党和反对党之间无休止的争斗。2009年，随着前总统卢武铉在接受调查中意外自杀、前总统金大中的去世，进步阵营遭到重创，这样进一步激化了双方的矛盾。在世宗市修正案、四大江河整治工程、媒体法等重大决策上，进步与保守之间论争激烈。2010年爆发"天安舰事件"和"炮击延坪岛事件"，数个政治势力围绕李明博政府的对朝政策展开了激烈的争论。执政党在堪称中期考核的"6·2"地方选举中惨败，而在此后进行的国会议员再补选中，执政党再次取得压倒性胜利。2011年，李明博政府不顾民主统合党和民主劳动党的反对，分别与欧盟及美国正式签订了自由贸易协定，此举遭到在野政治势力和部分市民团体的激烈反对，韩国国会再次上演"武斗"。

在朝野党派争斗的同时，主张社会公正、呼吁社会深刻变革的安哲秀及其支持者组成的"第三方势力"脱颖而出，成为韩国政坛的新现象。安哲秀在首尔市市长的补选中得到广泛支持，其支持率远远超过大国家党和民主统合党候选人。安哲秀也曾一度成为下届总统热门人选。

2012年是韩国国会和总统同时进行换届的双选举年。在4月和12月举行的第19届国会议员选举和第18届总统大选中，以新国家党（"大国家党"于2012年2月改名为"新国家党"）为首的保守派势力胜出，朴槿惠以微弱的优势战胜民主统合联合候选人文在寅，成为韩国宪政史上首位女总统。

# 第四节　重要历史人物

崔致远，新罗时期王京（今韩国庆尚北道庆州）人。12岁时，即唐懿

① 刘宝全、毕颖达：《李明博政府执政5年政绩评价》，牛林杰、刘宝全主编《韩国发展报告（2013）》，社会科学文献出版社，2013，第51页。

宗咸通九年（868）乘船西渡入唐。初在都城长安就读，曾游历洛阳。唐僖宗乾符元年（874）进士及第，出任溧水县尉，任期届满，被淮南节度使高骈聘为幕府，后授职幕府都统巡官。其28岁时，以"国信使"身份东归新罗。其留唐16年间，为人谦和恭谨，且与唐末文人诗客、幕府僚佐等交游甚广。其文集《桂苑笔耕》是朝鲜新罗时期唯一传世的个人著作。

世宗大王，即朝鲜世宗李祹，李氏朝鲜第四代君主。22岁即位，共在位32年，在位期间是朝鲜王朝的鼎盛时期，朝鲜社会文化得到长足发展，在此期间创造了谚文，对朝鲜之后的语言和文化发展带来深远影响。后世的韩国史学家通常都尊称他为世宗大王。

李舜臣，生于李氏朝鲜首都汉城（今韩国首尔）。李氏朝鲜时期名将。在16世纪抵抗日军侵朝（壬辰倭乱）时，曾立下汗马功劳。1597年，他在位于朝鲜南部的珍岛与朝鲜本土之间的鸣梁海峡仅靠12艘舰船击败日军300余条船。1598年在露梁海战中牺牲，享年53岁。谥号忠武，死后追赠领议政。

兴宣大院君，生于1820年，朝鲜高宗的生父。高宗即位时年仅12岁，不能亲理政务，由其父兴宣大院君主政，长达10年。大院君对内改革用人制度、废除书院、实施财政税制改革，全力铲除门阀政治与党争，对外实施锁国政策。1873年被迫下台，开始了10年的隐居生涯。"壬午军乱"时利用时局再次上台，后被平乱清军抓去中国天津，软禁于保定府，三年后回国。1894年依靠日本的力量第三次上台，却因为不肯与日本完全合作，又被日本逼迫下野，后1898年病逝。

闵妃，1866年被册封为朝鲜高宗的王妃。当时朝鲜高宗的生父兴宣大院君李昰应摄政，一味采取闭关锁国路线。而后闵妃鼓励高宗采取开化政策并引入日本势力，在朝野扶植亲信，任用亲族出任要职，排斥大院君势力。1873年，大院君下野之后，由于高宗懦弱无能，闵妃及其亲族得以把控朝政20余年，其间虽经壬午兵变与甲申政变等而仍旧屹立不倒。甲午战争之后，闵妃欲与俄国合作对抗日本，因而引发1895年10月8日的"乙未事变"，日本公使三浦梧楼策划日本浪人及乱军入侵景福宫，于乾清宫杀害闵妃，焚毁其遗体，并胁迫高宗废她为庶人。直到1897年，高宗改国号为"大韩帝国",自称皇帝,才将闵妃复位并追谥为"明成皇后",厚葬于汉城东郊清凉里的洪陵(后迁往京畿道金谷洞)。

金玉均,朝鲜高宗时期的政治家,朝鲜开化派代表性人物。金玉均曾于1882年东渡日本考察政治经济制度,并在"壬午军乱"之后作为修信使再赴日本考察访问。此时,朝鲜国内由闵妃外戚集团掌权,国政日渐昏暗。为此,金玉均等人决心打破陈规、改革国政,与朴泳孝、洪英植、徐光范、徐载弼、尹致昊等人组织了"开化党"。由于开化党鼓吹脱离与清朝的旧有宗藩关系,实行自主独立,所以又称"独立党"。1884年12月4日,金玉均以邮政局开业典礼宴会为契机,与朴泳孝、洪英植等开化党人一起发动了"甲申政变",在清洗了多名戚族大勋旧大臣之后,金玉均组织了新政府,被擢升为户曹参判,并发布了具有资本主义性质的新政纲。但由于袁世凯率领驻守清军镇压,甲申政变仅过三天便告失败。甲申政变失败后,金玉均被迫亡命日本,化名为岩田周作,辗转小笠原群岛、北海道、东京等地长达10年。后在上海被高宗所派刺客刺杀,其死亡成为中日甲午战争的一个重要导火索。

金九,生于1876年,号白凡,本贯安东金氏。在中国各地辗转27年,是历史上著名的韩国独立运动家。金九早年参与东学党运动,之后因不同原因数度入狱。由于其出色的政治领导力,金九加入韩国的独立运动并成为领导人。在中国抗战时期,金九所领导的大韩民国临时政府随国民政府一同迁往重庆;金九本人曾担任韩国临时政府主席,与中华民国政府关系良好。

日本投降后,在美国的支持下,李承晚成为韩国的首任总统。金九为建立一个统一的、独立自主的韩国进行了百折不挠的斗争。然而,亦由于他在民间的声望远比其他政敌(而不少历史书都暗指这个"政敌"就是李承晚)高出许多,竟遭暗杀而死。金九被杀,使朝鲜半岛的极右独裁主义势力抬头,亦使李承晚得势。金九著有《白凡逸志》等书。

朴正熙,韩国庆尚北道人,1917年生。1944年毕业于日本陆军士官学校。朴正熙1961年5月16日以政变方式推翻张勉政权,成为韩国第三任总统,执政长达18年。在其执政时期,一方面带领韩国实现工业化,通过鼓励出口等方式促进国家经济腾飞；另一方面，大量培植特务机构，为了长期独裁竟设法通过了规定总统终身制的《复活宪法》。1979 年 10 月 26 日朴正熙遇刺身亡，其长女朴槿惠在 2012 年成功当选韩国总统，同时也是韩国首位女总统。

金大中，1924 年生。1943 年毕业于木浦商业学校。年轻时曾经是记者，1954 年起踏入政界，成为韩国民主运动的领袖。在李承晚、朴正熙、全斗焕等独裁政权期间数度入狱，但从未放弃民主斗争。1998 年当选韩国总统，任内致力于使在亚洲金融风暴中备受打击的韩国经济复苏，改革韩国的经济体制，使韩国成功完成企业民营化和产业结构转型；他重视韩国与亚洲各国关系，改善了与中国和日本的关系；在对朝鲜问题上，他采取友好和平的"阳光政策"，促成了 2000 年成功进行的南北双边会谈，并在同年荣获诺贝尔和平奖。2003 年总统卸任。2009 年 8 月 18 日，因病抢救无效逝世于韩国首尔，享年 85 岁。

## 第三章

# 政　治

## 第一节　宪法

　　宪法为一国之根本大法。宪法规定了一国政治的基本构架。韩国宪法是在冷战萌动、美军占领的特殊背景下制定的，在制定过程中参考了美国、日本、德国魏玛共和国等不同国家的宪法，确立了立法、司法、行政三权分立的共和制政体。由国会行使立法权，法院行使司法权，政府行使行政权，国家管理体制为总统中心制。

### 一　制宪国会的产生与宪法的出台

　　日本无条件投降后，美军以占领者的身份进驻朝鲜半岛三八线以南地区，开始全面地、直接地干预韩国各方面的事务。由于美国和苏联分别占领朝鲜半岛南北部，两种政治制度之间展开了面对面的竞争与对抗。三八线以南地区也存在多派政治力量，政治分歧严重。尽管美国把立法机关的建立看作在韩国推行政治民主化改革的重要组成部分，但几经周折。

　　1945 年 10 月 5 日，美军政府聘请 11 名各界人士为顾问官，组成顾问会议，由金性洙任委员长。随后，顾问会议制度被进一步推广，各道、郡等都相继建立了类似的机构。但是，顾问会议并没有成功地代表民意，也缺乏广泛的社会基础，美军政当局不得不着手建立过渡立法机构。

　　李承晚和金九陆续回国后，"大韩民国临时政府"派开始在朝鲜半岛南部的政治舞台上扮演主要角色。1946 年 2 月 1 日，来自 46 个团体、代

*85*

表不同地区和不同群体利益的 169 名代表召开了非常国民会议。在非常国民会议的基础上，于 2 月 13 日成立了以李承晚、金九为首的最高政务委员会，2 月 14 日应美军政当局的要求，改为民主议院，议长李承晚，副议长金九、金奎植，议员 25 名。从总体上来看，民主议院是由各政党、社会团体选举产生的代表会议，具有比较广泛的基础，是美军政府的咨询机构，主要任务是筹备建立过渡政府。

在倡导左右合作的背景下，1946 年 10 月 12 日，美军政法令第 118 号颁布，成立过渡立法议院，计划由各道选举产生的 45 名议员组成。在选举中，李承晚和金九大获全胜，选出的代表中绝大多数是他们的支持者。吕运亨和金奎植等人认为，在首尔等地的选举中，取消卖国者或亲日势力的议员资格的规定没有得到实施，左翼团体迫于右翼势力和警察的压力而被排除于选举之外，因而此次选举是在右翼恐怖势力的威吓下投票的结果。美军政府派人监督此次选举，也是基本认可这样的看法。为了使过渡立法议院更具有代表性，使之能够更好地执行和贯彻自己的意志，美军政府决定另外再任命 45 名议员。在 90 名正式议员和 8 名候补议员中，右翼和中间右翼的议员占到 68.4%，左派和中间左派的议员只占 11.2%，其倾向性显而易见。

1946 年 12 月 12 日，金奎植被选为过渡立法议院议长。过渡立法议院下设 18 个常设委员会，包括法务司法委员会、内务警察委员会、财政经济委员会、产业劳农委员会、外务国防委员会、文教福利委员会、请援惩戒委员会、资格审查委员会、临时宪法以及选举法起草委员会等，是行政机关的咨询机构和立法准备机构。1947 年 6 月 3 日，美军政府宣布成立南朝鲜过渡政府。同月，民主议院讨论通过了《立法议院议员选举法案》，为在全国进行普选提供了法律基础。

1948 年 1 月 8 日，联合国朝鲜临时委员团抵达朝鲜半岛南部地区。苏军司令官拒绝了该委员团进入三八线以北的要求，李承晚坚决要求在三八线以南进行单独选举，金九、金奎植等人则极力反对。2 月 19 日，临时委员团向联合国提交了在三八线以南单独举行大选的报告，随后，联合国通过单独选举的决议。5 月 10 日，在临时委员团的监视下，三八线以南举行制宪国会选举，金九的韩国独立党以及左翼政党抵制选举。在此次选举中，95.5%的登记选民（7487649人）参加了投票，从948位候选人中选出200名国会议员，这是朝鲜半岛历史上第一次大规模的选举。结果，没有一个政治力量赢得国会的多数，李承晚的独立促成协议会获得53席，金性洙的韩国民主党获得29席，大同青年团获得14席，无党派人士获得85席，其他党派各获得若干席。5月20日，立法议院解散，5月31日，制宪国会（即第一届国会）开院。1948年6月8日，宪法与政府组织法起草委员会选出委员长徐相日、副委员长李允荣。6月10日，选出第一届国会议长李承晚，副议长申翼熙、金东元。随后，制定宪法的各项工作紧张有序地进行。

俞镇午是韩国宪法起草过程中的核心人物，他提出了国会两院制、国家实行内阁制的宪法草案。宪法起草委员会决定以俞镇午的草案为基础，以权承烈提出的草案为参考，展开讨论，并基本同意了二人的共同主张，即实行两院制，政府形式采取内阁制。但是，坚信自己即将当选总统的李承晚，坚决主张实行总统制，并致密信给宪法起草委员会主席徐相日。迫于李承晚的强大压力，宪法起草委员会不得不将内阁制改为总统制，赋予总统广泛的权力，作为一种制约，设立了国务总理一职。7月12日，国会通过总统中心制的宪法案，7月17日，大韩民国宪法颁布。宪法规定大韩民国是民主共和制国家，主权在民。总统由2/3以上国会议员选举产生，拥有广泛的权力，在紧急情况下有权"发布具有法律效力的命令"。国会有权按照一定的程序弹劾总统，国务总理和大法官的任命须经国会批准。

## 二 韩国宪法的修改

韩国宪法并不是源于本土的，对于刚刚从殖民统治下解放出来的韩国人民而言，无异于空中楼阁。它在最初制定过程中因为李承晚个人的坚持而将内阁制改为总统制，预示了其后的命运多舛。韩国宪法自1948年颁布实施后，至今先后进行了9次修改，修改的焦点集中在国家的政体、总统的选举方式、总统的任期等问题上，核心在于突破宪法对总统权力的束缚，是统治者高于宪法的突出体现，也反映了韩国在引进民主框架后相当长的时间内没有形成基本的民主精神。韩国宪法历次修改情况见表 3-1。

表 3-1　1948~1987 年韩国宪法历次修改一览

| 修改次别 | 新宪法颁布生效时间 | 修改方式 | 修宪的背景与内容 | 别称与备注 |
|---|---|---|---|---|
| 第一次 | 1952 年 7 月 7 日 | 国会表决通过 | 国会中的反对李承晚的势力占优势，李很难赢得 1952 年的总统选举，因此提议将总统选举由国会间接选举改为国民直接选举 | "拔萃改宪" |
| 第二次 | 1954 年 11 月 29 日 | 国会表决通过 | 李承晚为参加 1956 年总统选举、实现再次连任，指使自由党议员提出修改宪法中关于"总统只能连任一次"的条款 | "四舍五入改宪" |
| 第三次 | 1960 年 6 月 15 日 | 国会表决通过 | 政体由总统制改为责任内阁制；总统选举方式由选民直接选举改为国会间接选举 | |
| 第四次 | 1960 年 11 月 29 日 | 国会表决通过 | 为制定对反民主行为者及不正当蓄财者予以处罚的特别法提供宪法依据 | |
| 第五次 | 1962 年 12 月 26 日 | 公民投票 | 将内阁制改为总统制；总统选举由间接选举改为直接选举；将国会由两院制改为一院制 | |
| 第六次 | 1969 年 10 月 21 日 | 公民投票 | 把总统"只能连任一次"的规定改为"可连任两次" | "三选改宪" |
| 第七次 | 1972 年 12 月 27 日 | 公民投票 | 取消限制总统连任的条款，设统一主体国民会议，总统选举由选民直接选举改为由统一主体国民会议间接选举，强化总统权力 | "维新宪法" |
| 第八次 | 1980 年 10 月 27 日 | 公民投票 | 取消统一主体国民会议，总统任期改为 7 年，不得连任，总统选举改为由总统选举团间接选举产生 | |
| 第九次 | 1987 年 10 月 29 日 | 公民投票 | 总统选举实行直接选举，任期 5 年，取消总统解散国会的权力 | 现行宪法 |

### 三 现行宪法的主要内容

现行宪法体现了韩国从威权体制迈向民主的重大进步。鉴于历史上多次出现总统为谋求连任而任意修改宪法的情况，新宪法对修宪程序做了更为严格的规定，只有总统或国会的大多数议员可以提请修改宪法，必须经 2/3 以上的议员赞成以及超过半数的全民公决方能通过修正案。新宪法进一步削减了总统的权力，加强了立法权力，加强了保护人权的措施等。

韩国现行宪法由序言、正文（130 条）和附则（6 条）组成，共分10 章。宪法规定，韩国实行三权分立。宪法保障国民的基本权利和自由，包括法律面前一律平等；国民享有人身自由的权利，不得非法逮捕、拘捕、关押、搜查和审问；国民有居住、迁徙自由；国民有宗教信仰自由，国家不设国教，宗教与政治分离；国民有言论、出版、集会、结社自由；国民的财产权应予保障；国民依法享有选举权和公职担任权；国民均有依法向国家机关提出书面请愿的权利；刑事被告人在被判为有罪之前，应受无罪之认定；因公务员职务上的非法行为而受损害的国民，可依法请求国家或公共团体给予正当赔偿；全体国民均有劳动的权利，国家应以社会的经济的手段，努力扩大劳动就业和维持适当的工资水平，并应依法规定，实行最低工资制；为提高劳动条件，劳动者有自主团结权、集体交涉和集体行动权。宪法同时规定，国民的一切自由和权利，只有在需要保障国家安全、维持秩序及维护公共福利的情况下，由法律进行限制。即使在法律限制的情况下，仍不得损害自由和权利的基本内容。

韩国宪法第十章专门规定了有关宪法修改的程序。宪法的修改，需要由总统或国会半数以上议员发起。宪法特别规定，修改有关延长总统任期或变更重任规定的提案，对该项提案出台时的应届总统无效。总统应将提出的宪法修正案向国民公示 20 日以上。国会应于宪法修正案公布之日算起的 60 日内议决。国会议决须获 2/3 以上议员的同意。宪法修正案经国会议决后，于 30 日内交国会投票。应经过半数国会议员选举者的投票，并获过半数投票参加者的同意。宪法修正案获上述同意时，即被通过，总统应立即公布之。为捍卫宪法和国民的基本权利，韩国设有宪法法院，是宪法体制的一个重要部分。

# 第二节　国会

韩国国会是由国会议员组成的代议机关和立法机关，具有制定国家法律、监督国家行政和审议国家财政预算等权力。

## 一　国会的组织概况

目前的韩国国会实行一院制。通过全民选举产生，有议员 300 名，任期 4 年。其中全民选举的议员占 2/3，即有 253 名议员是通过全民选举产生的，47 名议员是按比例分配的。所谓比例分配，就是按比例分配给在直接选举中获得 5 个或 5 个以上席位的政党。这些按比例分配的议员又称作"全国区议员"。

2016 年 4 月 15 日，韩国进行了第二十届国会选举，执政党新国家党在全部 300 个议席中仅获 122 席，在野党共同民主党获 123 席，取代新国家党成为国会第一大党。这是韩国国会 16 年来首次出现"朝小野大"局面。国会第一大党、最大在野党共同民主党议员丁世均任国会上半期议长，任期两年。丁世均毕业于高丽大学法学系，曾任韩国产业资源部长官。20 世纪 90 年代末至今，丁世均 6 次当选国会议员。

由于韩国历史上多次出现政府当局逮捕反对派议员、强行通过某法律的事件，韩国新宪法第 44 条专门规定了议员有不受逮捕的特权，国会议员除现行犯外，在会议期间、未经国会同意，不得被逮捕或拘禁。在会期前被逮捕或拘禁的国会议员，除现行犯外，如经国会要求，应于国会会议期间予以释放。这是对议员权利的重要保障。

韩国国会有议长 1 人，副议长 2 人，任期 2 年。议长负责主持全体会议，代表立法机构，并负责监督国会的行政。副议长是议长的助手，并在议长缺席时代理议长的职务。按照现行的国会法，拥有 20 名议员以上的政治团体，可以组成国会交涉团体，作为国会党派协商主体。无党派议员人数超过 20 人可以组成单独的交涉团体。各交涉团体选出或由党的总裁任命院内总务，负责与其他交涉团体谈判和磋商。

国会的会议分为定期会议和临时会议。根据法律规定，定期会议于每年 9 月 1 日开始召开，会期不超过 100 天。应总统或国会 1/4 以上的议员要求，或者国会议长提议，可以召开国会临时会议，会期不超过 30 天。除宪法和法律另有明确规定外，必须有半数或半数以上议员出席会议及出席会议的半数以上议员投票同意，国会方能做出具有约束力的决定。若投票结果出现平局，该议案应视为被国会否决。国会会议应公开进行，但经半数以上出席议员同意，或议长认为出于保障国家安全的需要，可不予公开。

## 二　国会的权力

国会的权力主要有立法权、财政审查权、外交和战争权、人事权、监督权和弹劾权等。

立法权是国会最重要的权力。国会在立法时须经过法律草案的提出、审议和公布等程序。国会议员和政府都可以提出法律草案，然后经过有关专门委员会的审议提交国会大会讨论。国会大会在进行讨论审议通过后，将法案交由政府，后者在 15 日内以总统的名义颁布。如果政府对新法案有异议，可在 15 日内要求国会重新审议。国会可以在过半数议员出席、出席议员 2/3 以上赞成的基础上重新通过该法案。

国会的财政审查权包括对政府预算的审查批准权、对筹措国债的同意权等。国会有权审议或批准有关互助或共同安全的条约、有关国际组织的条约、有关外国武装在韩国领土上的地位的条约等。国会有权批准宣战、向国外派遣武装力量或在本国境内驻扎外国军队等。国会有权决定重要职位的国家工作人员。宪法法院院长、大法院院长、国务总理、监察院长和大法官的任命须经国会同意。国会推荐提名宪法法院 9 名法官中的 3 名和中央选举管理委员会 9 人中的 3 人。

国会有权对国家政务进行监督。国会监督政府工作，对特定的政府工作案件可进行调查，并可要求提供与此有关的书面材料、证言或供述，也可要求证人出席作证。如国会或其委员会要求，国务总理、国务委员或政府委员应出席答辩。国会对总统实行的紧急财政、经济处理命令及紧急命令拥有批准权，可以要求总统解除所宣布的戒严，总统进行一般赦免也须经国会同意。

如果总统、国务总理、内阁成员、宪法法院成员、中央选举管理委员会成员等高级公务人员被认为在履行公务过程中违反了宪法或法律，国会有权提出弹劾动议。国会弹劾动议必须经国会 1/3 或以上议员同意提出。必须有多数议员投票同意方能批准弹劾动议。弹劾总统的动议须经半数以上议员同意提出，并有 2/3 或以上议员赞成方能成立。弹劾动议一经国会通过，即交由宪法法院裁决。2004 年，第十六届国会对卢武铉的弹劾，是韩国宪政历史上国会第一次通过对总统的弹劾案，但最终被宪法法院驳回。2016 年 12 月，第二十届国会发起了对总统朴槿惠的弹劾案，2017 年 3 月宪法法院予以通过。

# 第三节　行政机构

## 一　总统

韩国现行政治体制是总统中心制。根据现行韩国宪法，总统的主要权力包括：总统是国家元首，在对外交往中代表国家，总统有权任命和派遣外交使节；总统有义务维护民族独立、领土完整、国家的连续性和维护宪法；总统是最高行政长官，推行由立法机关通过的各项法律，并通过发布命令和训令来使法律得以实施，总统全权领导国务会议、各类咨询机构和行政部门，总统有权任命包括总理和行政部门长官等在内的官员；总统是全国武装力量总司令，拥有广泛的制定军事政策的权力；总统是主要的政策和法律的制定者，可以向国会提出立法方案，亲自或以书面形式向立法人员说明自己的观点等。

韩国总统在全国范围内经过平等、直接和无记名投票选举产生，任期 5 年，不得连任，这是鉴于韩国历史上多次出现总统为谋求无限连任而采取不适当的行为而采取的限制措施，目的在于避免任何个人长期执掌国家的权力。根据宪法规定，总统就职时须做如下宣誓："我向国民庄严宣誓：忠实履行总统职责，遵守宪法，保卫国家。为祖国的和平统一，为增进国民的自由和福利，为发展民族文化而努力。"当出现总统伤残、死亡或遭弹劾的情况时，总理或国务会议成员将临时代理总统之职。

## 二 总理、国务会议与其他行政机构

国务总理由总统任命，但须经国会同意。作为总统的主要行政助手，国务总理在总统的领导下监督各部的工作和管理国务调整室的工作。国务总理有权参与制定重要的国家政策，并出席国会举行的各种会议。军人未退出现役者，不得任国务总理。除国务总理外，近几届韩国政府一般都设置一名主管经济的副总理、一名主管教育的副总理。2004 年韩国科学技术部升格为副总理级部门，该部长官也成为科学技术副总理。这样的安排充分显示了韩国政府对经济发展、国民教育和科学技术的重视。

根据韩国的总统体制，总统通过由 15～30 人组成并由其主持的国务会议行使行政职能。应经国务会议审议的重要事项包括：国家的基本计划和政府的一般政策；宣战、媾和及其他重要的对外政策；宪法修正案、国民投票案、条约、法律及总统令；预算、决算、国有财产处理基本计划，构成国家负担的契约及其他有关重要财政事项；总统的紧急命令、紧急财政经济命令及其处理，戒严令及其解除令；有关重要军事事项；提出召开国会临时会议的要求；荣誉称号的授予；赦免、减刑及恢复政治权利事项；政府各部权限的划分；与授予或分配政府内部权限有关的基本计划；有关对国家治理的评价和分析；制定和调整政府各部的重要政策；有关解散政党的提议；向政府提出、与政策有关的请愿及其答复；总检察长、参谋长联席会议主席、各军总参谋长、国立大学校长、驻外大使及其他法律规定的公务员和国有企业领导的任命；等等。

除国务会议外，总统直接掌管监察院、国家情报院和中央人事委员会等部门，以制定和推行国家政策。这些部门的领导人由总统任命，但总统对监察院院长的任命须经国会认可。韩国宪法规定，监察院由包括院长在内的 5 人以上、11 人以下的监察委员组成。监察院院长任期 4 年，只连任一次。监察院有权审查中央和地方政府机关、国有企业和有关组织的账目。监察院有权检查政府部门滥用职权和政府官员的渎职行为。尽管监察院仅对总统负责，但调查的结果须向总统和国会报告。国家情报院搜集国内外的战略情报及有关颠覆和国际犯罪活动的信息。该院还策划并协调政府的情报和安全活动。中央人事委员会负责对文职人员进行公正有效的管理。

总统兼任政府首脑，总理协助总统工作。现任总理李洛渊，2017 年 5 月就任。政府部门有：企划财政部、教育部、外交部、统一部、法务部、国防部、行政自治部、文化体育观光部、农林畜产食品部、保健福祉家庭部、环境部、雇佣劳动部、女性部、国土交通部、产业通商支援部、海洋水产部、未来创造科学部。

## 三 地方行政机构

韩国实行地方自治制度。宪法规定，"地方政府应负责处理当地居民的福利事务，管理财产，并可在法律和法规的范围内制定有关当地自治的规章制度"。《地方自治法》于 1949 年通过。地方议会于 1961 年被军政府解散。随着地方经济的飞速发展，要求实行地方自治的呼声日益高涨。1988 年，中央政府修订了《地方自治法》，恢复了地方自治。根据新法，韩国分阶段推行地方自治。1991 年 3 月，韩国举行了小行政单位（市、郡和区）的议会选举，1991 年 6 月举行了大行政单位（广域市和道）的议会选举。1995 年举行了道知事和市长的选举。目前，韩国有 16 个高级地方政府（1 个特别自治市、1 个特别自治道、6 个广域市、8 个道）和 232 个基层地方政府（包括 74 个市政府、89 个郡政府和 69 个广域市内的区政府）。

地方社区的长官主管各自的市、邑或面的行政事务，但法律另有规定者除外。地方行政职能包括中央政府委托的职能，例如管理公共财产和设施、评估和征收地方税等。各级地方政府都有教育委员会处理各社区有关教育和文化的事务。道政府介于中央政府与市政府之间。市政府通过行政区（洞）系统向居民提供服务。每个市政府下辖几个区政府。区政府是市政府的派出机构，具体处理选民的需求。区政府主要负责日常简单的行政和社会服务工作。

韩国的行政权力与立法权力相比，或者更直接地说在总统与国会的权力关系中，行政权（或者说总统）在多数时间处于强势地位。韩国在1948年首部宪法的制定过程中出现过总统制与内阁制之争，结果采纳了李承晚所主张的总统制。而李承晚的个人独裁使韩国在1960年第一共和国被推翻后选择了内阁制，仍保留了总统，但其职权被虚化，国务总理掌握实权。这一政治体系在1961年被军事政变打破，在1962年宪法修改过程中内阁制被废弃，重新实行总统制。由朴正熙威权政治的基本特征所决定，总统的权力在此期间得到进一步强化，总统有权解散国会，而国会只有在多数议员同意的情况下"建议"总统更换总理或国务会议成员。在全斗焕时期，总统的权力与朴正熙政府时期相比受到了一定的限制。总统只任一届，如果国会多数议员同意并提出要求，总统有义务解除紧急措施，在国会组成后一年内总统无权解散国会。1987年的宪法修改是对总统与国会力量对比关系的一次重要矫正，总统的权力被削弱，其解散国会的权力、发布紧急命令的权力被取消或限制使用。①而国会的权力则被大大加强，除立法权外，还享有国政监察权、弹劾权等重要权力。即便如

---

① 韩国现行宪法第七十六条规范了总统发布紧急命令的权力。（1）在发生内忧外患、自然灾害或重大的财政经济危机时，为维护国家安全和维持公共秩序，认为有必要采取紧急措施而又无暇等待国会召开时，总统至少可采取必要的财政经济措施，或对此发布具有法律效力的命令。（2）在危及国家安全的重大交战状态时，为保护国家认为有必要采取紧急措施而又无法召开国会时，总统可发布具有法律效力的命令。（3）在发布第一项和第二项命令或采取必要措施时，总统应立刻通知国会，并应取得国会的批准。（4）未取得第三项批准时，总统的命令或措施立刻失效。此时，因该命令而变更废除的法律，从命令未获批准时起，恢复原有效力。现行宪法第七十七条规范了总统发布戒严令的行为。（1）遇战争、事变或类似国家非常状态，要动用兵力以应付军事需要或维护公共秩序时，总统可依法宣布戒严。（2）戒严分非常戒严和警备戒严。（3）宣布非常戒严时，依法对有关法令制度、言论、出版、集会、结社自由、政府或法院权限，采取特别措施。（4）宣布戒严时，总统应立刻通知国会。（5）由半数以上本届国会议员通过要求解除戒严时，总统应解除戒严。这一严格的制度安排，实质上是汲取了以往总统滥用发布紧急命令戒严令权力的深刻教训，从制度上对总统的这一职权进行约束和制衡。

此，韩国政界依然存在很强的呼声，要求改总统制为内阁制。韩国究竟还要在总统制和内阁制之间摇摆多少次，尚未可知。

## 四　重要政治人物

文在寅，第 19 届总统。1953 年 1 月生于韩国庆尚南道巨济市，毕业于韩国庆熙大学法学系。1982 年与前总统卢武铉合作，担任人权律师。2003 年起历任卢武铉政府的总统民政首席秘书、市民社会首席秘书、总统政务特别助理、总统秘书室长等职。2012 年 4 月当选国会议员，同年参加总统大选失败。2017 年 5 月 10 日，当选韩国第 19 届总统，当日就任。①

朴槿惠，韩国前总统朴正熙的长女，政治家，韩国第 18 任总统。朴槿惠于 1952 年生于大邱市，父亲是韩国第五至第九任总统朴正熙，母亲陆英修。曾任新国家党党代表、国会议员。朴槿惠是韩国历史上首位女总统，亦是韩国唯一父女皆任总统之例子。毕业于韩国西江大学电子工程系，著有《绝望锻炼了我——朴槿惠自传》等。受"崔顺实干政"等事件的影响，2016 年 12 月 9 日，韩国国会提起对总统朴槿惠的弹劾动议，总统朴槿惠被停止执行职务，由国务总理黄教安替代主政。弹劾案通过后，交付宪法法院裁决。2017 年 3 月 10 日，韩国宪法法院通过了朴槿惠弹劾案，她成为韩国 1948 年以来第一位被弹劾下台的总统。

安哲秀，生于 1962 年 2 月，计算机病毒专家、政治家。于 1988 年开始独立研究计算机防病毒技术，1995 年创办安博士有限公司，是韩国首家从事开发杀毒软件的企业。2011 年 9 月 2 日，安哲秀正式宣布自己将以无党派身份独立参加 10 月 26 日进行的首尔市长补选，将与大国家党和民主党各自推选出来的候选人进行一场三方对决，此举震惊了韩国政坛。2012 年安哲秀参加总统选举，由于与在野党候选人文在寅在竞选问题上的分歧，在距离韩国新一届总统大选不到一个月之际，安哲秀突然宣布退出竞选。2015 年 12 月 13 日，韩国最大在野党新政治民主联合的前共同党首安哲秀举行记者会，宣布正式退党。于 2016 年 2 月创建新

---

① 中国外交部网站，http://www.fmprc.gov.cn。

党"国民之党",任党首,后因国民之党成员卷入受贿丑闻,辞去党首一职。

潘基文,1944 年生于忠州市,毕业于韩国首尔大学外交学系,政治家。2004 年 1 月任卢武铉时期外交通商部长官,2007 年出任第 8 任联合国秘书长。随着 2017 年任期届满回国,潘基文成为韩国大选的热门人物,几周后宣布退选。

## 第四节　司法机构

韩国的法院共分三级,即大法院、高等法院和地方法院,还有专门性的专利法院、家庭法院和行政法院(见图 3 - 1)。各级法院负责有关民事、刑事、行政、选举和其他法律事务的裁决,同时监督有关房地产注册、人口普查登记、保证金和司法公证等方面的事务。

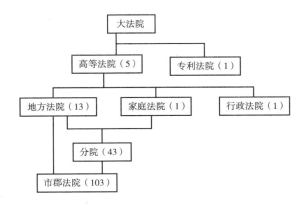

图 3 - 1　韩国的法院体系

### 一　大法院

大法院是最高法院,审理下级法院和军事法院的上诉案件。大法官由总统任命,但须经国会同意。大法院的其他法官由大法官推荐、由总统任命。大法官经国会同意后任期为 6 年,不得连任。

## 二　高等法院

高等法院审理地方法院和家庭法院所做出的关于民事、刑事和行政案件裁决的上诉案件，以及法律规定的特殊案件。专利法院作为一个受理上诉案件的中级司法机构审查专利局所做出的决定。大法院是裁决专利纠纷的最高法院。首尔和12个城市都设有地方法院，这12个城市是：仁川、水原、春川、大田、清州、大邱、釜山、昌原、蔚山、光州、全州和济州。家庭法院审理有关婚姻、少年和其他家庭案件。行政法院只受理行政案件。首尔以外的地方法院还在本地区行使行政法院的职能。除上述各类法院外，还有军事法院，负责审理武装部队成员及其文职雇员犯罪的案件。

## 三　宪法法院

宪法法院建立于1988年9月，是新宪法体制的一个重要部分。第六共和国宪法采纳了新的司法审查制度，即成立了宪法法院，并通过建立特别的宪法裁决程序对有关宪法的问题进行裁决，以保护宪法和国民的基本权利。这部宪法充分体现了韩国人民对民主的热爱。大韩民国宪法授权宪法法院解释宪法、审查各种法规是否符合宪法、对弹劾案和解散政党做出裁决，以及对有关中央机关间、中央机关与地方自治团体之间以及地方自治团体之间的权限争端事项和有关宪法方面的申诉进行判决。宪法法院由9名法官组成，法官任期为6年，可连任。宪法法院做出某项法律违反宪法的决定、弹劾决定、解散政党决定或有关宪法申诉的认可决定时，须有6名以上的法官赞成。

截至2005年4月30日，韩国宪法法院共接受11283宗案件，已经审理判决了10599宗，其中654宗案件被判违反宪法。①近年来宪法法院比较引人注目的判决有三宗。一是2004年5月14日的卢武铉总统弹劾案，前面已经有论述。二是2004年10月21日的《新行政首都特别措施法》

---

① 韩国宪法法院网站，http：//www.ccourt.go.kr/ccourt_ introduction/sub1_ 11_ 。

案，宪法法院9名法官以8:1的结果判定"迁都"违宪。宪法法院认为，虽然韩国宪法没有明文规定首都是首尔，但是自朝鲜王朝以来600多年的历史中首尔是首都已经成为惯例，属于以惯例形式存在的不成文宪法。为废除首尔是首都的宪法惯例，应该按照规定程序修改宪法。政府没有经过宪法修改程序，侵犯了宪法规定的国民投票权，因此属违宪行为。三是2016年12月的朴槿惠总统弹劾案。2016年10月中旬，韩国JTBC电视台接到知情人爆料，称朴槿惠的密友崔顺实经常违规"审阅总统演讲稿"。10月24日，JTBC电视台记者在崔顺实废弃的电脑里，发现200多份包括总统演讲稿在内的机密文件，"亲信干政"事件随即曝光。随着"干政门"事件不断发酵，韩国民众的反对浪潮不断高涨，先后举行多次大规模的抗议集会。12月9日，韩国国会议员表决通过朴槿惠弹劾案，朴槿惠将立即被停职，随即韩国宪法法院开始审理此案。2017年3月10日，韩国宪法法院宣布审理结果：罢免总统朴槿惠。这是韩国宪政史上第一次罢免总统。

实践证明，宪法法院在捍卫宪法和国民的基本权利等方面都发挥了重要的作用。宪法法院适时地纠正了过激的政治行为，平抑了政治局势中的浮躁和不理性。

# 第五节 政党

根据宪法，韩国实行多党制，允许自由成立政党。政党的目的、组织和活动应符合民主原则，并应具有必要的组织形式，以便国民参与政治、表达其政治见解。当政党的目的或活动违背民主基本秩序时，政府可提请宪法法院解散该政党。政党依法受国家保护。国家可依法对政党活动提供必要的资金补助。

自1945年引入现代政党体制以来，韩国的政党政治经历了漫长的发展历程，形成了突出的特点。第一，政党数量众多、变化频繁，令人眼花缭乱。据称，光复至今韩国共出现过300多个自称政党的政治团体，但存在时间最长的是朴正熙的民主共和党（1963～1980），多数政党的存续期在 10 年以下，或者陷入分裂，或者改变党名。第二，与政策和理念相比，政党更多是围绕某位政治领导人而组建，政党的个人化程度高，追随者和政治家之间的关系往往是恩惠和私人交情，政党的制度化水平较低。这与第一点所说的政党的短命现象有密切的联系。第三，韩国政党的支持基础大多是政党核心人物的出生地，地域特点突出。近年来，韩国政党的地域特点有所减弱，在政治主张和经济政策方面各政党逐步凸显特色，这是韩国政党政治的重要发展。

## 一 政党体制的引进与不适

从美国控制朝鲜半岛南部号召组织政党开始，政党作为一种现代的政治组织形式就在韩国扎根，但是磨合期如此之长、矛盾与冲突如此严重是始料未及的。

1945 年 9 月 11 日，霍奇中将发表施政方针，声称只与有组织的政治团体对话。军政长官阿诺德少将也号召小的政治团体根据政治目标联合成大的政党，以实现必要的、基本的政治成熟。这一声明使韩国的政治格局大为改观，原来派别林立的各路力量纷纷行动起来，投身美国所宣扬的政党政治的洪流。到 1945 年 10 月 24 日，已经有 54 个"政党"在美军政府登记，一年以后竟有超过 300 个政治团体出现在韩国，发展之迅速令人瞠目结舌。①在 1945 年 9 月 15 日，美国驻韩政治顾问在致国务卿的信中指出："在朝鲜有无数的政党和政治团体，而它们中的大多数是从日本投降以后雨后春笋般地发展起来的。长期的镇压与地下工作的艰难阻碍了鲜明的政治团体的产生。在 9 月 12 日，霍奇宣布要与各政治团体的代表人（每个团体限两人）谈话，结果有 1200 多人参加。几乎所有的团体都同意没收日本人的财产、将日本人逐出朝鲜以及立刻实现独立，除此以外，则没有其他的见解或主张。"②在某种程度上可以说，这个时候的朝鲜政党

---

① Gregory Henderson, *Korea: The Politics of the Vortex*, Cambridge, Massachusetts: Harvard University Press, pp. 130 – 131.

② "The Political Adviser in Korea (Benninghoff) to the Secretary", Seoul, 15 September, 1945, *Foreign Relations of the United States (FRUS)*, Vol. Ⅵ, 1945, p. 1050.

还不是严格意义上的政党，绝大多数属于政治帮派，缺乏基本的政治纲领，没有严格的组织规则。

美军政府时期，在经过了初期的混乱之后，朝鲜半岛南部政治力量的轮廓逐渐清晰和明确起来。李承晚领导的独立促成中央协议会、金九领导的临时政府派与金性洙领导的韩国民主党，三大势力之间的权力争夺是美军政府时期韩国政治舞台上的主要看点。

第一共和国尽管因为李承晚的个人独裁而远离了民主政治，但是韩国的政党政治还是有了明显的进步，经历了一个优胜劣汰的过程。从参加国会选举的政党数目看，1948 年参加制宪国会选举的政党有 48 个，最后有议员当选的政党有 16 个，而到 1950 年第二届国会选举时，参选政党数下降为 39 个，有议员当选的政党数为 12 个，到第三届国会选举时，由于自由党的成立以及其他因素的作用，当选政党数进一步减少到 5 个。随后，参选政党数和当选政党数都逐步稳定，形成一种多党竞争的局面。越来越多的人依托政党来参与政治，而且从国会选举的情况来看，依托于政党的候选人获胜的概率要远远高于无党派的人士。

这本身就是很大的发展。1951 年，李承晚成立自由党以后，几个分散的小党聚集在自由党的旗下，成为占据优势的执政党，而由韩国民主党经过吸收其他力量演变而来的民主国民党成为主要的在野党，二者之间形成竞争的态势。1955 年 9 月，民主国民党改组为民主党，成为反对李承晚的力量的大联合。

反对党的发展一直受到很大的压制，执政党往往以反共为借口大肆排除异己。而美国在韩国"反共优先于民主"的政策倾向，也使得其在李承晚镇压反对党的问题上态度暧昧。在 1958 年出现新国家安全法危机时，民主党的领导人向美国驻韩大使抱怨，"好像美国只关心韩国政府的反共，而对这个政府如何推行国内政策漠不关心"。[①]这样的指责，也表明了美国的困难处境，一方面标榜要在韩国推行民主政治制度，另一方面又要

---

① "Telegram From the Embassy in Korea to the Department of State", Seoul, December 22, 1958, *FRUS*, Vol. XVIII, p. 519.

利用李承晚来反共，而李承晚将美国的这两个目标进行了分割和取舍，并在其中游刃有余，与美国人展开讨价还价。

对于美国所倡导的政党政治，韩国政客们尽管是在这样的模式下参与政治，但是，他们在多大程度上认同政党政治，还是个问题。这也反映了两国在政治文化上的明显差异。最突出的表现是李承晚。1960年政治动荡愈演愈烈时，李承晚除了指责其中有共产党介入的嫌疑外，还指出是政党间的斗争引发的一系列暴力冲突。他对美国加给韩国的多党竞争的体制很不以为然，认为"派系斗争在韩国有很长的历史，不同派系的人们互相争斗甚至置对方于死地……多党竞争的体制在韩国并没有被很好地执行，一些人抛弃了现代的政治制度而用它来制造混乱和纷争……而这种混乱只能为共产主义者的颠覆创造条件"。[①]在局势无法控制之后，1960年4月24日，李承晚表示辞去自由党总裁一职，以摆脱自己与在选举中声名扫地的自由党的干系。此举也说明他对政党政治一直不热衷，试图回到1945年凌驾于各党派之上的状态。

1960年7月，民主党在选举中获胜并组织政府，拉开了第二共和国的序幕。民主党内以总统尹潽善为首的旧派和以总理张勉为首的新派两大势力的权力争夺，最终导致1961年2月20日民主党的分裂，新派沿用民主党的名称，旧派改称新民党。民主党内新旧两派的权力斗争，既是以往韩国政党内部斗争的延续，也有从总统制改为内阁制以后权力再分配的影响，此时的韩国政坛还没有适应新的政治体制。历史也并没有给第二共和国留下足够的适应和调整的时间。

## 二 军人威权统治时期的政党政治

1961年5月16日，朴正熙等人发动了干净利落的军事政变，迅速而有效地控制了国家政权，韩国的历史因此而踏上了一条新的发展道路。

政变当天，"军事革命委员会"发布紧急戒严令，解散国会、政党和社会团体，禁止一切政治活动。1963年初，军事政权公布《政党法》，恢

---

① *The Korean Republic*, Seoul, April 14, 1960.

复另外一部分被剥夺政治权利的人士的自由，宣布择期举行总统和国会选举。为筹备选举，金钟泌退出现役，并于 1963 年 2 月组建了民主共和党。8 月 30 日，朴正熙正式加入民主共和党，并很快被选为总裁，金钟泌则担任该党议长，全面负责党务工作。

1963 年 10 月，民主共和党总统候选人朴正熙以微弱优势战胜民政党总统候选人尹潽善，在 11 月的国会选举中，民主共和党赢得了 175 个议席中的 110 席，占据了多数，成为朴正熙政权强有力的支持。

韩国的在野力量也进行了分化重组。1965 年 5 月，民政党和朴顺天领导的民主党合并成立民众党。1967 年 2 月，民众党并入新民党。新民党聚集了第二共和国时期民主党的各派势力，外加一些其他小的党派，很快发展为这一时期韩国最大的在野党。在 1971 年的总统选举中，该党总统候选人金大中以 46% 的选票对朴正熙形成了强有力的挑战。在随后的第八届国会选举中新民党获得了 89 席，仅次于赢得 113 席的民主共和党。

1971 年总统选举后，朴正熙加强了对新民党的挤压，其代表人物金大中也遭到了迫害，被迫退出政界。1972 年 10 月 17 日，朴正熙发布紧急戒严令，禁止所有政党和社会团体的一切政治活动。

在第四共和国，尽管有其他一些小党的存在，但主要的在野党是新民党。60 年代后期至 70 年代初，该党的领导权基本上被元老中的尹潽善、俞镇午、柳珍山、金弘一等人控制。1974 年金泳三当选总裁后，元老派的势力逐步削弱，形成了以金泳三为首的"革新派"和以李哲承为首的"妥协派"。

尽管民主共和党是迄今为止韩国存续时间最长的政党，曾是朴正熙的御用政党，但有讽刺意味的是，朴正熙本人对政党一直持怀疑甚至鄙视的态度。"朴正熙本人对亲政府的或持反对立场的政党都深表怀疑，认为他们在最好的情况下也只是一种必要的恶，发展到最坏就是一种威胁。"[1]

1979 年 10 月，朴正熙被暗杀。12 月 12 日，全斗焕发动政变，掌握

---

[1]　Sung-Joo Han, "South Korea: Politics in Transition", in Sang-Yong Choi, ed., *Democracy in Korea*, Seoul Press, 1997, p. 34.

了军权。1980 年 5 月 17 日发布戒严令，禁止一切政治集会和游行活动。不久，民主共和党和新民党被解散。1980 年 11 月 21 日，全斗焕宣布准许进行"以建党为目的"的政治活动。权正达、李钟赞等人于 1981 年 1 月 15 日组织了民主正义党，全斗焕任总裁。1985 年 1 月 18 日，金大中和金泳三的支持者联合其他在野势力组建了新韩民主党，简称新民党，不久在野的韩国民主党也并入该党。在第 12 届国会中，该党占有 102 席，成为主要的在野党。该党与执政党民主正义党就宪法修改问题展开激烈的斗争，其政党内部也因为总裁李敏雨与金大中和金泳三的意见分歧而产生了分裂，以金大中和金泳三为代表的原新民党主流派于 1987 年 5 月 1 日组建了统一民主党，金泳三当选总裁，金大中任常任顾问。

三　1987 年以来的政党竞争体制

在民主的机遇来临时，因为金泳三和金大中两位民主斗士都不愿意放弃选举，民主力量丧失了一次很好的取代军人政权的机会，统一民主党也陷入分裂。金大中及其支持者另起炉灶，于 1987 年 11 月 12 日成立和平民主党，并推举金大中为该党的总统候选人。1987 年 10 月 30 日，金钟泌组建新民主共和党。这样，统一民主党的金泳三、和平民主党的金大中、新民主共和党的金钟泌、民主正义党的卢泰愚共同角逐总统宝座，最终卢泰愚成功胜出。

1990 年，卢泰愚的民主正义党、金泳三的统一民主党与金钟泌的新民主共和党合并组建民主自由党。这是一次很有争议的合并。从结果上来看，三党合并使金泳三的政治基础更加扎实了，而金大中所领导的和平民主党失去了优势。最终，金泳三在 1992 年的总统选举中战胜了金大中，成功入主青瓦台。金泳三上台后，卢泰愚和金钟泌的力量遭到排挤，民主自由党陷入分裂，并在 1995 年 6 月的地方选举中遭到惨败。

1995 年 7 月，金大中重返政界，并于 9 月成立新政治国民会议，其成员主要来自民主党。1995 年底，前总统卢泰愚和全斗焕先后被捕并接受审讯，在韩国政坛引起轩然大波。12 月，金泳三将民主自由党改称为新韩国党，以与卢泰愚划清界限。这样一来，加上 1995 年 3 月从民主自由党分裂出来的自由民主联合（金钟泌领导），韩国出现了新的政治格局。

1997 年，金大中通过许诺总理职位等方式成功地联合了金钟泌，赢得了忠清圈的选票，从而以微弱优势战胜了执政党大国家党总统候选人李会昌。在 2002 年的总统选举中卢武铉仰赖新千年民主党的根据地（湖南圈）选民的支持，以及各地年轻选民的支持，最终赢得了选举。当然，卢武铉也成功地借鉴了金大中的经验，提出迁移行政首都的重要主张，以此来吸引忠清圈选民的支持，这也是其获胜的重要因素。

2007 年 12 月，在野十年之久的大国家党候选人李明博战胜大统合民主新党总统候选人郑东泳，赢得总统选举，该党一跃而成为执政党。而统合民主党因为无法克服党内的派系斗争（亲卢武铉派与非亲卢派），在随后第 18 次、第 19 次国会议员选举中连续败北。在 2012 年 12 月举行的第 18 届韩国总统选举中，执政党新世界党（大国家党 2012 年第 19 次国会议员选举前更改党名为新世界党）的总统候选人朴槿惠战胜韩国第一在野党（新政治民主联合）候选人文在寅，当选韩国第 18 届总统。

在 2017 年 5 月举行的第 19 届韩国总统选举中，共同民主党候选人文在寅战胜自由韩国党候选人洪准杓、国民之党候选人安哲秀，当选韩国第 19 届总统。

## 四　目前主要政党

目前，韩国的主要政党包括自由韩国党、共同民主党、国民之党等。

共同民主党，即目前（2017）韩国的执政党，其历史可以追溯到金大中政府时期的新千年民主党。2002 年年底，该党的总统候选人卢武铉战胜李会昌，赢得总统选举。当选后的卢武铉很快另起炉灶，其支持者成立了"开放国民党"，并因 2004 年 3 月总统弹劾案的发生而在 2004 年 4 月的国会选举中大获全胜，赢得了 299 席中的 152 席，成为国会中的第一大党。5 月，总统加入开放国民党，该党遂成为执政党。新组建的开放国民党没有经过长期的奋斗与磨合，缺乏应有的内聚力和执政能力，很快陷入分裂。2007 年 8 月，以退出开放国民党的 61 名国会议员为基础组成的

"大统合民主新党"宣布创党。8月，大统合民主新党和开放国民党宣布合并，组建新的民主新党，成为当时统领原执政圈的国会第一大党。2008年2月，原大统合民主新党和原民主党发布共同宣言，宣布合并为统合民主党，该党在2008年4月第18届国会选举中获得81个议席，为国会第二大党。2008年7月全党大会上将党名改为"民主党"。2014年3月2日，时任民主党党首金汉吉和时任新政治联合创党准备委员会中央运营委员长安哲秀就创建新党达成一致，3月16日，双方正式宣布新党党名为"新政治民主联合"。2015年12月13日，安哲秀宣布退党，在野党进入"分党"阶段。12月28日，决定将现有党名改为"共同民主党"。2016年4月，在第20届国会议员选举中，共同民主党赢得选举，成为国会第一大党。

　　与保守的大国家党相对应，民主党是一个几经周折、频繁分裂组合形成的政党，大致可以定性为不认同新世界党、主要由进步势力组成的松散政党。简单而言，民主党在经济上更强调均等的社会分配，在外交领域强调韩国的自主独立，在南北交流方面更加积极等。

　　自由韩国党，其历史可以追溯到朴正熙时期的民主共和党。1997年11月由新韩国党和韩国民主党合并而成，李会昌、崔炳烈、朴槿惠、姜在涉、朴熺太等曾先后担任党总裁。大国家党总统候选人李会昌在1997年和2002年两次大选中均告失利，该党沦为在野党长达十年之久。2004年初，由于受到总统弹劾案的影响，大国家党失去了在国会中的优势地位，退居第二。2007年12月，前首尔市长李明博代表大国家党角逐总统职位，以48.7%的得票率战胜郑东泳和李会昌，该党翻身成为执政党。在2008年4月的国会选举中，大国家党赢得了国会299席中的153席，超过了半数。2012年2月1日与国会小党派"未来希望联盟"合并，并改名"新世界党"。在2012年12月第18届总统选举中，新世界党总统候选人朴槿惠以51.6%的得票率赢得选举。在2016年4月举行的第20届国会议员选举中，新世界党落败，失去国会第一大党的地位。

　　在韩国的政党中，新世界党是典型的保守政党。经济方面，主要坚持新自由主义的基本思想，强调大市场、小政府，以克服政府对经济干预过多的弊端，强调为企业的发展创造更自由的国际国内环境。在外交安全领域，强调与同盟国、友邦、周边国等的合作，实际上更重视韩美关系，高度重视韩美同盟对半岛和平的决定性作用。南北关系方面，新世界党的政策显然不同于金大中时期、卢武铉时期的"阳光政策"以及"和平繁荣政策"，强调朝鲜的人权、核问题、体制转换，要强硬得多。

2016 年 10 月，随着总统"密友干政"事件的曝光，韩国政党政治也发生了变化。2017 年 1 月执政党中的"反朴派"议员退出新世界党，重新组成"正党"，推举郑柄国为党代表。2017 年 2 月，新国家党改名为"自由韩国党"。

国民之党，其创始人安哲秀曾于 2014 年 3 月 2 日联手时任民主党党首金汉吉宣布成立新党，并于同月 16 日正式宣布确定新党的党名为"新政治民主联合"。2015 年 12 月 13 日，安哲秀宣布退党。2016 年 1 月，安哲秀将创建的新党名称确定为"国民之党"。

2016 年 4 月，在韩国第 20 届国会议员选举中，国民之党占席超过 30 个，尤其是在在野党竞争最为激烈的湖南地区获得最高支持率。国民之党的介入推动政界时隔 20 多年迎来"三党对立"局面。2017 年，随着新世界党中反朴派组建"正党"，韩国开启了四党格局。

# 第四章

# 经　济

## 第一节　发展历程

尽管世界各国大都在积极地发展本国经济，但残酷的是，迄今只有西欧、北美、日本等少数国家和地区的人民拥有了较为富裕的生活，特别是对于二战后的发展中国家来说，能够实现在世界经济排行榜上排名的爬升，相当困难。正因为如此，"东亚四小龙"在20世纪60年代开始崛起、七八十年代持续增长、90年代突出重围才备受瞩目。在"四小龙"当中，韩国作为一个人口5000万的中等规模国家，其发展经验更为典型。那么，究竟是什么原因使韩国的经济列车驶上了快车道？韩国如何实现了"汉江奇迹"？

### 一　经济起飞前的准备

韩国经济是从20世纪60年代初开始起飞的，这一点毋庸置疑。或许是因为韩国经济持续快速增长吸引了过多的目光，所以人们对经济起飞前的准备阶段关注不够。其实，从40年代中后期到60年代初期，美国对韩国进行了全方位的改造，扫除了不利于资本主义发展的因素，包括韩国传统的因素（如派系分裂、家长制观念）、封建的因素（如地主阶级对韩国政治经济的控制）、亲社会主义的因素（如民众对社会主义的渴望、对朝鲜发展的羡慕、工人对归属工厂的占有等）。在美国的影响和干预下，韩国的经济社会发生了深刻的变化。这些变化，是韩国后来经济增长的重要基础。

第一，敦促、设计和监督韩国的土地改革。美国在韩国推行的土地改革，根本目的在于铲除前资本主义的因素，为资本主义在韩国的发展扫除障碍。政府把土地从地主的手中赎买后卖给广大的农民，形成了以自耕农为主体的农户结构，实现了从传统小农制度向现代小农制度的转变。土地改革的直接经济效果在于解放了受生产关系严重制约的农村生产力。农村的主要社会矛盾得到解决，拥有了土地的农民更加保守，在政治方面的要求也会很低，农村的社会秩序基本稳定下来，而政治混乱转移到城市。

韩国的土地改革在执行过程中还与日本归属产业的处理有机地结合起来，允许地主用土地补偿金购买归属产业，成功地实现了土地资本向产业资本的转化。由于大量归属财产的购买采取 15 年分期付款的形式，本身拍卖的价格又远远低于实际价值，再加上连年严重的通货膨胀，购买归属企业所实际付出的代价非常之低。而成功地得到了归属企业的这批人，依靠与政府之间密切的关系，大大加速了资本积累，不少受惠于此的企业后来成长为垄断企业。而绝大多数中小地主并没有成功地实现向产业资本家的转化，出现了大范围的地主阶层的没落。地主阶级在政治舞台上的影响力迅速降低。

第二，从 1945 年占领朝鲜半岛南部开始到 1971 年，美国共向韩国提供了总额约为 44 亿美元[1]的无偿经济援助。以巨额无偿经济援助为杠杆，美国对韩国的宏观经济发展产生了重要的影响。在援助政策执行过程中，美国政府根据韩国的国情不断调整援助政策，关注的重点有时是战时救济，有时是经济复苏，有时则是韩国经济的长期发展。尽管有学者持完全相反的观点，认为美国的经济援助对于"清算殖民地遗制和建立自立的经济结构、形成民主的生产性经济开发主体等，产生了消极的作用，阻碍了自主的经济结构及民族资本的形成，使其整个经济体制变成为对外依赖性的经济体制"，[2] 但毋庸置疑的是大量的经济援助有助于稳定韩国经济、

---

[1] Yeonmi Ahn, *The Political Economy of Foreign Aid*, Unpublished Doctoral Dissertation, Yale University, 1992, p. 373.

[2] 〔韩〕姜万吉：《韩国现代史》，陈文寿等译，社会科学文献出版社，1997，第296～297页。

抑制通货膨胀。同时，美国的经济援助在操作中一直强调私营企业在经济发展中的作用，政府投资主要限定在基础设施等领域，积极地为私营企业创造条件，为资本主义的生存和发展奠定了坚实的基础。

第三，教育的普及。韩国的现代教育体制是在 1945 年光复以后才真正建立起来的。尽管受到朝鲜战争的影响，但从光复到 50 年代，韩国教育发展迅速。这里面有儒教文化中重视教育的因素的影响，有美国帮助和支持韩国教育的影响，也有韩国文字比较简单、容易学习和传播的影响，等等。况且，由于战争、土地改革等因素的影响，韩国的社会结构逐步拉平，教育成为改变个人乃至家庭命运的主要手段，因此，家长们甚至是饿着肚子都要让自己的孩子上学读书，此时掀起的教育热潮很容易理解。1960 年，韩国小学生在校人数为 362.3 万人，初中生在校人数为 52.9 万人，高中生在校人数为 26.4 万人，大专和大学生在校人数为 10.1 万人。[①]与韩国当时 2550 万的总人口相比，这样的一个教育普及水平已经相当高了。较高的教育水平为韩国经济的快速增长提供了素质高、善于学习的劳动大军。同时，随着经济的进一步发展，韩国的教育水平和教育普及程度继续提高，使产业结构从劳动密集型向资本和技术密集型转型成为可能。

## 二　经济起飞与高速增长

尽管私营企业是韩国经济增长的主要载体，但是政府对经济的干预无处不在，政府是推动经济增长的重要动力。从这一点而言，国家主义对韩国经济奇迹的解释是很有说服力的。在很长一段时间里，韩国常常被人称为"大韩民国株式会社"，而社长就是朴正熙总统。尽管在朴正熙执政期间韩国的民主进程一度陷入停滞，但其对经济发展的贡献毋庸置疑。正是他领导甚至是迫使韩国人走上了一条告别贫困、实现工业化的道路。这里面有其个人要使国家摆脱贫困的渴望，也有寻求政府合法性的考虑。朴正熙是通过政变上台的，尽管在 1963 年的选举中获胜，但民众对政府的支持在很大程度上来源于他对经济发展的承诺。因此，发展经济成为朴正熙

---

① 韩国教育部：《教育统计年鉴》。

政府的第一要务。

为此，韩国政府专门于1961年成立了"经济企划院"，负责制订和推行经济发展计划。最初是部一级，随后升了半格，由一位副总理兼任其长官。经济企划院下辖经济企划局、预算局、物价政策局、经济协力局、调查统计局等单位，还领导财务部、商工部、农林水产部、科学技术部等中央部门，有数百位经济、法律、公共管理、教育等方面的专家在此供职。经济企划院这一特殊的制度安排对韩国发展计划的制订、推进经济社会的统筹发展发挥了重要作用，是韩国"指导的资本主义"的象征。

截至1961年，韩国的战后重建和进口替代工业化基本完成。韩国自1962年起，开始实施五年经济发展计划，有步骤地推进现代化事业。韩国各经济计划的概况见表4-1。

表4-1 1962~1997年韩国各五年计划概况

| 计 划 | 经济增长率（计划）（%） | 经济增长率（实际）（%） | 目 标 | 主要政策方向 |
|---|---|---|---|---|
| 第一个五年计划（1962~1966） | 7.1 | 7.9 | 打破贫困的恶性循环；建立自立的经济发展基础 | 确保能源供给；调整结构不平衡；扩大基础工业和基础设施；有效地动员闲置资源；改善国际收支状况；提高技术水平 |
| 第二个五年计划（1967~1971） | 7.0 | 9.7 | 促进产业结构的现代化；促进自立经济发展 | 食品做到自给自足，发展渔业和林业；为工业化奠定基础；改善国际收支状况；创造就业机会，实行家庭计划生育和控制人口；提高农户收入；提高技术水平和生产率 |
| 第三个五年计划（1972~1976） | 8.6 | 10.2 | 协调增长、稳定与公平；实现经济自立；促进国土综合开发和地区间平衡发展 | 实现大宗粮食产品自给自足；改善农村地区生活环境；促进重工业和化学工业发展；发展科学技术，开发人力资源；开发有土地资源和对产业做有效的空间布局；改善居住环境，增进国民福利 |

续表

| 计 划 | 经济增长率(计划)(%) | 经济增长率(实际)(%) | 目 标 | 主要政策方向 |
|---|---|---|---|---|
| 第四个五年计划(1977~1981) | 9.2 | 5.7 | 实现经济自立;通过社会发展促进平等;提高技术和效率 | 实现资本自给自足;平衡国际收支;调整产业结构,提高国际竞争力;扩大就业和开发人力资源;改善居住环境;扩大对科学技术的投资;改善经济管理和制度 |
| 第五个五年计划(1982~1986) | 7.5 | 8.7 | 构筑价格稳定和自立经济的基础;提高技术水平;提高生活质量;调整政府的经济职能 | 消除导致通货膨胀的经济行为;提高重工业的竞争能力;改进农业政策,克服能源瓶颈;改进金融制度;调整政府职能,使金融管理合理化;巩固竞争体制,提倡开放政策;开发人力资源,提高科学和技术发展水平;建立新的劳动关系;促进社会发展 |
| 第六个五年计划(1987~1991) | 7.3 | 9.9 | 建立社会经济体系,提高创造潜力和积极性;调整产业结构,提高技术水平;通过地区平衡发展和改善收入分配来增进国民福利 | 扩大就业机会;巩固价格稳定的基础;实现国际收支顺差,减少外债;调整产业结构,提高技术水平;实现地区间与城乡平衡发展;通过改进社会公平状况来提高国民福利;促进市场经济体制,调整政府职能 |
| 第七个五年计划(1992~1996) | 7.5 | 7.1 | 通过自律和有序竞争发展健康的、有效的经济;管理创新,建立良好的职业道德和公民伦理 | 重新组织教育和培训;促进创新;改善基础设施和交通状况;提高管理效率,加强产业组织,促进中小企业的发展;改善农业结构,平衡地区发展;缓解住房和环境问题;增进社会福利,发展民族文化;提倡自律,重构政府职能;扩大经济开放度;加强南北合作,为民族统一做准备 |
| 新经济计划(1993~1997) | 6.9 | 6.8 | 发展经济,跻身于先进国家之列;巩固经济基础以准备统一 | 增强经济发展潜力;开拓国际市场;改善生活条件;推进制度、管理和职业道德改革 |

资料来源:Byung-nak Song, *The Rise of the Korean Economy*, Third Edition, Oxford University, 2003, pp. 156 – 159。

第一个五年计划（1962～1966）的主要目标是为工业化做准备、打基础。该计划纲要指出，"韩国经济的最终出路在于工业化。在这个为工业化做准备的计划期间，强调发展电力、煤和其他能源，通过提高农业产量来增加农户的收入，增强关键工业的能力和增加社会企业资本的适当供给，利用闲散资金，一定程度地改善国际收支平衡，首先要增加出口和振兴科学技术"。[1] "一五计划"的目标是经济年平均增长率达到7.1%，并力求将工业化战略由进口替代转向出口，因此而被称为一个"重商主义的计划"。第一个五年计划是通过政变上台的军人政府匆忙制订的，后来的"二五计划"评价其"只不过是一个未来要实施的几大发展项目的成本和产出，以及为实现出口、收入和就业最大增长这个目标而提出的诸多政策建议的清单"。尽管如此，"一五计划"的实施依然令人振奋。实际的经济年平均增长率为7.9%，其中制造业年均增长15.1%，农林水产业年均增长率为5.9%，[2] 略低于计划预期。"一五计划"中的出口指标超额完成，1966年韩国的出口达到2.5亿美元，几乎是预期的2倍。不仅如此，出口结构也有了很大的变化，初级产品的出口逐渐让位于以服装、假发、胶合板等为主的劳动密集型工业制成品。产业结构由自给自足的农业经济向现代制造业和出口贸易经济转变，但"一五计划"实施过程中出现的较为严重的通货膨胀令人忧虑。

控制人口增长率是"一五计划"的另一重点。韩国在20世纪50年代的人口增长率为3%，大大抵消了经济的增长。朴正熙上台不久，"国家再建最高会议"便成立了"计划生育联合会"，负责制定法律、政策和安排各项工作。1961年11月，军政府还集中训练了1000余名医生、护士和7000余名计划生育工作者，计划生育工作在全国展开。降低人口出生率也成为经济发展战略的一个重要目标。在此影响下，以及随着经济的发展人们的生育观念发生了变化，韩国的人口出生率从60年代初期的3%下降到70年代的1.7%～1.9%，成效相当明显。

① EPB, *Summary of the First Five-Year Economic Plan*, 1962–1966, Seoul, 1962.
② 参见韩国银行调查部《经济统计年报》（1987），第10～11页。

第二个五年计划（1967～1971）是根据"一五计划"实施的具体情况和韩日邦交正常化的新形势而制订的。计划的基本目标是"进一步促进产业结构的现代化和自立经济的确立"，重点是继续扩大社会公用事业，着手发展钢铁、石油化学工业，继续推行"出口第一主义"，改善国际收支不平衡的状况。[①] 在1968～1971年的修订计划中，政府进一步提高了计划指标，同时提出继续控制人口增长率。与"一五计划"实施中对外国资金的严重依赖不同，"二五计划"更强调动员内部资金。在"二五计划"期间，韩国的经济发展进一步加速，同时物价保持基本稳定。国民生产总值由42.7亿美元增加到90.9亿美元。人均产值由142美元增加到277美元。出口额从1966年的2.5亿美元增加到1971年的11.3亿美元。在连续的经济计划的推动下，韩国的经济有了明显的起色，人们对国家的前景充满希望。这也使朴正熙顺利赢得了1967年的总统选举。

第三个五年计划（1972～1976）继续贯彻韩国政府的高速增长开发战略。其主要内容是继续扩大出口，大力发展重化工业，促进产业结构的现代化。"三五计划"期间韩国政府采取了两项重要举措，一是在金融贷款、税收、公共服务等方面为重化工业提供特殊的优惠和支持，二是通过积极推进新村运动大幅度提高农村人口的收入和生活水平，通过工业对农业的反哺缩小城乡差距。尽管受到1973年第一次石油危机的不利影响，"三五计划"的实施效果仍令人鼓舞。"三五计划"期间第二产业的年平均增长率超过20%，GNP年均增长11.2%，其中钢铁、运输机械、家用电器、造船等部门的成绩尤为突出。"三五计划"实施后，韩国产业结构的重心基本上从劳动密集型转为技术密集型。

第四个五年计划（1977～1981）的基本目标是继续进行产业结构的现代化，确立"自立经济结构"，进行社会开发和技术革新，努力实现粮食自给，提高出口竞争力。1977年被韩国经济学家宋丙洛看作韩国经济发展的一个重要转折点，主要的根据是韩国经济由劳动力过剩转变

---

① EPB, *Summary of the Second Five-Year Economic Plan*, *1967－1971*, Seoul, 1967.

为劳动力短缺。"从 1977 年起,农业劳动力开始减少,农业机械化开始在农村地区普及。1977 年前后,咖啡、香烟和其他商品的投币式自动售货机已经十分普及。从那一时期起,实际工资也开始迅速增加。也正是从 1977 年开始,韩国经济成为劳动力短缺的经济。"[1]

"四五计划"实施初期,韩国的出口继续保持快速增长。1977 年和 1978 年的出口增长率分别为 22.6% 和 19.9%,GNP 增长率分别为 12.7% 和 9.7%。但是,由于受到国际经济萧条的冲击,以及国内经济结构不平衡和对外资过度依赖的影响,1978 年后期韩国的经济局势趋向恶化。尽管政府采取措施调整政策以扭转困局,但朴正熙被暗杀后,政治局势出现动荡,高速经济增长遇到了严峻的挑战。1980 年全斗焕上台后,政治局势逐步稳定下来,经济也逐步恢复了增长。但政府在经济发展中的主导性作用已经明显下降。

第五个五年计划(1982~1986)的基本政策目标是稳定物价、消除通货膨胀,调整政府的经济职能,促进出口,刺激经济增长。第五个五年计划实施期间,韩国的贸易政策发生了重要变化,包括促进出口货物的生产和促进市场多样化,改革出口补贴制度,降低关税税率以扩大用于生产物品的进口,增加与机械设备和轮船之类耐用品出口有关的贷款。同时重视对外债的管理,以降低金融风险。经过"四五计划"和"五五计划"期间的发展,韩国的人均国民收入由 1977 年的 1034 美元上升至 1986 年的 2643 美元。

第六个五年计划(1987~1991)主要的政策方向是通过改革自由企业市场体制提高韩国的经济效率和国际竞争力。韩国经济经过数十年的快速发展,已经具备了相当的规模和完备的体系,政府职能理应做出新的调整。其间政策改革的主要内容是大幅度减少各种限制企业成长的政策法规,全面推进金融、进口和外汇的自由化,减少各种财政补贴,实行公营企业的私有化,减少政府对经济的直接干预。

---

① Byung-nak Song, *The Rise of the Korean Economy*, Third Edition, Oxford University, 2003, pp. 103 – 107.

第七个五年计划（1992～1996）是在韩国加入联合国的新形势下制订的。此时韩国的人均 GNP 已经达到 7000 美元。"七五计划"强调私营部门对于计划实施的重要性，主要关注的是提高国家的创新能力、转变政府职能、促进经济健康发展等问题，这些问题涉及韩国经济经过长期高速增长后所面临的一些深层次的危机与挑战。在该计划实施的第二年，金泳三政府就用新经济计划（1993～1997）将其取代。

新经济计划的主要政策方向是放弃以往韩国经济发展的政府主导模式，促进国民参与，弘扬创新精神。新经济计划的主要目标是使韩国在该计划结束的 1997 年成为先进工业化国家。1997 年，突如其来的金融危机给韩国经济带来了前所未有的冲击。随后，韩国在国际货币基金组织（IMF）的监督下进行了彻底的、全方位的改革。

从 20 世纪 60 年代初开始，韩国经济持续高速增长，人均国民生产总值从 1962 年的 87 美元增至 1996 年的 10548 美元，创造了"汉江奇迹"。1996 年加入有"富国俱乐部"之称的经济合作与发展组织（OECD）。1997 年韩国经济受到亚洲金融危机的严重冲击。1998 年金大中执政后，推行企业、金融、公共部门和劳动关系四大改革，在较短时间内克服了金融危机。2001 年 8 月，韩国提前还清 IMF 全部贷款，结束了 IMF 监管体制。进入 21 世纪以来，韩国经济保持中低速增长。李明博政府（2008～2013）曾提出"747 计划"，即年均经济增长率达到 7%、10 年内实现人均收入 4 万美元、10 年内使韩国发展成为世界第七大经济强国。但是在其任期内韩国经济只实现了 3% 左右的低速增长。

朴槿惠政府（2013～2017）提出要再创"汉江奇迹"，但是受全球经济不景气、韩国企业竞争力下滑等因素影响，韩国的经济增长率仍然在 3% 左右的低位徘徊。值得注意的是，近些年尽管韩国的经济增速较低，但是韩国经济规模的世界排名在不断上升。2015 年，韩国的 GDP 总量达到 13775 亿美元，居全球第 11 位。1953 年朝鲜战争结束后至 2016 年韩国的经济增长率等见表 4－2。

表 4 – 2　韩国 1953～2016 年经济发展概况

| 时　期 | 年　度 | 经济增长率(%) | 人均 GDP(美元) | GDP(亿美元) |
|---|---|---|---|---|
| 李承晚政府<br>(1948.7～1960.4) | 1953 | — | 66.0 | 13 |
| | 1954 | 7.2 | 69.0 | 15 |
| | 1955 | 5.8 | 64.0 | 14 |
| | 1956 | 0.7 | 65.0 | 14 |
| | 1957 | 9.2 | 73.0 | 17 |
| | 1958 | 6.5 | 80.0 | 19 |
| | 1959 | 5.4 | 81.0 | 20 |
| | 1960 | 2.3 | 79.0 | 20 |
| 朴正熙执政期间<br>(1961.5.16～1979.10)<br>(年均增长率10%) | 1961 | 6.9 | 84.0 | 22 |
| | 1962 | 3.8 | 90.0 | 24 |
| | 1963 | 9.2 | 103.0 | 28 |
| | 1964 | 9.5 | 106.0 | 30 |
| | 1965 | 7.2 | 108.0 | 31 |
| | 1966 | 12.0 | 128.0 | 38 |
| | 1967 | 9.1 | 145.0 | 44 |
| | 1968 | 13.2 | 174.0 | 54 |
| | 1969 | 14.5 | 216.0 | 68 |
| | 1970 | 10.0 | 253.0 | 82 |
| | 1971 | 10.5 | 290.0 | 95 |
| | 1972 | 7.2 | 324.0 | 108 |
| | 1973 | 14.8 | 406.0 | 138 |
| | 1974 | 9.5 | 562.0 | 195 |
| | 1975 | 7.9 | 615.0 | 217 |
| | 1976 | 13.1 | 831.0 | 298 |
| | 1977 | 12.3 | 1051.0 | 383 |
| | 1978 | 10.8 | 1452.0 | 537 |
| | 1979 | 8.6 | 1713.0 | 643 |
| 全斗焕政府<br>(1980.9～1988.2) | 1980 | －1.7 | 1703.0 | 649 |
| | 1981 | 7.2 | 1870.0 | 724 |
| | 1982 | 8.3 | 1977.0 | 777 |
| | 1983 | 13.2 | 2179.0 | 870 |
| | 1984 | 10.4 | 2390.0 | 966 |
| | 1985 | 7.7 | 2456.0 | 1002 |
| | 1986 | 11.2 | 2804.0 | 1155 |
| | 1987 | 12.5 | 3512.0 | 1462 |

续表

| 时　期 | 年　度 | 经济增长率（%） | 人均 GDP（美元） | GDP（亿美元） |
|---|---|---|---|---|
| 卢泰愚政府<br>（1988.2～1993.2） | 1988 | 11.9 | 4692.0 | 1972 |
| | 1989 | 7.0 | 5738.0 | 2436 |
| | 1990 | 9.8 | 6514.0 | 2793 |
| | 1991 | 10.4 | 7521.0 | 3256 |
| | 1992 | 6.2 | 8000.0 | 3500 |
| 金泳三政府<br>（1993.2～1998.2） | 1993 | 6.8 | 8740.0 | 3863 |
| | 1994 | 9.2 | 10204.0 | 4555 |
| | 1995 | 9.6 | 12337.0 | 5563 |
| | 1996 | 7.6 | 13133.0 | 5979 |
| | 1997 | 5.9 | 12134.0 | 5576 |
| 金大中政府<br>（1998.2～2003.2） | 1998 | −5.5 | 8100.0 | 3749 |
| | 1999 | 11.3 | 10404.0 | 4850 |
| | 2000 | 8.9 | 11951.3 | 5618 |
| | 2001 | 4.5 | 11257.3 | 5331 |
| | 2002 | 7.4 | 12787.0 | 6089 |
| 卢武铉政府<br>（2003.2～2008.2） | 2003 | 2.9 | 14215.9 | 6804 |
| | 2004 | 4.9 | 15931.0 | 7653 |
| | 2005 | 3.9 | 18654.0 | 8980 |
| | 2006 | 5.2 | 20901.3 | 10110 |
| | 2007 | 5.5 | 23102.9 | 11227 |
| 李明博政府<br>（2008.2～2013.2） | 2008 | 2.8 | 20464.8 | 10017 |
| | 2009 | 0.7 | 18346.3 | 9023 |
| | 2010 | 6.5 | 22147.4 | 10943 |
| | 2011 | 3.7 | 24159.8 | 12027 |
| | 2012 | 2.3 | 24445.1 | 12224 |
| 朴槿惠政府<br>（2013.2～2017.3） | 2013 | 2.9 | 25993.4 | 13054 |
| | 2014 | 3.3 | 27982.5 | 14110 |
| | 2015 | 2.6 | 27213.5 | 13775 |
| | 2016 | 2.7 | — | — |

资料来源：韩国统计厅网站，http：//www．index．go．kr/potal/stts/idxMain/selectPoSttsIdx Search．do？idx_cd=2871&stts_cd=287102&clas_div=C&idx_sys_cd=500&idx_clas_cd=1。

从韩国与主要国家之间的经济力量对比来看，韩国崛起的势头也非常明显。韩国与其他主要国家的经济发展水平比较，见表4-3。由于韩国曾沦为日本的殖民地长达35年之久，韩国人学习日本、赶超日本的意志相当强烈。根据OECD的统计，按照购买力平价法计算，在韩国经济起飞后的1970年，韩国的人均GDP是日本的18.9%。到1995年，这一比例达到58.0%。到2015年，韩国人均GDP接近日本，是日本人均GDP的92.4%。这是相当完美的追赶节奏。与追赶日本相比，韩国追赶美国的速度没有那么快。1970年，韩国的人均GDP是美国的11.5%。到2015年，韩国人均GDP是美国的61.9%。尽管没有追赶日本那么快，但是韩国从20世纪40～50年代完全依赖美国的外援而生存，发展到世界经济规

表4-3　1970～2015年韩、中、美、日、德等国人均GDP比较
（购买力平价法）

| 年度 | 中国 | 韩国（1996 加入 OECD） | 日本 | 韩国/日本 （%） | OECD 平均 | 德国 | 美国 |
|---|---|---|---|---|---|---|---|
| 1970 | — | 605 | 3203 | 18.9 | 3541 | 3965 | 5246 韩/美 11.5% |
| 1975 | — | 1222 | 5120 | 23.9 | 5433 | 6076 | 7820 |
| 1980 | 297 | 2404 | 8573 | 28.0 | 8764 | 10193 | 12570 |
| 1985 | 596 | 4530 | 13184 | 34.4 | 12440 | 14185 | 18225 |
| 1990 | 973 | 8276 | 19218 | 43.1 | 16655 | 19049 | 23901 |
| 1995 | 1850 | 13296 | 22922 | 58.0 | 20045 | 23199 | 28749 |
| 2000 | 2904 | 18083 | 25941 | 69.7 | 25070 | 26877 | 36419 |
| 2005 | 5039 中/美 11.4% | 24220 | 30446 | 79.6 | 30478 | 32632 | 44237 |
| 2010 | 9217 | 30465 | 33768 | 90.2 | 35077 | 40377 | 48302 |
| 2014 | 13171 中/美 24.2% | 33417 | 36581 | 91.4 | 39208 | 46394 | 54353 |
| 2015 | — | 34549 | 37372 | 92.4 | 39953 | 47167 | 55798 韩/美 61.9% |

资料来源：韩国统计厅网站，http：//www.index.go.kr/potal/stts/idxMain/selectPoSttsIdxSearch.do? idx_cd=2871&stts_cd=287103&clas_div=&idx_sys_cd=。第四列为笔者计算值。

模第 11 位，这无论如何都称得上了不起的成就。

2005 年，按照购买力平价法，中国的人均 GDP 是美国的 11.4%，大约相当于韩美之间对比 1970 年的水平。如果中国能以韩国追赶美国的速度前行，那么中国的人均 GDP 要占到美国的六成，大约需要 40 年的时间。当然，由于中国的人口数倍于美国，届时中国的总体国力可能会强于美国。

从 20 世纪 60 年代发展至今，韩国已经从贫困的农业国发展成为完全实现了工业化、城市化的经济强国，人均国民生产总值在 2015 年达到了 27214 美元，昂首跻身发达国家行列，这一伟大的成就堪称世界经济史上的"奇迹"。特别是与美日等世界强国相比照的话，韩国的追赶势头相当迅猛。根据 OECD 的统计，按照购买力平价法来看，1970 年，韩国的人均 GDP 只占日本的 18.9%、美国的 11.5%；经过 45 年的发展，韩国的人均 GDP 已经接近日本，达到日本的 92.4%、美国的 61.9%。韩国的发展动力非常值得探究。

## 三  1997 年金融危机及经济调整

经过数十年的发展，1996 年韩国成为 OECD 的第 29 个成员国。正当人们对韩国经济充满希望之时，1997 年突如其来的经济风暴席卷亚洲，韩国成为此次危机的重灾区，经济出现了大幅度下滑。受金融危机和汇率波动的影响，1997 年韩国国民总收入和人均国民收入分别下降了 7.5% 和 8.4%，1998 年更是急跌 33.7% 和 34.2%，到了 3404 亿美元和 7355 美元的水平。与此相伴的是大量企业的倒闭和较高的失业率，投资者的信心受到沉重的打击，地方产业和股市价格也一落千丈。1997 年 11 月 21 日韩国政府不得不决定向国际货币基金组织申请紧急贷款。

### （一） 危机的原因

是什么原因引发了这场突如其来的危机？尽管此次亚洲金融危机率先在东南亚爆发，波及韩国，但韩国经济体制自身的严重缺陷是危机的根源。

第一，长期以来政府主导经济发展形成了特殊的政企关系，由此产生的诸多弊端是引发金融危机的重要因素。前文曾谈到韩国独特的发展主义，即政府通过税收、金融等多种经济杠杆和其他方面的手段刺激、引导和扶持企业，加速了企业的优胜劣汰，缩短了企业组织自然进化和发展的时间，这是韩国经济成功的关键。与此同时，这一政府与企业之间的合作模式，不可避免地带来其他方面的弊端。政府的发展战略和政策刺激，将众多企业吸引到少数得到政府支持、有利可图的产业中，导致重复投资、过度竞争和产业结构的不平衡。三星、现代、LG、大宇等财阀企业都曾涉足汽车、电子、重工、证券、贸易等诸多领域。凡是有利润的产业，都能看到各大财阀的身影。诸多大型企业逐步失去了自己的"专业"，成为全能型的、脆弱的庞然大物。与此同时，大型企业集团在政府的扶持下迅速膨胀，不可避免地带来了中小企业的衰落。这种现象我们在自然界里经常可以观察到，大树下很难有茂盛的植被，在一个经济体内，大企业与中小企业的关系亦然。大中小企业之间没有形成有机的整体，而是处于大企业独大、中小企业欠发展的畸形状态，削弱了一个健康经济体所应有的组织弹性，其脆弱性不言而喻。

第二，大企业的快速膨胀，引发了所谓"投资饥渴症"，企业为扩张而大规模举债，忽视了高负债所隐含的巨大风险。据报道，截至1997年11月底，韩国外债高达1569亿美元，其中金融机构借贷1115亿美元、企业借贷434亿美元、政府借贷20亿美元。金融机构的借贷大部分再转贷给本国企业，用于大规模的设备引进和海外投资。外债不仅规模庞大，结构也明显畸形，短期外债占58.8%，长期外债占41.2%。而与此同时，外汇储备只有约300亿美元。[①] 1996年韩国制造业资产负债率达317.1%，远远高于同期美国、日本的水平。[②] 大企业的利润水平也不尽如人意。据报道，1996年韩国最大的49家财团的销售额尽管占韩国国内生产总值的

---

① 韩国《朝鲜日报》1998年1月8日。
② 李扬等：《韩国金融危机的微观基础：大企业发展战略的影响》，《改革》1998年第6期。

97％，但其净利润却只有 6500 万美元。[①]

高利率、高外债、高负债带来的风险在人们对韩国经济满怀信心的时候可能不易发觉，但一有风吹草动，其危险性就暴露无遗了。韩国是通过快速的经济增长而跻身于经济合作与发展组织的，国际社会对其经济的信心远低于其他成熟的发达国家，出现波动的可能性更大。市场信心的变化导致资本流动方向的突然改变，这就是金融危机。

第三，韩国经济发展模式面临着转型。经过数十年的增长，韩国企业发展的国内环境已经发生了很大的变化，劳动力由剩余转为短缺，产品的劳动成本大幅度提高。与此同时，资本的成本也大大提高。以往在政府的扶持下，竞争力弱的企业也可以生存甚至发展，而这一情况在 90 年代末期发生变化，政府的保护逐步减弱，企业被置于激烈的国际竞争下，优胜劣汰不可避免，不少大型企业真实的竞争力是强还是弱立刻显现。单纯依靠劳动、资本的高投入获得量的增长这一发展模式无法持续。由于韩国产品过分依赖美国市场，且出口产品相对集中在电子、机械等方面，一旦美国市场出现大的波动，韩国企业无疑会受到重创。

**（二）克服危机的主要措施**

为克服危机，韩国政府加大了经济改革力度，以摆脱由政府主导的经济增长体制，代之以更自由、更有效的市场经济。与此同时，韩国力图改善经济基础设施，加强市场透明度，强调责任制和市场自治，为市场经济的有序运行创造良好的条件。改革主要集中在以下几个方面。

**1. 改组金融机构，提高金融机构的效率**

金融部门是此次危机的重灾区，一方面是因为金融机构本身存在严重的问题，另一方面则是因为大量企业倒闭导致大量银行贷款成为坏账。为此，韩国政府大幅改组金融机构，关闭、合并了一批不能独立存在的金融机构。非银行金融部门也实行了体制改革，4 家无偿付能力的人寿保险公司停业并被其他保险公司接收。共有 640 家非银行金融机构被停止运营或

---

① 香港《亚洲华尔街日报》1997 年 12 月 18 日，转引自丁斗《韩国金融危机和韩国大企业集团》，《国际经济评论》1998 年 3～4 月。

被吊销执照。韩国政府动用了总数达 159 万亿韩元（约合 1340 亿美元）的财政资源，支持竞争力较强的金融机构进行再投资、清理呆坏账，并精简其机构，吸引外资参与。在此次金融改革中，韩国的银行数量从 33 家减少到 20 家，银行员工数也减少了 40%。"这可称为是在其他国家很难找到先例的、又快又强的压缩改革。"① 经过大刀阔斧的改革，韩国的金融机构在 2001 年基本恢复正常。

为摆脱外债偿还危机，韩国各界竭尽全力，国民踊跃捐献金银首饰，政府则向国际货币基金组织、亚洲开发银行和国际复兴开发银行等国际组织借款 350 亿美元，把 230 亿美元的短期外债转为中长期债务，并发行 40 亿美元的外汇稳定债券以刺激外汇存款。韩国的外汇储备 1997 年年底仅有 38 亿美元，但是到 2002 年年底则已增加到近 1210 亿美元。② 外汇储备增加主要得益于外汇顺差增加而造成的外汇流通资金的增加、韩国信用等级上调后外国直接投资的增加等。如此一来，韩国很快偿还了国际货币基金组织的 135 亿美元应急贷款。国际货币基金组织执委会 1999 年 12 月 16 日宣布韩国已经度过了外汇危机，韩国的信用等级也恢复到投资可靠程度。

2. 改组大企业

大企业是韩国经济增长的主要载体，也集中体现了韩国政府主导的经济体制的弊端。为克服金融危机，韩国政府加大了对大企业的改革力度。30 家最大的集团公司中有 16 家被收购、合并和倒闭，"大马不死"的神话已不复存在。在债权银行的主导下，实力弱的公司很快实行了改组。大宇汽车公司、韩宝钢铁公司等被外资收购。通过大刀阔斧的改革，制造业部门的资产负债率已大大降低，由 1997 年下半年的 396% 降到了 2002 年 9 月的 130%。③

为推动大企业快速进行改组以及提高其透明度，2001 年 9 月实施了

---

① 〔韩〕朴升：《摆脱危机的韩国经济》，引自复旦大学韩国研究中心编《韩国研究论丛》（10），中国社会科学出版社，2003。

② 大韩民国海外弘报院：《韩国简介》，2003 年修订本，第 69 页。

③ 大韩民国海外弘报院：《韩国简介》，2003 年修订本，第 71 页。

大企业改组促进法。通过指派外部独立董事、设立审计委员会和发表强制性的财务报告，政府使大企业的管理透明化，并加强实施条例，实行对大企业经常性的改组制度，允许债权银行定期对债务公司的信用风险进行评估，以使大企业的管理透明度符合世界标准。

3. 改革劳工政策，提高劳务市场的灵活性

韩国的劳动力市场弹性不足，在一定程度上影响了企业的活力和竞争力。1998年2月，劳、资、政府三方的代表组成了一个三方委员会，建立了三方公平负担经济和非经济费用的框架，达成了一项包括很多旨在提高大企业管理透明度的措施在内的协议。由于三方委员会的努力，劳工标准法（LSA）经修改后，在处理劳工问题上，给予了资方更多的灵活性。此外，允许建立人力调配企业的立法也于1998年7月生效。韩国政府主张尽可能地以和平方式解决劳资争端。2002年9月，2394家工厂被宣布形成劳资合作关系，比1997年的610家有大幅度的增加。工人的工作环境得到改善，提高了失业救济金，工作时间明显缩短，广泛实行了最低工资制度，以注重能力表现的按劳取酬制度逐步取代了论资排辈的薪金制。与此同时，韩国政府依法严格处理劳工的非法罢工，以维护正常的经济秩序。

4. 外汇市场和资本市场的自由化

1998年9月，韩国实施了新的外汇交易法。新法的主要目标包括资本账户自由化和进一步发展国内外汇市场。新法中的自由化措施于2000年年底前分两个阶段实施。自由化第一阶段的主要项目包括推出一个禁止进口货单。这一禁止进口货单比过去的准许进口货单更灵活。自由化第一阶段要使与金融机构商业活动有关的资本账户交易自由化，其中包括向国外短期借贷。政府另一市场自由化的努力是授权进行外汇交易，允许金融机构满足某些需要。自由化第二阶段的主要项目包括使在第一阶段仍受限制的资本账户交易自由化，其中与国家安全和与防止刑事犯罪活动有关者除外。自由化第二阶段还允许非本国住户投资不满1年到期的国内韩币储蓄，同时允许本国住户投资国外的外币储蓄和证券。在实施这些措施的同时，政府还加强了对资本市场的监管，并建立了预警制度。

此外，韩国政府实行紧缩货币政策，建立以市场为导向的金融体制，以稳定韩国股市，吸引更多的外国投资，促进银行、证券和保险业之间的联盟。韩国政府采取措施使股票市场更加准确地反映公司的真实价值，吸引长期投资，以缓冲外部冲击。

在实行进一步开放资本市场，减少有价证券投资和直接投资障碍的措施方面，韩国取得了重大进展。除涉及国家安全和文化的行业如传媒外，其他所有行业都将保证实行外国资本自由化。吸收外资须经国际磋商的某些部门，如通信和海运业则仍将受到控制。自 1998 年 5 月 25 日起，除国防工业和国营公司外，外国投资商可以购买任何一家韩国公司的股票，而不必获得该公司董事会的许可或政府的准许。现在，外国人可以购买一些国营公司多至 50% 的公开发行并售出的股票。国内外投资商还被允许以任何形式接收韩国公司，包括非善意的接收在内。此外，凡符合一定条件的金融机构均将获准进行外汇交易。1998 年 5 月，证券市场中外商投资的总限额已经取消。外国人因商贸需要或因非商贸需要购买土地时，可享受与韩国人同等的待遇。地方证券市场和金融市场对外国投资的限制也已取消，外国银行和证券公司可以在韩国各地设立分支机构。

5. 改革政府机构，提高市场经济的自由度

改革政府机构是韩国摆脱长期以来形成的政府主导经济发展的重要举措，其目标是通过政府机构缩小规模、提高效率，减少政府对经济的不必要干预。在政府改革中，韩国采用以业绩为基础的报酬制度，并从民营企业中选拔符合条件的专业人员担任政府中的职务。韩国政府废除了 14186 条关于民营企业的规定中的 8121 条，剩余的大多数规定也被修改。这些新规定使得韩国的投资环境大大改善。为提高经济效益，韩国政府还把 11 个大型公有企业民营化。同时，以互联网为基础的电子政务系统的完成，便利了政府网上办公，提高了政府工作效率和透明度。政府机构的服务意识明显增强，令国民耳目一新。

韩国如此迅速地克服了金融危机，使国际社会对韩国信心倍增。国际信用等级评估公司纷纷提高了韩国的信用等级，外资也逐步流入韩国。近

年来，韩国政府积极实施东北亚中心计划。通过仁川国际机场和釜山港口的扩建，凸显东北亚物流中心的地位。在中长期计划方面，南北铁路网络的连接将把中国、蒙古和横贯亚洲的西伯利亚铁路连接在一起，货物运往欧洲的时间将大大缩短，其成本也将大幅度降低。

# 第二节　综合概况

## 一　产业结构

由于城市化过程比较超前，韩国的产业结构中服务业较早占据了重要地位。与农业所占比例迅速下降相同步的是，工业、电力、服务业等相关行业所占比例上升。据表4－4，1955年，韩国是一个工业化之前的农业国，农林渔业占GDP的比重高达45.8%，工矿业只占11.3%，服务业占39.3%。自韩国经济开始起飞后，农林渔业所占比例急速下降，制造业为主的工矿业上升迅速。以1980年为例，在经过了约20年的高速经济增长之后，韩国的经济结构已经发生了彻底的变化，农林渔业所占比例下降到15.9%，制造业为主的工矿业达到25.6%，建筑业达到7.6%，服务业达到48.7%。2015年，当年13775亿美元的GDP中，农林渔业只占2.3%，制造业占了29.5%，服务业占59.7%。韩国已经从20世纪50年代的农业国跃升为以第二产业工业、第三产业服务业为主体的发达国家。

表4－4　1955～2015年韩国的产业结构变迁

| 年份 | 1955 | 1960 | 1965 | 1970 | 1975 | 1980 | 1985 | 1990 | 1995 | 2000 | 2005 | 2010 | 2015 |
|---|---|---|---|---|---|---|---|---|---|---|---|---|---|
| GDP（名义，亿美元） | 14 | 20 | 31 | 82 | 217 | 649 | 1002 | 2793 | 5563 | 5618 | 8980 | 10943 | 13775 |
| 农林渔业所占比例（%） | 45.8 | 39.0 | 39.4 | 28.9 | 26.9 | 15.9 | 13.0 | 8.4 | 5.9 | 4.4 | 3.1 | 2.5 | 2.3 |

续表

| 年份 | 1955 | 1960 | 1965 | 1970 | 1975 | 1980 | 1985 | 1990 | 1995 | 2000 | 2005 | 2010 | 2015 |
|---|---|---|---|---|---|---|---|---|---|---|---|---|---|
| 工矿业所占比例(%) | 11.3 | 14.5 | 20.1 | 20.4 | 23.4 | 25.6 | 27.8 | 28.0 | 28.3 | 29.3 | 28.5 | 30.9 | 29.7 |
| 其中制造业所占比例(%) | 10.2 | 12.1 | 17.9 | 18.8 | 21.9 | 24.3 | 26.6 | 27.3 | 27.8 | 29.0 | 28.3 | 30.7 | 29.5 |
| 电气、天然气、自来水等所占比例(%) | 0.4 | 0.6 | 1.0 | 1.4 | 1.2 | 2.2 | 3.0 | 2.2 | 2.3 | 2.8 | 2.6 | 2.2 | 3.2 |
| 建筑业所占比例(%) | 3.1 | 3.3 | 3.2 | 5.0 | 4.5 | 7.6 | 6.5 | 9.5 | 9.0 | 6.0 | 6.4 | 5.1 | 5.1 |
| 服务业所占比例(%) | 39.3 | 42.6 | 36.2 | 44.3 | 44.1 | 48.7 | 49.7 | 51.9 | 54.6 | 57.5 | 59.4 | 59.3 | 59.7 |

资料来源：韩国统计厅网站，http：//kosis. kr/statisticsList/statisticsList_ 01List. jsp？ vwcd = MT_ ZTITLE&parentId = L#SubCont。

## 二　大企业[①]

现代经济增长中，企业组织的发展要经历这样一个发展过程：农民从农村分离（现代产权制度确立）——大量的个体企业出现——民营非个体大企业出现——技术升级——垄断大企业向国外扩展空间。在政府的选择、扶持和刺激下，韩国企业的发展已经完成了这一过程，形成了以私营大企业为核心的企业结构，私营大企业成为国际市场上

---

① 韩国的大企业集团或企业家以往常被称为"财阀"，笔者也比较认可"财阀"这一名称，因为它可以更好地表明大企业及其经营者在韩国经济中的绝对地位，生动传神地表现其霸气和威风。

的"骑士"。在一个追求平均主义的儒教社会里，能够发展出大型的企业是非常困难的，韩国成功地实现了这一点，这是韩国独特的发展战略的结晶。尽管其对韩国经济的控制已经触及国民经济安全，但毫无疑问的是，大企业是韩国经济发展的重要载体，是韩国人的骄傲。

从表4-5可以看出，数十年来韩国的制造业向大企业集团集中的情况还在继续，特别是最大的5家企业集团，2000年其销售额占制造业销售额的比例已经达到30.7%。从其就业只占总就业量的7.2%来看，大企业集团的劳动生产率远远高于其他企业。

表4-5 韩国大企业在制造业销售额和就业中的比重

单位：%

| 大企业 | 销 售 额 | | | | 就 业 | | | |
|---|---|---|---|---|---|---|---|---|
| | 1977 年 | 1985 年 | 1994 年 | 2000 年 | 1977 年 | 1985 年 | 1994 年 | 2000 年 |
| TOP 5 | 15.7 | 23.0 | 27.2 | 30.7 | 9.1 | 9.7 | 8.1 | 7.2 |
| TOP 10 | 21.2 | 30.2 | 34.1 | 35.7 | 12.5 | 11.7 | 10.3 | 8.6 |
| TOP 20 | 29.3 | 36.4 | 38.8 | – | 17.4 | 15.5 | 1⒉9 | – |
| TOP 30 | 34.1 | 40.2 | 41.5 | 44.1 | 20.5 | 17.6 | 12.8 | 10.4 |

资料来源：Byung-nak Song, *The Rise of the Korean Economy*, Third Edition, Oxford University, 2003, p. 141。

2008 年《财富》世界500强榜单上的韩国企业有15家，其中三星集团旗下就有3家企业上榜，三星电子以1060亿美元的营业收入位列第38位。2016 年的《财富》500强榜单，韩国企业有17家，其中三星集团旗下有3家企业上榜，分别是三星电子、三星C&T公司、三星人寿保险，其中三星电子以1958亿美元的营业收入位列第13位。现代集团旗下也有三家公司上榜，分别是现代汽车（第99位）、韩国现代重工集团（第210位）和现代摩比斯公司（第347位）。LG旗下有两家公司上榜，分别是位列第175位的LG电子和位列第473位的LG DISPLAY公司（见表4-6）。

表 4 - 6    《财富》杂志 2016 年世界 500 强韩国企业排名榜单

单位：百万美元

| 排 名 | 公司名称 | 营业收入 | 利 润 |
|---|---|---|---|
| 13 | 三星电子 | 195845 | 21922 |
| 99 | 现代汽车（HYUNDAI MOTOR） | 84771 | 6977 |
| 162 | 韩国浦项制铁公司（POSCO） | 61504 | 600 |
| 175 | LG 电子（LG ELECTRONICS） | 57038 | 379 |
| 193 | 韩国电力公司 | 54252 | 2551 |
| 210 | 韩国现代重工集团 | 49940 | -1680 |
| 242 | 起亚汽车（KIA MOTORS） | 44730 | 2843 |
| 302 | GS 加德士（GS CALTEX） | 38235 | -642 |
| 329 | 韩华集团（HANWHA） | 35574 | -346 |
| 332 | 韩国天然气公司（KOREA GAS） | 35411 | 424 |
| 347 | 现代摩比斯公司（HYUNDAI MOBIS） | 34366 | 3250 |
| 369 | 哈里伯顿公司（HALLIBURTON） | 32870 | 3500 |
| 439 | S-OIL 公司（S-OIL） | 27122 | -273 |
| 441 | 三星 C&T 公司（SAMSUNG C&T） | 27016 | 257 |
| 445 | 乐天百货（Lotte Shopping） | 26687 | 500 |
| 456 | 三星人寿保险 | 26048 | 1270 |
| 473 | LG DISPLAY 公司（LG DISPLAY） | 25126 | 858 |

资料来源：《财富》杂志。

据韩国交易所 2017 年 3 月 14 日的信息，韩国资产总额排名前十的大企业集团当日市值占证券市场总市值的 52.2%，比 2016 年年末增加了 1.7 个百分点。其中，三星集团的市值占到总市值的 28.0%。除了三星集团以外，十大企业集团中的现代汽车集团、SK 集团、LG 集团、POSCO、乐天集团、韩化、GS 等九大企业集团的市值占总市值的 24.1%。即便是在十大企业集团中，三星集团一家也占据了半壁江山（53.7%）。① 所以，观察韩国经济，可以简单地说：韩国股市的一半是"十大"，"十大"的一半是三星。

---

① 韩国《文化日报》网站，http：//www. munhwa. com/news/news _ print. html? no = 2017 032001031921305001。

### 三 经济团体

经济团体使韩国的企业有效地组织起来，加强了相互之间的沟通与交流，也是经济发展的重要成果之一。

大韩商工会议所 1948 年 7 月正式成立，是韩国最大的民间经济团体。主要职能是：调查了解企业情况，向政府提出政策性意见和建议。作为民间团体，大韩商工会议所对国内生产、物价等进行统计调查；组织、领导会员企业的技工培训和技术交流活动；负责与国外经济团体的交流与合作；负责发放原产地证明等。

韩国贸易协会成立于 1946 年。主要职能是：研究韩国的贸易政策，向政府提出意见和建议；向会员企业提供各种贸易咨询和信息服务，促进会员企业与世界各国的贸易合作，代培贸易专业人员。

韩国企业联合会，原名全国经济人联合会，成立于 1961 年，主要由大企业组成。主要职能是：代表大企业向政府提出政策性意见和建议；协助会员企业加强与国际经济组织和国外企业的联系；研究、交流经营理论和经营方法；调查研究国内外经济动向；加强与社会各界的联系，组织会员企业开展各项公益事业。2016 年下半年朴槿惠"密友干政"事件爆发后，三星、LG、SK 和现代汽车等主要会员退会。

中小企业协同组合中央会成立于 1979 年，由中小企业组成。主要职能是：代表中小企业向政府提出政策性意见和建议；通过下属行业组织，协助、指导中小企业的发展，开展中小企业的经营研究，向会员企业提供各种信息和资料；管理、运用为防止中小企业连锁倒闭而设立的"基金"；促进中小企业的专业化和保护中小企业的经营领域等。

## 第三节 农林渔业

### 一 农 业

如前所述，由于韩国的城市化比较超前，城市中服务业发展迅速，农业在国民生产总值中的比例偏低。根据韩国统计厅的数据，1980 年韩国的生产结构中，农业（包括渔业、林业）占 15.9%，而 2000 年则进一步下降到 4.4%。2015 年下降至 2.3%。农业在国民经济中已经处于相当边缘的地位。伴随韩国经济的持续快速增长，农业人口占总人口的比例持续下降，1960 年这一比例为 58.3%，1980 年为 28.9%，2000 年则进一步下降为 8.7%。[①]

根据韩国统计厅 2015 年的人口住宅总调查，2015 年韩国调查总人口51069375 人，家庭数 19560603 个。韩国统计厅 2015 年《农林渔业总调查初步调查结果》显示，截至 2015 年 12 月 1 日，韩国全国农林渔业家庭共计 123.7 万户，比 2010 年的 134.3 万户减少了 10.6 万户，下降了7.9%。从 2010 年到 2015 年，农林渔业人口占全国总人口的比例从 7.3%下降到 5.8%。[②] 由此可见，韩国已经实现了城市化。

近些年比较有意思的是，韩国出现了城市居民归农的现象。以 2015年为例，韩国有 12114 人选择归农，一同回归农村的家庭成员有 7746 人，总计归农人口 19860 人。对于一个人口 5000 万左右的国家，每年归农人口约 2 万不算是一个小数字（见表 4 - 7）。

表 4 - 7　2013 ~ 2015 年韩国归农人数

单位：人

| 年份 | 归农人数 | 同伴家族人数 | 合计 |
|------|----------|--------------|------|
| 2013 | 10312 | 7006 | 17318 |
| 2014 | 10904 | 7072 | 17976 |
| 2015 | 12114 | 7746 | 19860 |

资料来源：韩国统计厅网站，http：//kosis. kr/statisticsList/statisticsList_ 01List. jsp？ vwcd = MT_ ZTITLE&parentId = F#SubCont。

---

[①] Byung-nak Song, *The Rise of the Korean Economy*, Third Edition, Oxford University, 2003, pp. 106，197.

[②] 韩国统计厅网站，http：//kostat. go. kr/portal/korea/kor_ nw/2/7/1/index. board？ bmode = read&aSeq = 353173。

　　从韩国统计厅发布的数据来看，2014年韩国有农业家庭1120776户，其中有9637户农业家庭没有耕地，1111139户家庭有耕地。其中，家庭耕地面积在0.1公顷以下的农户有14330户，在0.1~0.5公顷的有456487户，在0.5~1公顷的有261575户，在1~10公顷的有368022户，在10公顷以上的有10725户。我们往往习惯于将韩国的农业经济视为小农经济。的确，由于山地环境居多，仅在全罗南北道有比较大块的平原区域，所以韩国的农田数量多、块头小。即便如此，从农户的耕地面积来看，无地或耕地面积在0.5公顷以下的农户只占到农村家庭总户数的42.9%，多数农户的耕地面积在0.5公顷以上，更有占农户总数约1%的农户耕地面积在10公顷以上。这在韩国这样的山地国家还是很令人吃惊的。

　　从种植农产品（韩国称"务农形态"）来看，种植水稻的农村家庭有472097户；种植粮食作物的家庭98579户；种植蔬菜、野菜等的家庭254892户；种植蘑菇等特殊用途农作物的家庭有31352户；种植果树的家庭176646户；种植药用作物的家庭8628户；种植花草、冠状作物的家庭15749户；种植其他农作物的家庭有4948户；从事畜牧业生产的家庭有57885户。

　　从韩国全国2014年的1120776户农业家庭的经营情况来看，有598998户是专业农户，其他为兼业农户，即除了农业以外，还经营其他的副业。从农业经营主的年龄来看，40岁以下的农户数为9947户，仅占所有农业家庭数的0.9%；40~50岁的农户数有82329户，占所有农户数的7.3%；50~60岁的农户数252507户，占所有农户数的22.5%；60岁以上的农户数有775993户，占所有农户数的69.2%。可见，韩国的农业家庭有约七成经营主在60岁以上，老龄化的现象相当严重。

　　韩国统计厅《2015年农家渔家经济调查结果》显示，2015年韩国农家平均所得为3721.5万韩元，比2014年增长6.5%。其中农业收入占30.2%，农业外收入占40.1%（见表4-8）。

　　据统计，韩国近年来的耕地面积呈缓慢下降趋势。2012年，韩国耕地面积为173.0万公顷，其中96.6万公顷（约56%）为水田，76.4万公顷（约44%）为旱田。2015年，韩国耕地面积下降到167.9万公顷，其中90.8万公顷（约54%）为水田，77.1万公顷（约46%）为旱田（见表4-9）。

表4-8 2012~2015年韩国农家所得结构

|  | 2012 | | 2013 | | 2014 | | 2015 | | 2015年比2014年增减比例（%） |
|---|---|---|---|---|---|---|---|---|---|
|  | 金额（千韩元） | 比例（%） | 金额（千韩元） | 比例（%） | 金额（千韩元） | 比例（%） | 金额（千韩元） | 比例（%） |  |
| 农家总所得 | 31031 | 100.0 | 34524 | 100.0 | 34950 | 100.0 | 37215 | 100.0 | 6.5 |
| 农业所得 | 9127 | 29.4 | 10035 | 29.1 | 10303 | 29.5 | 11257 | 30.2 | 9.3 |
| 农业外所得 | 13585 | 43.8 | 15705 | 45.5 | 14799 | 42.3 | 14939 | 40.1 | 0.9 |
| 转移支付 | 5614 | 18.1 | 5844 | 16.9 | 6819 | 19.5 | 7906 | 21.2 | 15.9 |
| 非经常所得 | 2705 | 8.7 | 2940 | 8.5 | 3029 | 8.7 | 3114 | 8.4 | 2.8 |

资料来源：韩国统计厅《2015年农家渔家经济调查结果》，第3页。此处数据为直接引用，未做改动。

表4-9 2009~2015年韩国的耕地面积

| 年份 | 2009 | 2010 | 2011 | 2012 | 2013 | 2014 | 2015 |
|---|---|---|---|---|---|---|---|
| 耕地面积（1000公顷） | 1737 | 1715 | 1698 | 1730 | 1711 | 1691 | 1679 |
| 水田 | 1010 | 984 | 960 | 966 | 964 | 934 | 908 |
| 旱田 | 727 | 731 | 738 | 764 | 748 | 757 | 771 |
| 人均耕地面积（公顷） | 0.0353 | 0.0347 | 0.0341 | 0.0346 | 0.0341 | 0.0335 | 0.0332 |

资料来源：http://www.index.go.kr/smart/mbl/chart_view.do? idx_cd = 3007。此处数据为直接引用，未做改动。

韩国的粮食产量并不能满足国民的需求，总体自给率比较低。韩国竭力保证其主要食粮——大米的基本自给，以确保粮食安全。近年来随着韩国与其他国家的自由贸易协定谈判的展开，韩国也将适度地开放国内的大米市场。为解决农村劳动力短缺的问题，韩国政府着力提高农业机械化程度，在种植和收割水稻方面取得了显著的进展。

## 二 渔 业

韩国三面环海，渔业资源丰富。在过去的数十年中，韩国的渔业发展迅猛，捕鱼量随着现代机动渔船在沿海和公海作业而迅速增加。韩国的深海捕捞量于20世纪70年代中期达到高峰。随后，由于燃料费用高涨和很多国家宣布了200海里专属经济区，韩国深海捕捞量急速下降。韩国已同许多沿海国家达成了渔业协定，以保持在该国领海内捕鱼的权利，并继续努力加强其深海渔业。

根据韩国统计厅2016年4月发布的2015年农林渔业总调查的数据，2015年韩国共有从事海洋渔业的家庭5.5万户，比2010年的6.6万户下降16.7%。渔家占全国家庭数的比重，也由1995年的0.8%下降至2015年的0.3%。从地区分布来看，全罗南道、庆尚南道、忠清南道的渔业家庭较多。[1]韩国渔家所得结构见表4-10。

表4-10　2012~2015年韩国渔家所得结构

| 年份 | 2012 | | 2013 | | 2014 | | 2015 | | 2015年比2014年增减比例（%） |
|---|---|---|---|---|---|---|---|---|---|
| | 金额（千韩元） | 比例（%） | 金额（千韩元） | 比例（%） | 金额（千韩元） | 比例（%） | 金额（千韩元） | 比例（%） | |
| 渔家总所得 | 37381 | 100.0 | 38586 | 100.0 | 41015 | 100.0 | 43895 | 100.0 | 7.0 |
| 渔业所得 | 19539 | 52.3 | 18538 | 48.0 | 20987 | 51.2 | 23086 | 52.6 | 10.0 |

[1]　http：//kostat. go. kr/portal/korea/kor _ nw/2/7/1/index. board？ bmode = read&a Seq = 353173.

| 年份 | 2012 | | 2013 | | 2014 | | 2015 | | 2015 年比 2014 年增减比例（%） |
|---|---|---|---|---|---|---|---|---|---|
| | 金额（千韩元） | 比例（%） | 金额（千韩元） | 比例（%） | 金额（千韩元） | 比例（%） | 金额（千韩元） | 比例（%） | |
| 渔业外所得 | 11360 | 30.4 | 13037 | 33.8 | 11897 | 29.0 | 11728 | 26.7 | −1.4 |
| 转移支付 | 3272 | 8.8 | 3646 | 9.4 | 4341 | 10.6 | 5079 | 11.6 | 17.0 |
| 非经常所得 | 3210 | 8.6 | 3366 | 8.7 | 3790 | 9.2 | 4002 | 9.1 | 5.6 |

资料来源：韩国统计厅《2015 年农家渔家经济调查结果》，第 12 页。此处数据为直接引用，未做改动。

## 三　林业

随着经济的发展，韩国人餐桌上的水果、蔬菜以及畜产品逐渐丰富起来，经济作物的生产和畜牧业发展迅速。20 世纪 70 年代初以来，韩国开展了全国性的植树造林计划，在限制砍伐树木的同时大规模绿化山地。韩国国内对木材的需求主要依靠进口来满足。目前，韩国的绿化率和水土保持状况良好。

根据韩国统计厅 2016 年 4 月发布的 2015 年农林渔业总调查的数据，2015 年韩国共有从事林业的家庭 9.05 万户，比 2010 年的 9.61 万户下降5.8%。2015 年林业家庭占全国家庭数的比重为 0.5%。从地区分布来看，庆尚北道、庆尚南道、全罗南道的林业家庭较多。[①]

# 第四节　工业

作为韩国工业结构从劳动密集型向技术和资本密集型转变的突出代

---

① http：//kostat. go. kr/portal/korea/kor _ nw/2/7/1/index. board？ bmode = read&a Seq = 353173.

表，迅速发展的钢铁工业、电力工业、造船工业、汽车工业成为韩国重工业的主要组成部分，行业间相互关联、相互依托、相互促进。

## 一 钢铁工业

钢铁工业堪称韩国经济增长的火车头，是机械工业、造船业、汽车工业、建筑业以及其他支柱产业发展的重要保障。日本殖民统治时期，根据当时的产业布局，主要的钢铁厂大都位于三八线以北。三八线以南鲜见的几个铁厂，也在朝鲜战争的隆隆炮火中化为废墟。所以，韩国的钢铁产业从真正意义上开始发展是在朝鲜战争之后，基本上是白手起家。直到1968年浦项制铁成立，韩国的钢铁产业才驶入了发展的快车道。

钢铁产业是国民经济的基础产业，对于经济的持续发展和创造就业岗位起到重要作用。在附加值方面，2015年韩国钢铁产业附加值占全产业的1.7%，占制造业的5.6%。在出口方面，2015年韩国钢铁业占全产业的5.7%，出口规模在2000年达到76亿美元、2015年达到293亿美元，15年间增加到原来的近4倍。进口方面，2000年进口68亿美元，2015年进口217亿美元，增加到基数的约3倍。2014年，韩国钢铁业从业人员10.5万人，占制造业的2.7%（见表4－11）。

表4－11 1995～2015年韩国钢铁业对国民经济的贡献度

|  | 1995 | 2000 | 2005 | 2010 | 2015 |
|---|---|---|---|---|---|
| 附加值比重(%) | 2.0 | 1.7 | 2.1 | 2.2 | 1.7 |
| 出口比重(%) | 4.4 | 4.1 | 5.1 | 6.0 | 5.7 |
| 雇佣比重(%)(千人) | 2.1(79) | 2.8(94) | 2.4(81) | 2.7(92) | 2.7(105)* |

＊2014年钢铁业从业人员和比重。

资料来源：韩国钢铁协会网站，http://www.kosa.or.kr/。

根据韩国钢铁协会的统计，韩国粗钢产量自1973年浦项制铁粗钢生产量突破100万吨以来，长期处于增长状态。如图4－1，2014年韩国粗钢产量7154万吨，位居世界第五位。2015年韩国粗钢产量6967万吨，

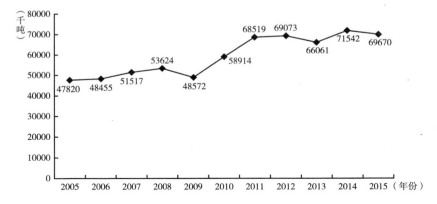

图 4 - 1　2005～2015 年韩国粗钢产量

资料来源：韩国钢铁协会网站，http：//www. kosa. or. kr/。

比 2014 年下降 2.6%。2016 年上半年，韩国粗钢产量 3335.9 万吨，比上年同期下降 3.4%。

韩国粗钢生产量占世界总产量的比例从 1970 年的 0.1% 上升到 1990年的 3.0%，2000 年这一比例进一步上升至 5.1%。此后由于中国钢铁产量的迅速上升，韩国占比出现下滑。2014 年韩国粗钢产量占世界总产量的 4.3%（见表 4 - 12）。

以 2014 年为例，韩国人均钢铁消费量 1082 千克，居世界第一位，高于德国（474 千克）、日本（532 千克）、中国（510 千克）等钢铁消费大国。

表 4 - 12　1980～2014 年韩国粗钢产量世界占有率

单位：百万吨，%

|  | 1980 | 1990 | 2000 | 2010 | 2012 | 2013 | 2014 |
|---|---|---|---|---|---|---|---|
| 世界总体 | 716.4 | 770.4 | 850.2 | 1432.8 | 1552.9 | 1648.9 | 1665.2 |
| 韩　　国 | 8.6 | 23.1<br>(3.0) | 43.1<br>(5.1) | 58.9<br>(4.1) | 69.1<br>(4.4) | 66.0<br>(4.0) | 71.5<br>(4.3) |

注：（ ）内为韩国粗钢产量占世界总产量的比重。

资料来源：Worldsteel，转引自韩国钢铁协会网站，http：//www. kosa. or. kr/。

有资料显示，在制造成本、收益性、财务结构、扩充设备、内需成长潜力、技术革新等指标的综合评价结果中，浦项制铁公司都位居世界前列。尽管受到基础原料（铁矿石、废铁等）短缺的制约，以及高级钢铁制品领域技术脆弱和部分产品供应过剩等不利因素的影响，韩国的钢铁产业仍然在普通钢领域具有世界竞争力，在设备高效率运转、从业人员素质等方面同样占据优势，全面发展和海外扩张的势头将在一定时期内得以继续。当然，2000年后，随着中国钢铁产业的崛起，韩国钢铁产业向高附加值、高端化的方向发展，以提升竞争力。2010年现代制铁投产，韩国钢铁产量上升。在急剧变化的世界钢铁市场中，韩国的钢铁业正面临着第二次飞跃的新挑战。

长期以来，浦项制铁的产量占韩国全国钢铁产量的七成以上，是产业技术创新、出口创汇的旗帜。从一定意义上可以说，浦项制铁的企业发展史，就是韩国的钢铁产业发展史。

## 二　电力工业

韩国能源工业的发展也有其独特的经验。经济的快速增长特别是重工业的迅猛发展对韩国的能源工业造成很大的压力。韩国的自然资源比较贫乏，煤产量较低，且几乎不出产石油，因此韩国一方面依靠进口石油、天然气、煤炭来发电，另一方面积极开发核能，也充分利用水力发电。

从2000年以来韩国发电量分布来看，煤炭、核能和天然气形成了三足鼎立的格局。煤炭和天然气的比例有所上升。以2015年为例，韩国总发电量522351千兆瓦，其中占比最大的是火力（煤炭）发电206305千兆瓦，占总发电量的39.5%；其次是核电164771千兆瓦，占总发电量的31.5%；再次是天然气104108千兆瓦，占总发电量的19.9%。前三项占去了总发电量的90.9%。油类、水力和其他能源的发电量所占比重较低。[①]

韩国电力公社（KEPCO）是韩国唯一的电力公用事业机构，成立于

---

① 韩国水力原子力株式会社网站，http://www.khnp.co.kr。

1982 年。为提高企业内部竞争，2001 年 4 月，电力公社的发电部门拆分为 6 个电力供应商。其中一个是韩国水力原子力株式会社（KHNP），它管理韩国所有的核电能力和少量的水电，是 6 个子公司中最大的。根据《财富》杂志的数据，2015 年韩国电力的营业收入达 518 亿美元，净利润 117 亿美元，营业收入世界排名第 172 位，拥有 4.2 万名员工。在世界公用设施领域，韩国电力位居第五位，列中国国家电网、意大利国家电力公司、法国电力公司、中国南方电网之后。

依靠核能解决资源贫乏条件下的能源问题，是韩国的成功经验，可以为深受能源瓶颈制约之苦的国家所借鉴。1978 年 4 月，韩国第一台核电机组古里原子能 1 号机投入商业运行，设备容量为 587 兆瓦。2015 年韩国正在运行的核反应堆有 24 座，总设备容量达到 21716 万千瓦。韩国的核电站大多集中在庆尚北道、蔚山、釜山等工业区，主要满足重化工业对电力的巨大需求。

### 三　造船工业

有了钢铁产业和电力产业的有力支撑，韩国的造船工业和汽车工业也得到了突飞猛进的发展。世纪之交，韩国的造船业达到巅峰时期，占据了全球造船市场的约四成。

韩国造船业何以后来居上？根据韩国交通部发行的《陆运十年志》，光复之初韩国的主要造船工厂包括朝鲜重工业（株）、釜山造船工业（株）、统营造船、钟渊朝鲜造船（株）等，这几家船厂的建造能力都超过了 1000 吨。从朝鲜战争结束到 20 世纪 60 年代，韩国的造船业平稳恢复、发展和扩张。在 20 世纪 60 年代开始的第一个五年计划和第二个五年计划期间，韩国的造船业以面向国内市场为主，主要生产适应内需的中小型船舶。

造船业真正迎来迅猛发展是进入 20 世纪 70 年代后，是在政府重化学工业战略的指导下才得以实现的。1973 年 3 月，韩国政府发布《造船工业长期振兴计划》，韩国的造船业由满足内需转向进军大型船舶的国际市场。受此激励，超大型的船厂开始建设，逐步形成了规模生产能力。当时的财阀企业，如大宇集团、三星集团等开始通过兼并既有船厂进军造船业，极大地促进了整个造船业的升级。从此，造船企业不仅是出口创汇的生力军，也使韩国在国际造船领域异军突起。1973 年也因此而成为韩国造船业发展史上的一个重要时点。自 1974 年以后，国际市场就成为韩国新造船只的主要市场。出口国际市场的船舶在数量上不占优势，但船舶吨位、价值金额都要远远超出国内市场。从此以后，任凭国际市场跌宕起伏，韩国造船企业前进的脚步始终没有停歇，抢占国际市场的强劲势头得以长期维持。在 20 世纪 90 年代，韩国造船业开始与造船大国日本分庭抗礼，二者瓜分了世界造船市场的七成。此后，中国造船业异军突起。2015 年，中日韩三国在订单总量、订单余量、船舶建造量方面形成了三分天下的格局。

根据中国船舶工业行业协会网站引用英国克拉克松研究公司的数据，2016 年世界造船业的基本格局是中日韩三足鼎立。从造船完工量来看，世界总造船完工量为 3445 万修正总吨（CGT），其中，韩中日三国位列前三，占到了总量的 87.8%。从新接订单量来看，中国领先韩日。如表 4 – 13 所示。

表 4 – 13　2016 年世界造船三大指标

| | | 世界 | 中国 | 韩国 | 日本 |
|---|---|---|---|---|---|
| 2016 年造船完工量 | 万载重吨 | 9997 | 3594 | 3630 | 2185 |
| | 占比重（%） | 100 | 36.0 | 36.3 | 21.9 |
| | 万修正总吨 | 3445 | 1103 | 1221 | 702 |
| | 占比重（%） | 100 | 32.0 | 35.4 | 20.4 |
| 2016 年新接订单量 | 万载重吨 | 2742 | 1617 | 582 | 410 |
| | 占比重（%） | 100 | 59.0 | 21.2 | 15.0 |
| | 万修正总吨 | 1123 | 403 | 175 | 130 |
| | 占比重（%） | 100 | 35.9 | 15.6 | 11.6 |
| 2016 年底手持订单量 | 万载重吨 | 22332 | 9595 | 5028 | 5919 |
| | 占比重（%） | 100 | 43.0 | 22.5 | 26.5 |
| | 万修正总吨 | 8621 | 3049 | 1989 | 2007 |
| | 占比重（%） | 100 | 35.4 | 23.1 | 23.3 |

资料来源：英国克拉克松研究公司，转引自中国船舶工业行业协会官网，http://www.cansi.org.cn/index.php/Information/detail/id/517.html。

韩国《朝鲜日报》引自英国克拉克松公司的最新报告显示，2017 年上半年，韩国造船企业新船订单为 256 万 CGT，占全球份额 34%，排位世界第一。其中，现代重工集团新接订单 73 艘（油船 61 艘、气体船 4 艘、滚装船 4 艘、LEG 运输船 4 艘），共计 42 亿美元，是 2016 年同期新订单金额的 4 倍；三星重工新接订单 13 艘（油船 8 艘、LNG 船 2 艘、FLNG 1 艘、FPU 1 艘），共计 48 亿美元；大宇造船海洋新接订单 7 艘（LNG 船 2 艘、VLCC 5 艘），共计 7.7 亿美元。[①]

根据韩国造船业与成套设备协会的行业统计，2015 年底，该行业雇员 181239 人，比上年同期增加了约 4000 人。韩国造船业雇员变化见图 4–2。

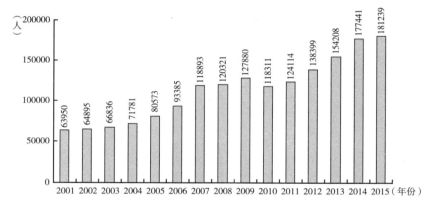

**图 4–2　2001～2015 年韩国造船业雇员变化**

## 四　汽车工业

与钢铁工业、造船工业一样，韩国的汽车工业在短短数十年的时间里书写了一个白手起家、后来居上的神话，形成了现代汽车、大宇汽车、双龙汽车这样的跨国汽车公司，也创造出具有国际影响力的自主品牌，这在后发现代化国家中相当难得。韩国汽车工业协会的统计资料显示，2015

---

① 韩国《朝鲜日报》网站，http：//news.chosun.com/site/data/html _ dir/2017/07/04/2017070401882.html。

年韩国的汽车销售量为 4565886 台，比上年增加 0.9%，其中内需 1589393 台，比上年增加 8.6%，出口 2976493 台，比上年减少 2.8%，2015 年汽车工业出口金额 458.1 亿美元，比上年减少 6.4%。2015 年韩国汽车总生产量 4555957 台，比上年增加 0.7%。[①] 韩国汽车业近年来的生产销售情况见表 4-14。

表 4-14 2010~2017 年韩国汽车业生产、内需与出口概况

单位：千台

| 年 份 | 生 产 | 内 需 | 出 口 |
|---|---|---|---|
| 2010 | 4271 | 1465 | 2772 |
| 2011 | 4657 | 1474 | 3151 |
| 2012 | 4557 | 1410 | 3170 |
| 2013 | 4521 | 1383 | 3089 |
| 2014 | 4524 | 1463 | 3063 |
| 2015 | 4556 | 1589 | 2976 |
| 2016 | 4228 | 600 | 2621 |
| 2017 年 1~6 月 | 2163 | 785 | 1325 |

资料来源：韩国汽车工业协会网站，http://www. kama. or. kr/InfoController。

韩国的汽车工业如何一路走来？追根溯源，始建于 1944 年 12 月的起亚汽车公司是韩国的第一家汽车企业，整个汽车工业的真正萌芽源于 50 年代朝鲜战争期间和其后出现的大批服务美军的汽车修理店，其中就有后来的汽车产业巨头——现代汽车公司。尽管战后重建和经济恢复对汽车有强烈的需求，但韩国的汽车产业长期处于修理、改装朝鲜战争时期淘汰的破旧汽车及用进口零部件组装汽车的阶段。朴正熙政府时期，汽车产业的发展迎来了新的机遇。1962 年，韩国政府制订了汽车工业发展计划，在政府的扶持和引导下，新国、新进、亚细亚、现代等汽车厂先后建立，它们通过与国外汽车公司的合作，从国外进口半成品和零部件，由韩国工人

---

① 韩国汽车工业协会网站，http://www. kama. or. kr/NewsController? cmd = V& boardmaster_ id = Produce&board_ id = 634&menunum = 0003&searchGubun = &searchValue = &pagenum = 2。

进行汽车组装。韩日邦交正常化后，日本成为韩国汽车业的主要合作伙伴和技术资金来源地。1966 年，新进汽车工业株式会社（后发展成为大宇汽车）与日本丰田公司合作，生产 1500 毫升的"CORONA"汽车。1973 年，起亚汽车与日本马自达公司进行技术合作，组装生产马自达汽车，畅销韩国汽车市场。

欧美汽车公司也是韩国汽车业的重要合作伙伴。新进汽车曾与美国通用汽车合作，开始批量生产通用公司的两款 1700 毫升的车型。亚细亚汽车公司于 1970 年与意大利的菲亚特公司合作，开始生产 1200 毫升的车型。现代汽车公司曾与福特进行技术合作，于 1968 年开始组装生产 1600 毫升的一款车。

经过长期与世界主要汽车生产商的磨合与接触，韩国汽车在 20 世纪 70 年代开始尝试自主开发新产品。1974 年，现代汽车首次开发成功 1300 毫升的波尼车，据称这是一件典型的国际化产品：意大利设计师执笔、搭配日本三菱发动机、韩国制造。新下线的轿车于 1976 年被首次出口至遥远的厄瓜多尔，开韩国汽车进军国际市场的先河。到 1979 年，韩国生产汽车已突破 20 万辆大关，出口也达 3 万多辆。在此基础上，韩国的汽车业开始走出模仿复制的阶段，自主开发的能力逐步增强。截至 1999 年 5 月 12 日，韩国出口汽车达到 1000 万辆，韩国汽车工业协会建议将 5 月 12 日定为韩国的"汽车日"，以此来激励汽车业继续发展壮大。

1997 年的亚洲金融危机，迫使韩国迅速扩张起来的汽车业重新洗牌。除了现代汽车以外，其他汽车厂商均在 1998 年以后成为大规模结构调整的对象，上演了重组、并购的一场大戏。1999 年 3 月现代汽车收购起亚汽车，并相继于同年 4 月和 7 月合并了现代服务株式会社及现代精工株式会社，成立了现代汽车集团。大宇汽车 1998 年收购了双龙汽车，却于 1999 年成为韩国政府及金融机构共同的监控对象。2002 年，美国通用汽车公司与大宇汽车签订协议，成立新公司 GM 大宇 A&T，正式接手大宇汽车。双龙汽车则在 1999 年年底从大宇汽车分离出来，2004 年被中国的上海汽车公司收至麾下。三星汽车于 2000 年 4 月被法国雷诺汽车收购后成立雷诺三星汽车公司。

重组之后的韩国汽车业呈现强大的国际竞争力，特别是作为领头羊的现代汽车，加快实现在国外的本地化生产。目前，现代汽车在印度、中国、美国、斯洛伐克等国都建有汽车厂。2002 年现代汽车大举进军中国市场，当年 10 月成立北京现代汽车有限公司，到 2008 年 2 月，北京现代第 100 万辆汽车下线，仅用 5 年的时间北京现代就成了中国汽车企业百万辆俱乐部的成员，发展之迅猛令人赞叹。当前，北京现代拥有坐落于北京市顺义区的三座整车生产工厂、三座发动机生产工厂和一座技术中心，整车年生产能力达到 105 万辆。在中国"京津冀协同发展""长江经济带发展"的国家战略指引下，2015 年，北京现代先后启动建设河北沧州工厂和重庆工厂项目，两座新工厂全部投产后，北京现代年产能将突破 165 万辆。① 现代汽车在中国市场的成功是其强劲发展势头的重要例证。

## 五 电子工业

信息技术的发展为韩国制造业结构的再次升级提供了契机。韩国政府和企业不断增加对信息技术领域的投资。近年来，韩国电子工业的国际竞争力逐步增强，个别产品的研究和开发已经处于国际领先水平。三星电子、LG 电子是韩国电子工业的引领者。

根据韩联社的报道，2016 年韩国三星电子营业收入为 201.87 万亿韩元，同比增长 0.6%，连续 5 年突破 200 万亿韩元。当年实现利润 29.2 万亿韩元（约合 250 亿美元），比 2015 年增长 10.7%。②

据报道，2016 年 LG 电子销售额为 55.37 万亿韩元，同比减少 2%。营业利润同比增长 12.2%，为 1.34 万亿韩元（约合 11.5 亿美元）。③

---

① 北京现代汽车有限公司网站，http：//pr. beijing – hyundai. com. cn/Company. html。
② 韩联社网站，http：//english. yonhapnews. co. kr/search1/2603000000. html？cid = AEN2017 0124002251320。
③ 韩联社网站，http：//chinese. yonhapnews. co. kr/allheadlines/2017/01/06/0200000000 ACK 20170106004400881. HTML。

# 第五节　服务业

韩国第三产业发展迅速，是国民经济的重要支柱。2016 年 9 月 13 日韩国统计厅发布的最新数据显示，2016 年 8 月韩国就业人数 2652.8 万人，其中在农林渔业等第一产业就业人数占比 5.3%；在制造业、建筑业等第二产业就业人数占比 23.8%；在运输、批发零售、酒店餐饮、金融保险、教育服务等第三产业就业人数占比 69.8%；包括矿业、电气、天然气等其他领域的就业占 1.1%。

## 一　旅游业

韩国国土面积不大，风景秀丽，分布着众多文化和历史遗产，加之韩流文化的影响，近年来，韩国成为东北亚重要的旅游目的地国。海外游客变化情况如表 4 - 15 所示。

表 4 - 15　2000～2016 年韩国海外游客变化情况

| 年度 | 游客数（人次） | 年增长（%） | 年度 | 游客数（人次） | 年增长（%） |
|---|---|---|---|---|---|
| 2000 | 5321792 | 14.2 | 2009 | 7817533 | 13.4 |
| 2001 | 5147204 | - 3.3 | 2010 | 8797658 | 12.5 |
| 2002 | 5347468 | 3.9 | 2011 | 9794796 | 11.3 |
| 2003 | 4752762 | - 11.1 | 2012 | 11140028 | 13.7 |
| 2004 | 5818138 | 22.4 | 2013 | 12175550 | 9.3 |
| 2005 | 6022752 | 3.5 | 2014 | 14201516 | 16.6 |
| 2006 | 6155046 | 2.2 | 2015 | 13231651 | - 6.8 |
| 2007 | 6448240 | 4.8 | 2016 | 17241823 | 30.3 |
| 2008 | 6890841 | 6.9 | | | |

资料来源：韩国观光公社网站，http：//kto. visitkorea. or. kr/kor/notice/data/statis/profit/board/view. kto？ id = 423699&isNotice = true&instanceId = 294&rnum = 0。

据韩联社报道，受中东呼吸综合征（MERS）疫情的影响，2015 年访韩外国游客人数 12 年以来首次出现下跌。韩国观光公社（韩国旅游发展局）发布的"2015年12月观光统计"资料显示，2015年访韩外国游客为1323.2万人次，同比减少6.8%。其中，中国游客为598.4万人次，同比减少2.3%。[1]

韩国观光公社的数据显示，2016年访韩游客中，有806.7万人次来自中国大陆，83.3万人次来自中国台湾，65.1万人次来自中国香港，中国游客占访韩外国游客的55.4%。2016年的访韩外国游客中，有229.8万人次来自日本，来自美国的游客86.6万人次。[2]

总体来看，由于韩国人出访其他国家较多，海外旅游消费金额较大。韩国旅游业收支总体呈现逆差状态。2015年，韩国旅游业收支逆差100.6亿美元，对中国旅游收支顺差69亿美元。如表4-16韩国旅游业收支概览所示。

表4-16 1998~2015年韩国旅游业收支概览

单位：百万美元

| | 1998 | 2000 | 2005 | 2010 | 2015 |
|---|---|---|---|---|---|
| 中 国 | -205.3 | -701.1 | -1553.7 | -409.6 | 6902.4 |
| 中南美 | 139.2 | -34.4 | -18.2 | -64.6 | -149.1 |
| 其 他 | 291.2 | 9.8 | -2022.0 | -1873.3 | -2640.3 |
| 欧 盟 | 93.7 | -319.4 | -885.3 | -952.1 | -3264.1 |
| 日 本 | 2446.1 | 2145.3 | -535.6 | 848.6 | -1892.4 |
| 中 东 | 112.9 | -49.9 | -55.0 | -102.9 | -36.3 |
| 东南亚 | 249.4 | -561.2 | -1265.3 | -1994.4 | -3639.1 |
| 美 国 | 311.0 | -786.7 | -3265.2 | -3889.5 | -5336.7 |
| 总 计 | 3438.2 | -297.6 | -9600.3 | -8437.8 | -10055.6 |

资料来源：韩国统计厅网站，http：//kosis. kr/statisticsList/statisticsList_ 01List. jsp? vwcd = MT_ ZTITLE&parentId = N#SubCont。

[1] 韩联社网站，http：//chinese. yonhapnews. co. kr/newpgm/9908000000. html? cid = ACK 20160119000700881。
[2] 韩国观光公社网站，http：//kto. visitkorea. or. kr/kor/notice/data/statis/profit/board/view. kto? id = 423699&isNotice = true&instanceId = 294&rnum = 0。

## 二　交通运输业

韩国陆、海、空交通运输均较发达。近年来，随着经济的发展，交通运输量迅速增长。全国已建成发达的铁路网和高速公路网。2004 年，连接首尔和釜山的京釜高速铁路（KTX）、连接首尔和木浦的湖南高速铁路同时开通运行，韩国成为世界上第五个拥有高速铁路的国家。高速铁路的建成有望缓解公路交通的拥挤状况，将首都至釜山和湖南地区的时间大大缩短，不仅使公众的出行更加便利，也对韩国的经济、社会、政治等方方面面产生了重要影响。

韩国地铁总长 548 公里。其中首尔 327.9 公里，在世界主要城市中位居前列。首尔的地下铁路系统是全国最大的地铁系统，1 号线于 1974 年开通运行，发展到现在有 1～8 号线、盆唐线等多条地铁线路，纵横交错，四通八达，地铁已经成为首都市民主要的交通工具之一，每天运送乘客约 700 万人次。釜山、大邱、仁川、光州等也有地铁。

韩国公路总长约 10.5 万公里，其中高速公路 4139 公里。登记的汽车有 2012 万辆。首尔至全国各道均有高速公路相通，均可在一日之内到达。1968 年建成的首尔—仁川高速公路全长 24 公里，是韩国第一条现代高速公路。两年后，425 公里长的京釜高速公路竣工，标志着韩国在建设和扩大其现代化交通网络方面向前跨进了一大步。京釜高速公路是韩国公路交通的大动脉，为韩国经济的发展立下了汗马功劳。有了密集的高速公路网和庞大的汽车保有量，韩国已经成为"车轮上的国家"。

水运方面，韩国有众多的集装箱船行驶在通向南美、北美、欧洲、澳大利亚、中东和非洲的航线上。1996 年，政府将设立于 1976 年的韩国海运和港务管理局提升为海洋水产部。这一改变反映了海洋运输在国民经济发展中日益重要的地位。该部现在是负责促进海运业务发展的主要政府部门。海上运输主要用于对外贸易。现有 20 余个贸易港，包括仁川、群山、木浦、釜山、浦项、济州、丽水等。韩国水路客运也较发达。

航空运输方面，目前，韩国同世界各地 80 多个国家和地区签有航空协定，开通国际航线 324 条，可飞往 30 多个国家、90 多个城市。① 国内方面，大韩航空公司和韩亚航空公司在主要城市间开通了航班，包括首尔、釜山、济州、大邱、光州、晋州、原州、清州、丽水、蔚山、木浦、浦项等；国内城市间航班飞行时间都在一个小时左右，非常方便快捷。

在韩国 10 万平方公里的土地上，有 8 个国际机场、20 个国内航线机场，机场密度在世界范围内都可能算比较高的。

### 三 通信业

1885 年 9 月建成的从首尔到西海岸城市仁川的一条 30 公里长的电报线是韩国最早的现代通信设施。电报服务逐渐替代了过去远距离通信的主要手段——烽火。1896 年，王宫内装了韩国第一批电话。民用电话于 1902 年引入韩国。1924 年，首尔和中国沈阳间开通了国际电话。直到 1962 年，韩国的五年通信计划才展示出一个比较完备的现代通信基础设施的前景。到 1979 年年末，全国有 24 万电话用户，平均每 100 人有 6.3 部电话。1982 年，政府设立了韩国电信（KT），从通信部手中接管了电报和电话业务。由于对研发项目积极投资，1986 年韩国已成为世界上第十个开发出 TDX-1 电子交换系统的国家。利用这一技术，韩国每年可增加 100 万条电话线路。1987 年，韩国的电话线路已经超过 1000 万条，实际上每户都有一部电话。从这一年起，用户有了国际直拨服务。到 2000 年年底，韩国的电话线路已经达到 2900 万条，共有 2200 万用户。每 100 人平均电话数已增加到 58 部，所有电话线路均由自动交换系统连接。韩国自 1984 年开通移动通信业务后，移动电话用户在 80 年代不断增加。2001 年以后，韩国固定电话用户数增长有限，但是移动电话用户数从 2001 年的 2906 万爆炸式地增加到 2004 年的 3658 万，几乎每个 12 岁以上的人都有一部手机。随着移动电话用户的增加，移动通信服务也从简单地传送语音或短信发展为提供数据、无线上网和流式图像服务。

2017 年 2 月 20 日，韩国未来创造科学部和韩国互联网振兴院

---

① 中国外交部网站，www.fmprc.gov.cn。

（KISA）发表的"互联网利用实况调查"显示，2000年韩国家庭台式电脑和笔记本电脑的保有率为71.0%，其后迅速增加至2001年的76.9%，2012年达到峰值82.3%，之后逐年下降。2016年，韩国家庭电脑保有率为75.3%，这是2001年以来的最低水平。

与个人电脑保有率下降的趋势不同，近年来韩国智能手机的利用率明显上升。2013年以后，韩国最主要的通信工具是智能手机。以家庭计，2013年韩国家庭智能手机保有率为79.7%，2014年为84.1%，2015年为86.4%。2016年，韩国家庭智能手机保有率达到88.5%，数字电视保有率为82.2%。65岁以上高龄层与其他人群之间存在很大差异。2016年，韩国65岁以上高龄层智能手机保有率为31.7%，而65岁以下年龄层为93.9%。

从互联网利用率来看，对3岁以上韩国人统计显示，过去一个月内使用互联网一次以上的人占到88.3%，远高于2006年（74.1%）和2011年（78.0%）。与此同时，65岁以上高龄层与其他年龄层在互联网用途上也有很大的差异，社交媒体（SNS）使用率17.3%对68.3%，移动电子游戏9.6%对52.4%，网购6.4%对60.9%，互联网金融7.1%对61.0%，等等。在即时通信方面，高龄层和其他人群的差异相对不那么大。调查显示，高龄层的即时通信利用率为61.4%，低于其他人群（94.6%），可能是受到"KAKAO TALK"等社交媒体的影响。65岁以上高龄层互联网利用率从2011年的13.4%迅速增加至2016年的38.4%，使用者人数从74.2万增加至263.6万。①

韩国在互联网和智能手机利用率方面居世界前列。美国皮尤调查中心2016年2月22日发布的针对40个国家、45435名成人进行的2015年互联网和手机使用情况调查显示，韩国成人智能手机保有率高达88%，比世界平均值43%高出一倍多。韩国成人互联网利用率达到94%，居世界最高。②

SK公司是韩国著名企业，从服装起步，以化学立命，在通信业发展

---

① 韩联社网站，http：//www.yonhapnews.co.kr/bulletin/2017/02/20/0200000000AKR2017 0220187100017.HTML？input=1179m。

② 皮尤中心统计数据，转引自韩国TV DAILY网站，http：//tvdaily.asiae.co.kr/read.php3？ aid=14562196281078243016。

迅速。1953 年 10 月，崔钟健成立鲜京纺织品株式会社，经营纺织品、服装等。60 年代，崔钟贤加入公司，鲜京在新型面料、聚酯纤维等领域内获得成功，并成功打入国际市场。1973 年鲜京石油成立，1980 年收购了大韩石油公司，90 年代初大规模的石油化学车间竣工，完成了从石油到纤维的专业垂直系列化转变。为了保证原油供应的稳定，1983 年起 SK 开始积极开发海外油田，参与世界各地的石油开发事业，目前参与了 11 个国家的 9 个油田的开发。80 年代中期，SK 开始涉足信息通信领域，奠定了综合信息通信事业的基础。1996 年，SK 成功地将 CDMA 方式的数据移动电话推向市场，使韩国跻身通信强国的行列。进入 21 世纪，SK 为主导数字化融合时代的潮流，开发了以无线网络为中心的新兴产业。2004 年成功发射 DMB 卫星，将利用卫星的多媒体服务推向市场，开创了无论何时何地都可以全面利用信息的"无处不在"时代。SK 是韩国迈向更强大的信息、通信强国的重要支撑。

在企业经营之外，SK 于 1974 年成立了韩国高等教育财团，资助学生到国外著名的大学攻读博士学位，并设立各种奖学金项目，旨在培养优秀人才、促进学术交流与发展，在韩国国内有很大的影响。2000 年，财团成立国际交流项目，邀请亚洲地区著名大学和研究机构的学者赴韩国进行学术研究。截至 2016 年，共有约 600 名中国学者参加了此学术交流项目。高等教育财团和亚洲 6 个国家的 12 所大学合作设立了亚洲研究中心，通过学术交流及加强亚洲各国学者的研究力量，促进亚洲各国的学术发展和相互了解，为亚洲的繁荣与合作做出贡献。韩国高等教育财团在中国举办了众人瞩目的"北京论坛""上海论坛""南京论坛""图们江论坛""山东论坛"等学术盛会。

## 第六节　对外经济关系

出口导向是韩国经济发展最重要的特点。数十年来，韩国不断拓展国际市场，不断提高产品、技术和服务的竞争力，最终成为国际市场上的重要一员。

## 一 对外贸易

韩国对外经济关系的发展经历了三个重要的阶段,这三个阶段的划分是与韩国的外交相一致的。第一个阶段是从光复到 20 世纪 60 年代中期,其间韩国严重地依赖美国的经济援助,对外经济关系也是以美国为核心。第二个阶段是 1965~1992 年。韩日邦交正常化以后,日本市场的重要性开始凸显,对美国和日本两国的贸易在 1965 年占到韩国对外贸易的 73%,可见其对两国市场的严重依赖。随着欧洲以及其他国际市场的开拓,韩国产品的国际市场涉及地域更加广泛,对美国和日本市场的依赖逐步降低。第三个阶段是从 1992 年至今。1992 年中韩建交是影响韩国对外经济关系的一件大事。中韩建交后,韩国对中国的出口猛增。经过短短 12 年的发展,2004 年中国成为韩国最重要的贸易伙伴和投资市场,韩国的对外经济关系呈现多元化的格局。2015 年,韩国对华出口 1205.5 亿美元,占其出口总额的 22.2%。韩国对华贸易 2015 年实现贸易顺差 467.3 亿美元,占其贸易顺差总额的 44.1%。1998~2015 年韩国对外贸易收支情况见表 4-17 至表 4-20。

中国、美国、日本是韩国最重要的贸易伙伴。2015 年,韩国对上述三个国家的出口占其总出口额的 44.1%,可见三国对于韩国对外经济关系的重要性。

表 4-17　1998~2015 年韩国经常项目收支概览

单位:百万美元

| 年　份 | 1998 | 2000 | 2005 | 2010 | 2015 |
|---|---|---|---|---|---|
| 中　　国 | 2757.8 | 1455.2 | 12701.4 | 35390.7 | 46730.6 |
| 中南美 | 7044.7 | 5008.3 | 7463.8 | 18115.1 | 13260.6 |
| 其　　他 | 7882.6 | -696.5 | 4759.7 | 1455.4 | 12888.4 |
| 欧　　盟 | 8542.5 | 8991.7 | 14016.2 | 734.7 | -7467.8 |
| 日　　本 | -1633.5 | -8441.5 | -22453.2 | -32660.5 | -19080.2 |
| 中　　东 | -3779.8 | -17377.5 | -32005.3 | -44431.8 | -34712.5 |
| 东南亚 | 15518.4 | 11638.0 | 16195.8 | 36567.3 | 61288.1 |
| 美　　国 | 3724.2 | 9866.6 | 11976.4 | 13679.5 | 33032.4 |
| 总　　计 | 40056.9 | 10444.3 | 12654.8 | 28850.4 | 105939.6 |

资料来源:韩国统计厅网站,http://kosis.kr/statisticsList/statisticsList_01List.jsp? vwcd = MT_ZTITLE&parentId = N#SubCont。

表 4 – 18    1998～2015 年韩国出口概览

单位：百万美元

| 年　份 | 1998 | 2000 | 2005 | 2010 | 2015 |
|---|---|---|---|---|---|
| 中　国 | 11156.6 | 16440.3 | 53068.3 | 100361.5 | 120545.8 |
| 中南美 | 8979.1 | 8221.8 | 14709.4 | 32603.1 | 28746.4 |
| 其　他 | 22023.0 | 19566.0 | 38402.9 | 56511.5 | 66146.6 |
| 欧　盟 | 19633.7 | 25115.6 | 48274.0 | 56831.1 | 58961.9 |
| 日　本 | 12072.0 | 20450.4 | 24596.9 | 30260.9 | 27963.1 |
| 中　东 | 6486.5 | 7787.2 | 11691.2 | 27753.7 | 31250.1 |
| 东南亚 | 25538.0 | 34509.9 | 49770.0 | 96659.0 | 118562.0 |
| 美　国 | 21650.1 | 37432.4 | 44741.4 | 62788.8 | 90705.3 |
| 总　计 | 127539.0 | 169523.6 | 285254.1 | 463769.6 | 542881.2 |

资料来源：韩国统计厅网站，http：//kosis. kr/statisticsList/statisticsList_ 01 List. jsp? vwcd = MT_ ZTITLE&parentId = N#SubCont。

表 4 – 19    1998～2015 年韩国服务业收支概览

单位：百万美元

| 年　份 | 1998 | 2000 | 2005 | 2010 | 2015 |
|---|---|---|---|---|---|
| 中　国 | – 325.3 | – 678.5 | – 658.9 | 862.7 | 5753.0 |
| 中南美 | 436.5 | 170.4 | 593.6 | 1608.0 | 1230.0 |
| 其　他 | 674.3 | – 59.8 | – 1728.9 | 321.4 | – 1136.3 |
| 欧　盟 | – 683.2 | – 1153.2 | – 4654.7 | – 9759.9 | – 9383.8 |
| 日　本 | 2141.2 | 1952.2 | – 926.2 | 564.7 | – 1021.9 |
| 中　东 | 427.5 | – 19.8 | 1845.2 | 5588.0 | 2889.4 |
| 东南亚 | 896.6 | 713.7 | 0.0 | – 625.8 | 839.4 |
| 美　国 | – 788.1 | – 1897.7 | – 3600.4 | – 12797.5 | – 14086.6 |
| 总　计 | 2779.5 | – 972.7 | – 9130.3 | – 14238.4 | – 14916.8 |

资料来源：韩国统计厅网站，http：//kosis. kr/statisticsList/statisticsList_ 01 List. jsp? vwcd = MT_ ZTITLE&parentId = N#SubCont。

表 4 - 20　1998 ~ 2015 年韩国知识产权使用费收支概览

单位：百万美元

| 年　份 | 1998 | 2000 | 2005 | 2010 | 2015 |
|---|---|---|---|---|---|
| 中　国 | 56. 4 | 271. 9 | 503. 6 | 1067. 5 | 1675. 7 |
| 中南美 | - 0. 4 | 10. 9 | 4. 7 | - 0. 8 | 89. 0 |
| 其　他 | - 19. 5 | - 93. 1 | - 106. 7 | 115. 4 | 498. 3 |
| 欧　盟 | - 415. 9 | - 401. 3 | - 796. 2 | - 1509. 2 | - 1410. 3 |
| 日　本 | - 517. 6 | - 565. 6 | - 415. 1 | - 935. 6 | - 480. 6 |
| 中　东 | 5. 2 | - 16. 0 | - 27. 7 | - 54. 4 | 39. 4 |
| 东南亚 | 50. 3 | 115. 9 | 266. 9 | 305. 8 | 1616. 8 |
| 美　国 | - 1331. 4 | - 1921. 5 | - 2113. 9 | - 4983. 2 | - 5885. 3 |
| 总　计 | - 2172. 9 | - 2598. 8 | - 2684. 4 | - 5994. 5 | - 3857. 0 |

资料来源：韩国统计厅网站，http：//kosis. kr/statisticsList/statisticsList_ 01List. jsp？vwcd = MT_ ZTITLE&parentId = N#SubCont。

同时，自 1965 年以来，韩国对日贸易一直处于逆差，主要原因是韩日两国工业增长方式和贸易产品相似，但韩国产品和服务竞争力稍逊于日本，韩国从日本进口大量的高技术产品与核心部件，这就使韩国对日本进口远大于出口，形成持续高逆差的贸易态势。金融危机后，韩国的对外贸易总体上逐步呈现顺差的态势，且顺差额增长迅速。目前，由于对中国市场信息产业相关产品的出口量剧增，韩国对华贸易呈现巨额顺差，为韩国对外贸易顺差贡献了最大的份额。

韩国对外贸易的发展，除了体现在高速增长的贸易额上外，还突出体现在出口产品的变化上。20 世纪 60 年代，韩国主要的出口产品为丝绸、渔产品、动物油、胶合板、纺织品、服装等，到 70 年代电子产品的出口增加，80 年代主要的出口产品转向电子、钢铁、汽车、船舶、机械等，90 年代韩国在 80 年代主要产品上的优势得到加强。近年来，随着电子产业的发展，韩国数码产品的出口猛增，成为重要的出口增长点。

## 二　外国直接投资

20 世纪 60 年代和 70 年代，韩国的外国资本流入主要是借款和援助，外国直接投资仅占一小部分。80 年代起，韩国逐步放宽外商投资限制，但与其经济规模相比，仍然偏低。金融危机爆发后，韩国政府加大吸引外资力度，改善投资环境。加上韩元贬值、部分国有企业的私有化等因素的共同影响，1999 年韩国吸引外资比 1998 年激增 75.5%，达到 155.5 亿美元，是阶段性的高峰。其后出现了逐年下滑的态势，2000 年为 152.6 亿美元，2001 年为 112.9 亿美元，2002 年为 90.9 亿美元。到 2003 年只有 64.7 亿美元，低于 1997 年金融危机时的水平。2001 年以后外国直接投资大幅降低，与世界经济不景气以及 "9·11" 恐怖袭击有关。从 1962 年到 2007 年，韩国累计吸引外国直接投资 1372 亿美元，其中 1998 ~ 2007 年接受了 1126 亿美元。[1] 2012 年，韩国吸引外国直接投资恢复到 2000 年的水平，达到 162.9 亿美元。到 2015 年，韩国当年吸引外国直接投资达到 209.1 亿美元。从投资领域来看，2015 年外国对韩投资主要集中在服务业，投资额 147.3 亿美元，占比 70.4%（见表 4 - 21）。

表 4 - 21 1996 ~ 2015 年韩国接受外国投资情况

单位：百万美元

| 年 份 | 1996 | 1997 | 1998 | 1999 | 2000 | 2001 | 2002 | 2003 | 2004 | 2005 |
|---|---|---|---|---|---|---|---|---|---|---|
| 全 体 | 3204 | 6971 | 8858 | 15545 | 15256 | 11286 | 9093 | 6469 | 12786 | 11563 |
| 制造业 | 1673 | 2508 | 5835 | 8356 | 6877 | 2911 | 2337 | 1698 | 6211 | 3075 |
| 服务业 | 1222 | 4362 | 2591 | 6796 | 8121 | 7230 | 5122 | 4132 | 6141 | 8301 |
| 年 份 | 2006 | 2007 | 2008 | 2009 | 2010 | 2011 | 2012 | 2013 | 2014 | 2015 |
| 全 体 | 11233 | 10509 | 11712 | 11484 | 13071 | 13673 | 16286 | 14548 | 19003 | 20910 |
| 制造业 | 4243 | 2688 | 3007 | 3725 | 6657 | 5657 | 6097 | 4648 | 7649 | 4565 |
| 服务业 | 6622 | 7612 | 8388 | 7595 | 6302 | 7269 | 9602 | 9848 | 11188 | 14731 |

资料来源：韩国产业通商资源部《外国人直接投资统计》，산업통상자원부「외국인직접투자통계 (승인통계 11520)」，见韩国统计厅网站，http：//www. index. go. kr/potal/stts/idxMain/selectPoSttsIdxSearch. do？idx_ cd =1140。

———————————

[1] 韩国统计厅网站，http：//www. index. go. kr/potal/main/EachDtlPageDetail. do？idx_ cd = 1140。

## 三　对外直接投资

在接受外国投资的同时，韩国企业也走出国门，积极对外投资。韩国的对外投资波动较大，但总体来看，增长的趋势明显。1980 年（含 1980年）之前，韩国企业的对外投资累计仅有 1.5 亿美元，1981 年韩国对外投资 0.57 亿美元。1990 年增长到 10.7 亿美元，2000 年超过 50 亿美元大关，达到 52.9 亿美元。2006 年突破 100 亿美元，达到 118.8 亿美元。

从投资的区域来看，韩国的对外投资主要集中在亚洲和北美。2015年，韩国海外投资 271.8 亿美元，其中对亚洲的投资额为 110.5 亿美元，占 40.7%；对北美的投资为 61.7 亿美元，占 22.7%。对上述两地的投资所占比重超过六成（见表 4－22）。

表 4－22　1980～2015 年韩国对外投资主要目的地概览

单位：千美元

| 年　份 | ~1980 | 1981 | 1982 | 1983 | 1984 | 1985 | 1986 | 1987 | 1988 |
|---|---|---|---|---|---|---|---|---|---|
| 亚　洲 | 49535 | 5489 | 21613 | 28466 | 10284 | 17861 | 94062 | 132265 | 60005 |
| 北　美 | 32725 | 33451 | 42188 | 108689 | 19016 | 26813 | 80638 | 188603 | 95829 |
| 中南美 | 4878 | 978 | 1061 | 312 | 739 | 2858 | 2720 | 4226 | 14209 |
| 欧　洲 | 5210 | 1503 | 2152 | 12610 | 1016 | 38812 | 5581 | 6843 | 15443 |
| 大洋洲 | 4975 | 11248 | 41621 | 15796 | 11860 | 16092 | 52854 | 6149 | 3226 |
| 中　东 | 22608 | 3408 | 6610 | 2624 | 6691 | 10299 | 80249 | 70908 | 41213 |
| 非　洲 | 25265 | 919 | 593 | 416 | 580 | 231 | － | 622 | 1450 |
| 合　计 | 145196 | 56995 | 115837 | 168913 | 50186 | 112966 | 316105 | 409616 | 231374 |
| 年　份 | 1989 | 1990 | 1991 | 1992 | 1993 | 1994 | 1995 | 1996 | 1997 |
| 亚　洲 | 128126 | 365875 | 551730 | 568459 | 662875 | 1190704 | 1764043 | 1941249 | 1923681 |
| 北　美 | 283414 | 454814 | 454852 | 403825 | 416287 | 566556 | 584159 | 1601534 | 901390 |
| 中南美 | 55928 | 66812 | 41595 | 36504 | 44197 | 54898 | 125690 | 288430 | 276396 |
| 欧　洲 | 19137 | 81971 | 172386 | 215027 | 175217 | 375538 | 641475 | 600727 | 485152 |
| 大洋洲 | 44829 | 32483 | 22741 | 23566 | 34687 | 24887 | 39431 | 72772 | 141864 |
| 中　东 | 31648 | 40275 | 58569 | 75250 | 85692 | 38275 | 31621 | 26484 | 71611 |
| 非　洲 | 8341 | 26520 | 18008 | 29069 | 30683 | 113517 | 41599 | 22172 | 106837 |
| 合　计 | 571422 | 1068749 | 1319882 | 1351700 | 1449638 | 2364376 | 3228019 | 4553367 | 3906929 |

续表

| 年 份 | 1998 | 1999 | 2000 | 2001 | 2002 | 2003 | 2004 | 2005 | 2006 |
|---|---|---|---|---|---|---|---|---|---|
| 亚 洲 | 2010572 | 1315219 | 1710711 | 1472340 | 1909994 | 2651111 | 3611224 | 4345294 | 6455432 |
| 北 美 | 993564 | 1426620 | 1474891 | 1574409 | 621550 | 1098652 | 1435513 | 1296824 | 2283019 |
| 中南美 | 260328 | 255944 | 1505334 | 122110 | 297833 | 613934 | 614023 | 562390 | 1092430 |
| 欧 洲 | 1269675 | 303079 | 313849 | 2130861 | 1078239 | 259077 | 730662 | 661305 | 1233104 |
| 大洋洲 | 137366 | 69451 | 90231 | 20793 | 78435 | 91945 | 76190 | 154340 | 207737 |
| 中 东 | 27643 | 5124 | 34025 | 27013 | 48645 | 26724 | 37149 | 132232 | 397740 |
| 非 洲 | 99665 | 26325 | 157384 | 17760 | 22112 | 29186 | 47812 | 129751 | 206766 |
| 合 计 | 4798813 | 3401762 | 5286426 | 5365285 | 4056808 | 4770629 | 6552573 | 7282137 | 11876228 |
| 年 份 | 2007 | 2008 | 2009 | 2010 | 2011 | 2012 | 2013 | 2014 | 2015 |
| 亚 洲 | 12038178 | 11882629 | 7119332 | 10174700 | 11036483 | 11479853 | 11180509 | 8963726 | 11053409 |
| 北 美 | 3759743 | 5276870 | 6018933 | 4681067 | 8639333 | 6440590 | 6389322 | 6636769 | 6167086 |
| 中南美 | 1273065 | 2095438 | 989993 | 2225581 | 2621465 | 3409517 | 3372725 | 4253378 | 4589781 |
| 欧 洲 | 4465212 | 3405273 | 5337808 | 6186460 | 4390880 | 4192214 | 5371650 | 3767375 | 2744791 |
| 大洋洲 | 543474 | 776493 | 548597 | 778771 | 1549785 | 2349001 | 3282044 | 1939815 | 983770 |
| 中 东 | 368441 | 264368 | 321581 | 306936 | 473242 | 302765 | 374443 | 1122518 | 1512995 |
| 非 洲 | 238919 | 320246 | 373603 | 284329 | 371700 | 366542 | 222046 | 315206 | 128278 |
| 合 计 | 22687030 | 24021318 | 20709847 | 24637846 | 29082887 | 28540481 | 30192739 | 26998787 | 27180110 |

资料来源：韩国统计厅网站，http：//kosis. kr/statisticsList/statisticsList_ 01 List. jsp? vwcd = MT_ ZTITLE&parentId = N#SubCont。此处数据为直接引用，未做改动。

# 第五章

# 军　事

## 第一节　概述

### 一　建军简史

光复之初，朝鲜半岛南部有数十个私设军事团体，军事力量非常零散，缺乏统一的领导和指挥。在各路军事力量中，左翼力量在人数上占一定优势。基于此，美军政府宣布解散所有的各派私设军事团体，在右翼军事团体的基础上组建军队。1946年1月15日，美军政府成立了"韩国国防警备队"。1946年1月到11月组建了第1～9联队。到1948年11月，第10～19联队创设完毕。1946年11月警备队有官兵5273名，1947年5月增加至12491名，1948年2月警备队的规模扩大到24723人。1948年9月，"韩国国防警备队"改编为陆军，"韩国海岸警备队"改编为海军。

根据联合国的撤军要求以及美国军方对韩国军事战略意义的考虑，1949年6月29日驻韩美军大部队撤出韩国。应韩方要求，留下了500人的军事顾问团，负责训练韩国军队并监督军事援助的使用。1950年1月26日，韩国与美国签订了双边的军事援助协定。不久，朝鲜战争爆发。

朝鲜战争是韩美关系历史上的最关键的转折点，也是韩国军队发展过程中最重要的一个时期。朝鲜战争对韩国军队发展的主要影响在于，第一，朝鲜战争期间，韩国的军队由不足10万人迅速膨胀到72万人。第二，韩国军队指挥权的让渡。1950年7月12日，韩美《大田协定》签署，韩国军队的统率权转移给美国军队。第三，美军开始在韩国长期驻扎，韩国得到了美国直接的军事保护。1953 年 10 月，双方签订了《共同防卫条约》，该条约于 1954 年 11 月 17 日正式生效。朝鲜战争中，美军投入了 30 万～40 万的兵力。停战协定签署后，美军在 1954～1957 年陆续撤出大部分兵力，留下 5 万～6 万人驻守韩国，这一状况一直持续到 60 年代末。进入 70 年代，美国在 1970～1971 年将驻韩兵力减少到 4 万人。伊拉克战争和美军全球部署的调整使驻韩美军进一步精减至 3 万余人。第四，大量的军事援助和韩国军队的现代化。为维持和装备韩国军队，截至 1960 年美国对韩军援总额约为 15 亿美元。[①]

　　进入 60 年代，美国对三八线南北的军事力量对比做出了新的估计，美国的基本判断是，1961 年韩国有陆军 525000 人，包括 18 个师和炮兵、防空兵、重摩托化部队和坦克旅，还有 1 个海军师和 10 个预备役陆军师。美国有 2 个师驻扎韩国。而朝鲜有 355000 名现役军人，包括 22 个师的陆军。中国在朝鲜没有驻军，但是在 10～14 天以内可以派 6～8 个师抵达非军事区。南北海军力量都很弱。朝鲜的空军力量比韩国要稍微强一点。[②]

　　朝鲜半岛军事形势稳定后，庞大的军队成为韩国经济发展的沉重负担，韩国方面和美国方面都出现了要求裁军的声音。此时美国的注意力也正在转向越南。1961 年 5 月政变上台的朴正熙不希望裁减韩国的军队，同时他又急切地需要发展经济，认为为美国出兵越南能够一箭双雕。1961 年 11 月，朴正熙在军事政变后第一次访美时提出可以向越南战场派出韩国部队。事实表明，参与越南战争大幅度提高了韩国军队的现代化水平。在此期间，韩国本土的军队还得到了包括 M－16 自动步枪、先进的火炮、反坦克炮、通信设备等 56 种新式武器。[③] 参加越南战争的韩国军队也把

①　1960 年 2 月 23 日，美国国防部公告，在过去的 10 年里，美国的对外军事援助总额为 260 亿美元，其中援助韩国 12.9 亿美元。1960 年度援助韩国 2.08 亿美元。见首尔新闻社《驻韩美军 30 年》，首尔，杏林出版社，1979，第 573 页。

②　Memorandom by Robert H. Johnson of the National Security Council Staff, Washington, June 13, 1961, Attachment, The Pros and Cons of a Reduction in ROK Forces, *FRUS*, 1961 – 1963, Vol. XXII, 227.

③　韩忠富：《韩国出兵越南的前前后后》，《世界史研究动态》1993 年第 12 期。

战场上所使用的武器带回了国内，大大改善了韩国军队的装备水平。更为重要的是，在越南战场上，前后大约有 32 万的韩国军人经历了实战训练，有效地提高了韩国军队的战斗力，同时，韩国军队在越南战场上的突出表现也大大提升了韩国在西方阵营里的声望。

得益于参与越南战争，来自美国的军事援助占韩国军费的比例明显提高。1955～1960 年，美援占总军费的 76.6%，1961～1968 年提高到 83.4%。1969 年以后，这一比例急速下降，1969～1977 年韩国军费中美国的军事援助只占 25.2%，①从 1978 年开始，韩国的军费就完全由本国承担。

## 二 国防体制

1990 年 10 月 1 日《国军组织法》修订案生效，韩国的国防组织体系从三军并立体制变为三军并立合同军体制，以强化参谋长联席会议的职能，加强韩美合同联合作战能力，提高陆海空军的作战指挥效率。修订案的主要内容包括：第一，海军陆战队归海军统率，负责海军的登陆作战；第二，增编强化参谋长联席会议；第三，参谋长联席会议主席辅佐国防部长，接受国防部长的命令指挥各军的作战部队和合同部队，但关于独立战斗旅团以上的部队部署等主要事项要提前征求国防部长的认可；第四，关于以执行战斗任务为主的各军战斗部队作战指挥权的范围、参谋长联席会议主席指挥的合同部队的范围等，由总统令规定。

1998 年 12 月，国防部、参谋长联席会议、各军本部等高层机构进行了职能调整，以强化核心职能，更加有效地推进国防部门的改革。在这次调整中，情报系统与参谋长联席会议的试验评价机构合并，精简合并了与军需品调配和质量保障有关的国防部直属部队，通信电子参谋部和作战参谋本部的 C4I 部合并为指挥通信参谋部，参谋长联席会议的人事军需参谋部提升为人事军需参谋本部。上述措施的实行明显强化了参谋长联席会议的职能和作战指挥能力。

目前，韩国的国防体制是"文民治军"、三军并立合同军体制。文民

---

① 〔韩〕具永禄等：《韩国与美国》，首尔，博英社，1983，第 198 页。

治军是指宪法规定总统为韩国军最高统帅，总统通过国防部长统领全军。国家安全保障会议为最高国防决策机构，由总统任主席，其成员包括总理、国防部长官、国家情报院院长、联合参谋本部议长等。国防部是总统统率武装力量的最高行政机构，主要负责制订国防政策和军队建设计划。国防部下辖联合参谋本部，国防部长的军令权通过联合参谋本部会议实施。联合参谋本部统率三军本部（陆军本部、海军本部和空军本部），是全军作战最高指挥机构，联合参谋本部议长在国防部长的直接领导下指挥三军作战部队。联合参谋本部议长的主要职权包括：在战时或遇有紧急情况时有权直接下达作战指令、参与国家安全保障会议、向总统汇报情况和提出决策性意见、决定三军种参谋总长推荐的军级以上指挥人选等。联合参谋本部设一名上将级议长和一名中将级副议长。国防部长官为韩民求（2014 年 6 月就任），联合参谋本部议长为李淳镇（2015 年 10 月就任）。

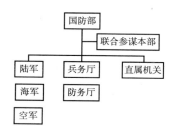

**图 5 - 1　韩国国防部组织**

资料来源：韩国国防部《2014 年国防白皮书》，2014，第 275 页。

韩国与美国建立了密切的军事同盟关系，构筑了韩美联合军体系。1978 年 11 月 7 日，韩美联合司令部设立，作战统制权由联合军司令部转交给韩美联合司令部的各军司令官。1994 年，韩国收回了和平时期的军事指挥权，但战时指挥权仍由驻韩美军掌握。2007 年 2 月，美国国防部长盖茨和韩国国防部长官金章洙在华盛顿达成协议。协议规定，美方将于 2012 年 4 月将战时作战指挥权移交韩方，解散韩美联合司令部。韩美联合司令部的职能将移交韩国军方和美军韩国司令部等机构。韩方将主导作战，美军韩国司令部将提供支援。2010 年 6 月，韩国总统李明博与美国总统奥巴马同意将战时作战指挥权的移交时间由 2012 年 4 月推迟至 2015 年 12 月。韩美两国 2014 年 10 月 23 日在华盛顿举行第 46 次韩美安保会议（SCM），最终商定再次推迟原定于 2015 年 12 月 1 日的战时作战指挥权移交时间。双方决定推进"基于条件的战时作战指挥权移交"方案，且没有明确提出具体的移交时间，因此有观点认为，韩美的这种做法事实上可以看作无限期推迟移交时间，尽管韩方称将力争确保有能力在 2025 年左右收回战时作战指挥权。

韩美联合司令部的上级是军事委员会。军事委员会由韩国参谋长联席会议主席、美国参谋长联席会议主席、韩国军方代表一名、韩美联合司令官和美军太平洋司令官共 5 人构成。

### 三　国防预算

近 5 年来，韩国的国防预算占 GDP 的 2.4% 左右（世界平均水平为 2.11%）。为增强韩国的防卫力量、改善官兵的福利，韩国政府在"2015~2019 国防中期计划"中拟逐步提高国防预算。

#### （一）韩国国防费用运营现况

直到 20 世纪 60 年代，韩国的国防预算主要用来支付人力运营方面的支出，战斗力增强与装备的维持费用都需要依赖美国的军事援助。由于驻韩美军在 70 年代初开始缩小驻军规模，韩国被迫实施旨在增强自主国防的"栗谷①计划"，并从 1975 年开征"防卫税"以满足国防需要。70 年代末到 80 年代初期，韩国的国防支出占 GDP 的 6% 左右。

从 80 年代中期开始，为实现经济的稳定发展，韩国放弃了国防费用占 GDP 固定比例的做法，而是依据政府的财政能力来决定国防开支，这样一来国防费用占 GDP 的比例从 1985 年的 4.3% 下降到 1990 年的 3.5%。由于受到 1997 年金融危机的影响，紧缩财政政策得以延续，国防费用占 GDP 的比例进一步下降到 3% 以下，之后韩国国防预算占 GDP 的比例基本维持在 2.3%~2.5%（见表 5-1）。

---

① 朝鲜朝时期著名学者李珥，号栗谷。

表 5 - 1　1980 ~ 2014 年韩国国防费用占政府预算和 GDP 的比例

单位：%

| | 1980 | 1985 | 1990 | 1995 | 2000 | 2005 | 2010 | 2014 |
|---|---|---|---|---|---|---|---|---|
| 国防费/政府预算 | 34.7 | 29.4 | 24.2 | 21.4 | 16.3 | 15.6 | 14.7 | 14.4 |
| 国防费/GDP | 5.7 | 4.3 | 3.5 | 2.7 | 2.3 | 2.4 | 2.5 | 2.4 |

资料来源：韩国国防部《2014 年国防白皮书》，2014，第 158 页。

### （二）国防预算计划

为实现"自主的先进国防"目标，韩国政府在年度国防预算的基础上，还制订了中期的国防开支计划，国防预算呈明显的上升趋势。根据《2014 年国防白皮书》，韩国政府预计，2015 ~ 2019 年，国防预算大致定为 222.9 万亿韩元，平均增加 7.2%（见表 5 - 2）。

表 5 - 2　韩国中期国防支出计划

单位：万亿韩元，%

| 年份 | 2014 | 2015 | 2016 | 2017 | 2018 | 2019 | 合计(2015 ~ 2019) |
|---|---|---|---|---|---|---|---|
| 国防费用（增加率） | 35.7 (3.5) | 38.5 (7.9) | 41.5 (7.8) | 44.6 (7.4) | 47.6 (6.7) | 50.6 (6.3) | 222.9 (7.2) |
| 战力运营费（增加率）（占有率） | 25.2 (3.6) (70.6) | 26.8 (6.3) (69.5) | 28.4 (6.1) (68.4) | 30.1 (5.9) (67.4) | 31.6 (5.1) (66.4) | 33.2 (4.9) (65.6) | 150.1 (5.6) (67.3) |
| 防卫力量改善费（增加率）（占有率） | 10.5 (3.3) (29.4) | 11.7 (11.8) (30.5) | 13.1 (11.5) (31.6) | 14.5 (10.9) (32.6) | 16 (10) (33.6) | 17.4 (9) (34.4) | 72.8 (10.6) (32.7) |

资料来源：韩国国防部《2014 年国防白皮书》，2014，第 162 页。此处数据为直接引用，未做改动。

近年来，韩国国防预算重点放在防卫力量改善领域，而且重点增加了应对朝鲜威胁的"杀伤链"、韩国型导弹防御等相关预算。2014 年度国防预算需求案中，国防预算整体增长 6.9%。其中，战力运营费增长 5.2%，而防卫力量改善费增长 10.9% 。2015 年度国防预算案中，战力运营费为 26.442 万亿韩元，同比增加 4.9% ；防卫力量改善费为 11.014 万亿韩元，同比增加 4.8% 。

2016 年度国防预算案比 2015 年的预算增加 7.2% ，首次突破 40 万亿韩元（约合人民币 2240 亿元）。在韩国国防部指定的预算中，引进新武器所需的防卫力量改善费为 12.36 万亿韩元，比 2015 年增加了 12.4% 。韩国国防部官员表示，购买"全球鹰"无人机和军事卫星等用来监督情况的战斗力需要 4580 亿韩元，引进舰对地制导导弹等用来打击核心战斗力目标的战斗力需要 7343 亿韩元，还计划投入 15695 亿韩元构建韩国型导弹防御体系（KAMD）以及提前探测朝鲜的导弹动向并予以破坏或拦截的"杀伤链"系统。

## 第二节　军事力量

### 一　陆军

陆军是韩国国防力量的核心，其使命是：在和平时期通过战斗准备和训练阻止武装冲突的发生，参与国际维和行动；战时则要确保取得地面战斗的胜利。其主要编制是陆军本部、两个野战军司令部、第二作战司令部、航空作战司令部、特种兵司令部、首都防卫司令部，以及其他支援部队。2017 年，韩国陆军拥有兵力约 49.5 万名，装备有 2400 多辆坦克、2700 多辆装甲车、5800 多门野炮、60 余件制导武器、600 多架直升机等。第 1 集团军和第 3 集团军负责保卫从军事分界线到首都（包括首都）的区域。第 2 集团军负责保卫后方地区，包括海岸线。航空作战司令部负责对机动部队进行火力和空中运输、侦察等方面的支援。特种兵司令部负责搜集情报、引导军队火力以及其他特殊任务。首都防卫司令部负责维持首都的功能、保卫城市的基础设施。各军和集团军司令部都下设炮兵部队，装备有各种火炮和高科技武器，战时可以对作战部队进行火力支援。

## 二　海军

海军除了要遏制战争的爆发以外，还负责在海上维护国家主权和国家利益，保障国家对外政策的实施。战时海军要挫败敌国的海上进攻、保卫海上交通运输线、在敌国的后方实行登陆作战，等等。

韩国海军的编制构成如下：作战司令部、海军陆战队司令部、军需司令部、教育司令部等。作战司令部下辖 3 个舰队，海军陆战队司令部下辖 2 个师和 1 个旅。海军的总兵力有 7 万多人，拥有潜艇 10 余艘、战斗舰 110 余艘、登陆舰 10 多艘、支援舰 20 余艘、扫雷舰 10 多艘、直升机 50 多架。

大型驱逐舰"大祚荣"号和轻型航母"独岛"号的交付使用大大增强了韩国海军的军事力量。"大祚荣"号驱逐舰由大宇造船海洋工程公司建造，2005 年 6 月 30 日交付海军使用，该舰全长 150 米，宽 17 米，排水量 4500 吨，定员 200 余人，时速 29 节，装备有 5 英寸主炮、对舰和对空导弹、鱼雷、2 架直升机及生化放射防护系统等，在对空导弹的追踪能力和探测距离等性能方面有了很大的提高。同年 7 月 12 日，韩国第一艘全通甲板式两栖攻击舰"独岛"号建成下水，该舰长 200 米，宽 30 米，排水量为 1.3 万吨，满载排水量达 1.9 万吨，最大航速 43 节，可载官兵 700 多人，搭载 10 余架直升机、7 辆水陆两用装甲车、10 余辆坦克及 2 艘高速磁悬浮登陆艇，装有远程三维雷达，可侦察和跟踪 400 公里内的 1000 多个目标。该舰在 2007 年 7 月编入战斗序列并形成实际战斗力。韩国海军正在推进于 2020 年年底前建成大型机动舰队的计划。根据该计划，韩国还将建造 7000 吨宙斯盾级军舰、3500 吨级潜艇。

## 三　空军

和平时期，空军的使命是监视敌国的动态，以便能够在面临敌国渗透时及时应对，保持高度的战斗准备。战时空军的使命是确保空中优势，防止敌国利用空中战场，破坏敌国的主要战斗力量和潜在战斗力，支援地面和海上的作战行动。

空军的编制构成如下：作战司令部、军需司令部、教育司令部等。作战司令部下辖防空炮兵司令部、防空管制团、9个战斗飞行团等。空军总兵力约为6.5万人，装备有战斗机400余架、监视控制机60余架、空中机动机50余架、训练机160余架、直升机40余架，此外还装备有一定数量的防空武器。

航空作战在战区航空统制本部的中央集权控制下执行。目前，韩国空军装备有能够携带中长距离空对空导弹的战斗机，具备陆海空协同作战的能力。

### 四 预备役部队

预备役部队也是韩国综合军力的重要组成部分。由于韩国实行男性公民的普遍义务兵制（一般为2年），韩国的预备役兵力大都经历过严格而系统的军事训练。尽管平时在不同的工作岗位上，但战时依然可能有很强的战斗力，成为重要的辅助兵力和后备力量。目前，韩国的预备役总兵力约310万人，编制在各个地区和单位预备军部队。国防部通过陆军本部和海军本部指挥预备役。兵务厅负责预备役的编制和资源管理。

## 第三节 驻韩美军

韩美军事同盟关系自1953年正式确定以来，已经走过了60多个年头。韩国国防部认为，作为韩国国家安全的基石，在过去的60多年里韩美同盟为朝鲜半岛的和平与稳定做出了积极的贡献。苏联的解体、冷战的结束、美国主导的国际格局的形成等诸多因素，给韩国的安全环境带来诸多新的变化。同时，韩国综合国力的迅速上升也为韩美同盟关系的调整与发展提供了契机。

2003年以来，韩美两国政府同意将韩美军事同盟的宗旨从过去的"应对朝鲜威胁"为主，逐步转变为"维护地区安全"，这是韩美军事同盟关系的一个重要发展。在这个过程中，韩国要在维护自身的安全和朝鲜半岛的和平与稳定方面发挥更大的作用，同时要为周边地区的安全做出贡献。经过近些年的调整，韩美同盟已基本实现"利益平衡"与"威胁平衡"的双重目标，[①] 特别是 2016 年末段高空区域防御系统（THAAD，"萨德"）的在韩部署，使韩美同盟作为地区性同盟的特点越发明显。

## 一　驻韩美军

驻韩美军的总兵力近年来一直维持在 3.7 万余人，其中陆军 2.8 万多名，空军 8700 多名，海军陆战队 400 多名。2004 年 8 月，驻韩美军第 2 步兵师 3600 余名官兵被调往伊拉克。目前（2016 年），驻扎韩国的美军大约有 2.85 万人。

驻韩美军司令官兼任韩美联合司令官。驻韩美军司令部下辖美军第 8 军司令部、驻韩美海军司令部、驻韩美海军陆战队司令部、驻韩美空军司令部和驻韩美特种兵司令部等，战时行使对美第 7 航空队作战统制权。

美第 8 军下辖的主力部队包括美 2 师、第 35 战斗航空旅和第 6 空中骑兵旅等，装备有 140 多辆新 M1A1 坦克、170 多辆布莱德利装甲车、30 多门 155 毫米自动榴弹炮、30 余套多管火箭发射系统（MRLS）、70 余架 AH-64 直升机以及包括爱国者导弹在内的多种地对空导弹，具备在多种情况下作战的能力。驻韩美空军的装备包括 70 多架 F-16 战斗机、20 多架 A-10 反坦克战斗机以及 U-2 侦察机等百余架飞机，具备全天候攻击和空军支援作战的能力。驻韩美海军司令部、海军陆战队司令部以及美特种兵司令部只配备少数人员和装备，战时或朝鲜半岛危机发生时投入美太平洋司令部的兵力。

除了驻韩美军，一旦朝鲜半岛发生战争，还有美军增援兵力能够迅速调集用以协助韩国取得胜利，主要包括美陆海空军和美海军陆战队 69 万余人。增援兵力构成如下：可进行快速立体机动战的 2 个集团军，装备有最新战斗机和具有新式立体的海上作战能力的 5 个航空母舰战斗团，32 个能够确保空中优势、打击敌纵深、对抗大规模杀伤性武器的飞行营队，

---

① 汪伟民：《美韩同盟再定义与韩国的战略选择：进程与争论》，《当代亚太》2011 年第 2 期，第 109 页。

2 个来自日本冲绳和美国本土的海军机动部队。朝鲜半岛发生危机时，联军司令官要请求美国参谋长联席会议发出指令，增援兵力将开进战争区域。从 1994 年开始，韩国军队和美军实行了联合战时增援演习，通过这些演习检验部署程序和运输方案。不仅如此，为遏制朝鲜的进攻，保障韩国的安全，驻韩美军努力提高联合司令部的能力，实行跨越式的战力增强计划。

近年来，韩美就驻韩美军费用分担、驻韩美军基地迁移、战时指挥权等问题达成协议。2014 年 1 月，韩国政府发表了 2014～2018 年驻韩美军防卫费分担特别协定（Special Measures Agreement，SMA）。根据协定，2014 年防卫费分担金比 2013 年（8695 亿韩元）增加 5.8%，为 9200 亿韩元，2014～2018 年各年度增长率参考上一个年度消费者物价指数，把增长率控制在 4%。除此之外，韩美两国为保证防卫费分担金的安全、透明、高效管理和使用，决定从防卫费分担金分配阶段起，加强协调与合作，并建立建设领域和军需支援领域常设协商机制。另外，双方还决定美国定期向韩国通报"年度防卫费分担金执行报告书""预算未执行情况详细报告书"等。

据 2004 年签署的美韩协议，驻韩美军主力于首尔北部东豆川及议政府的集结任务已结束，今后，除用以应对朝鲜威胁的部分部队外，大部分兵力将转移至平泽基地。驻韩美军司令部位于首尔中心的龙山基地，从 2016 年 5 月开始，该基地的一部分功能也开始向平泽转移，预计全部转移工作将于 2017 年年底完成。

## 二 韩美联军发展方向

韩美联合防卫战略主要体现在"5027 作战计划"上，其主要内容为：在朝鲜发动全面战争的初期阶段，韩军和驻韩美军组成的韩美联合部队在停战线以南地区构筑层层防御阵线，待 69 万美军大规模增援兵力抵达半岛后，韩美联合部队将与增援兵力共同向北推进。

此"先守后攻"的计划，会让韩国丧失作战主动权。未来韩方将以新作战计划，即"作战计划 5015"为蓝本，谋求迅速反应打击能力，重点基于"战术歼灭"和"战略麻痹"原则。"战术歼灭"的核心是指只要在韩国领土（边境地区）或附近海域、空域发生交火，韩军将对挑衅敌之主体实施歼灭和击毙作战，与以往不同的是，在韩朝交火且朝鲜溃退后，韩方将不会停止作战，而会对挑衅主体实施歼灭。"战略麻痹"的核心是指面对全面战争或大规模杀伤性武器的威胁，要优先破坏和压制朝鲜的政治、经济和军事核心，具体指军政指挥机构、控制设施、大规模武器部署地点、储存设施及发射手段所在场所等。此种重点打击使得韩方能把战争损失控制在最低程度，并明显弱化朝军力量，进而在交火中取得主动权。

遏制战略旨在防范战争，而热战爆发后，打赢战争需要以下五种能力：第一，事先识别和掌握敌军动向，迟滞和牵制敌挑衅行动的"情报收集和处理"能力；第二，阻止敌地面部队进攻的"战线巩固和防御"能力；第三，防止敌军军事力量通过海域和空中的"制海、制空"能力；第四，破坏、压制敌境内的政治、经济、军事核心，弱化乃至瘫痪敌进攻力量的"远程、纵深打击"能力；第五，击退歼灭敌军的"反击作战"能力。

针对以上五点能力，韩军承担的任务包括：第一，平壤—元山一线以南前方地区朝军情报搜集及处理；第二，应对朝鲜奇袭及局部挑衅的快速反应及反击能力；第三，主要战线的固守及防御；第四，掌握制海权、制空权；第五，压制部署在平壤—元山一线以南朝鲜主力部队，实施陆海空协同火力支援。

## 第四节　军事训练与兵役制度

### 一　韩美联合、多军种合同演习和训练

韩国军队正致力于通过科学的实战性的联合与合同军事演习与训练，熟练战时执行程序与方法，增强军队的战斗力。韩国军队主要的联合演习训练项目包括：关键决心（KR）、乙支自由卫士演习（UFG）、阿尔索伊

演习（RSOI）、鹞鹰演习（FE）、环太平洋训练（RIMPAC）等联合演习和训练。韩国军队主要的合同训练项目包括：集团军级野战性机动训练（FTX）、鸭绿江演习、花郎①训练等。

"关键决心"美韩联合军事演习是美国和韩国每年一度举行的联合军事演习行动，并且每次都会通告朝方，军演包括实弹射击、空中打击演习和城市巷战训练等内容。韩国方面声称"关键决心"美韩联合军演只是为提高防御能力的联合军事行动，但朝鲜方面却抨击军演实为"侵略练兵"，并命令全国军民"做好一切战斗准备"，对付美韩联合军事演习。美国和韩国2010年3月8日开始在韩国举行代号为"关键决心"的年度联合军事演习。

乙支自由卫士演习原名"乙支·焦点透镜"，旨在加强战时的指导和作战能力、提高军队的战争程序执行水平，它是1954年以来在联合国军司令部指挥下的焦点透镜演习和1968年以来韩国军队的乙支演习的有机整合，是一种大规模的综合演习。自1976年开始实施以来每年都要进行一次。在乙支自由卫士演习中，主要内容是测试战争初期韩国政府的危机管理程序和韩美联军联合危机管理程序，同时演练假设的各种战争状态下的作战计划。

阿尔索伊演习是一种联合战时增援演习，在韩美联军司令部指挥下进行，主要演练在战时韩国军队与美军增援兵力之间的接纳、待命、前进以及整合，还包括战时支援、相互之间的后勤保障等内容。演习的主要手段是用电脑模拟指挥演习。自1994年以来，这一演习每年都要进行一次。韩国的国防部、参谋长联席会议、三军本部、作战司令部、师、舰队、飞行团级的部队都参与该演习。美国方面参加的有：联合军司令部、驻韩美军司令部、美军太平洋司令部、美军太空司令部、运输司令部和美军增援部队等。

鹞鹰演习是一种联合与合同野战性的机动演习，旨在遏制朝鲜半岛爆发战争、完善韩美联军的联合与合同作战。从1961年起，每年都要进行

---

①　花郎是新罗时代的军事训练组织，当时的著名军事指挥官大都出自花郎。

该演习。2002 年以后，为保障实战性的演习条件，增强演习效果，该演习与联合战时增援演习统合起来，一般在 3 月下旬实行。

环太平洋训练是在美军第三舰队司令部主导下实行的多国联合海上综合机动训练，旨在增进太平洋沿海国家海军之间的协调与联合作战能力，确保太平洋上的海上交通的安全，提高共同应对海上纠纷的能力。从 1971 年开始，每两年举行一次，参加国包括韩国、美国、澳大利亚、加拿大、英国、日本、智利等 7 个国家。韩国海军从 1990 年开始参加这一训练，到 2002 年共参加了 7 次。

鸭绿江演习始于 1996 年，是在韩国联合参谋本部指挥下实行的韩国军队独立的指挥演习，以提高作战指挥能力、熟练战争执行程序，每年 5 月演习一次。演习中参谋长联席会议和作战司令部的指挥部负责指挥，各部队在各自军营指挥所和战斗模拟中心用战争模式进行演练。1999 年以来指挥自动化系统的运用使演习的效果得到了显著提高。

护国训练是在韩国联合参谋本部的指挥下进行的例行训练，是所有军种都参加的在海岸和内陆共同展开的大规模实战机动训练，自 1996 年以来每年都进行这一训练。2001 年以来，韩国自己研发的一种评价联合作战模型的运用使对演习快速、公正的评价成为可能，演习训练的效果更加直观。

## 二 各军种的主要训练项目

为最大限度地增强各军种独立执行作战任务的能力，韩国三军中经常开展各种规模的演习和训练，以应对陆地和海上等不同环境条件下的战争。在这些演练中，韩国地形的特点、敌军的战术等都被考虑在内。

### (一) 陆军

韩国陆军的军事训练主要可分为两大类：一类是个人的训练，一类是集体的训练。所有的军事训练都是根据训练单位的种类、形态、兵种、职能等各方面的差异精心设计的，以提高军队应对局部战争的能力。

个人训练的重点是军事职业技能训练，以使士兵熟练掌握基本的专业战斗技术，保持旺盛的斗志和过硬的身体素质。

在集体训练中，小部队通过运用多种统合激光交战体系（MILES）和分排、队、班战斗射击训练等进行实战性的、高强度的战术训练。营级训练主要集中在野战机动训练和状况处理训练。团级训练也被称作寒冷条件下的野外战术训练，旨在完善军队诸兵种联合作战（RCT）的能力，这一训练在每年12月到次年2月实施。师级训练的重点是联合火力运用、构筑与排除障碍、化学与生物战争训练以及战斗后勤支援等。集团军与师战斗指挥训练项目（BCTP）旨在培养军与师级指挥官与参谋人员的作战指挥能力，包括训练部队指挥程序、加强联合战斗力运用能力、战场体验与评估野外作战程序规则等，该训练在韩国陆军司令部的直接监督下、在每一个新任集团军和师指挥官到任一年内举行。诸兵种联合军事训练以每个作战单位为主体进行，这些训练包括反坦克攻击训练、陆海空联合作战训练、联合反登陆训练、渡江训练等。

**（二）海军**

为了和平时期保护国家的海洋主权和国家利益、战时保卫海上交通线并确保海洋优势，韩国海军实施各种作战训练，包括反潜艇战、反军舰战、登陆战、水雷战、救援战和特殊战等。通过这些训练，增强韩国海军的战斗执行能力。

警备艇级以上的军舰集中进行反潜艇战、反恐战争和电子战训练。所有水上战斗舰为了遏制敌军的大规模海上渗透，执行以正规战为主的立体综合机动训练，提高实战能力。登陆战舰通过登陆突击和袭击训练，加强登陆作战能力。水雷战舰培养排除水中障碍的能力，目的在于应对敌人的水雷安装，提高韩国军队安装水雷的技巧。特殊战部队主要是通过沿海侦察、奇袭和生还训练，提高特殊战能力。潜艇部队执行实战性的港湾封锁、反潜艇战和监视水上兵力、鱼雷发射训练等。海军航空部队的训练主要目标是提高立体作战执行能力。这些训练包括海上哨戒、反潜艇训练和对探知圈外的目标诱导导弹攻击的训练等。

韩国海军从1993年起执行每年一次的大规模海上综合机动训练，海军的全部兵力和陆军、空军部队都参加此训练。通过这种训练，加强和发展多种威胁状况下依据复合战争理念和协同作战能力。不仅如此，为打击敌军特种部队利用高速登陆装备所进行的渗透，加强海上、水中、航空战斗力的立体训练。

韩国海军与美国等盟国海军一起，进行环太平洋训练、西太平洋潜艇救援训练、搜索和救助训练等各种联合训练。持续发展已有的韩美联合训练，包括反潜艇战训练、潜艇对潜艇训练、水雷搜索训练、登陆战训练、海上哨戒训练等。

海军陆战队是登陆战斗力的一部分。其训练的重点在于联合和单独登陆训练。而且，通过与陆军、空军的联合训练，提高任务执行能力。

**（三）空军**

为了确保战时空中优势，保障地面部队和海军的作战条件，尽早掌握战争的主导权，韩国空军平时所有的训练都是在实战性假设条件下实行的。为了完成这些训练，韩国空军单独或与美军联合进行防御、制空、攻击编队群、移动目标攻击、反火力战、近空支援、航空侦察、战术空中运输、搜索救援训练等。

制空防卫训练是为了探知、识别、打击渗透的敌军战斗机，运用假设的敌战斗机，实行实战性的适应训练。攻击编队群训练是为增强纵深作战能力、强化攻击战略目标的能力，实行中低空渗透和攻击训练。

另外，利用 KF-16 战斗机实行全天候近空支援训练、联合对舰攻击训练，来提高联合作战能力。并且，通过航空侦察训练，提高影像情报搜集和传输能力。通过战术空中运输训练，提高部队的部署配置和物资供给能力。利用夜视装备，加强夜间搜索救援、电子战、化学生物原子能战训练和非正规训练等。

三 兵役制度

韩国实行义务兵与志愿兵相结合的兵役制度。近年来，陆军服役期一般为 26 个月，空军和海军为 30 个月。随着朝鲜半岛南北紧张局势的缓解和韩国国防改革的加深，服役期有逐步缩短的趋势。

现行兵役制度是南北对峙格局的产物。这一兵役制度正在面临越来越多的挑战，甚至有人通过放弃韩国国籍来避免服兵役。韩国军队中存在管理不善，军官对士兵、老兵对新兵的打骂、侮辱等丑恶现象。

韩国的军衔共分 5 等：将、校、尉、士、兵，其中将官 4 级（大将、中将、少将、准将），校官 3 级（大领、中领、少领），尉官 3 级（上尉、中尉、少尉），军士 4 级（元士、上士、中士、下士），兵 4 级（兵长、上等兵、一等兵、二等兵）。军队中的技术人员被称为"准尉"。

## 第五节　国防工业、科技及改革

### 一　国防工业

从光复到 20 世纪 60 年代末期，韩国在军事上严重地依赖美国，不仅国防开支需要美国的援助，还大量接受美军制式装备，本国国防工业的发展没有提上议事日程。经过 60 年代的快速发展，韩国建立了相对完整的工业体系，政府开始谋求建立自己的国防工业，以降低对美国的严重依赖。

韩国国防工业的发展走过了一条与其工业发展基本一致的道路，即从引进、模仿、组装开始，逐步发展到自主开发。具体而言，韩国国防工业的崛起大致经历了两个阶段：从 60 年代末期至 70 年代末期为进口替代期，从 70 年代末期至今为自主发展期。在第一阶段，韩国首先设立了军工厂，制造美国特许生产的军品项目，组装简单的步兵武器，如 M-16 步枪等，并不断地累积生产经验。其间，韩国政府有两项对韩国国防工业发展有着重要影响的政策：一是成立"国防发展局"，负责武器研发的任务；二是 1970 年时任总统朴正熙下令成立国防发展局负责武器研发任务，统一指导韩国国防工业的发展，同年 8 月，成立国防科学研究所，进入研发阶段。通过 1973 年实施的《国防产业特别措施法》，指派特定的公司制造某类军需产品，并给予税收减免等特殊的政策扶持，积极培育国防产业。不少大公司参与到国防产业中来，韩国的国防产业有了长足的发展。在此阶段，韩国生产的军品依然全部依赖美国技术，项目几乎也都是美国装备，生产许可证均由美国政府发给。在第二阶段，韩国国防工业的基础设施逐渐完备，并开始寻求国外研发技术，重新设计和改良武器系统，形成具有自身特点的国防工业体系。2003年年底，82家企业生产约1235种军需物资。著名的财阀企业，如现代、三星、LG、大宇等，都曾经或正在承担大量的军品研发与制造任务，三星航空公司是重要的战机生产商，现代精工公司则拥有自己的拳头产品K1A1坦克。

冷战结束后，国际市场对常规武器的需求日益减少，而韩国的尖端武器开发在国际市场上没有明显的优势，朝鲜半岛南北局势的缓解使韩国部队对一般武器装备的需求不旺，韩国的国防工业面临严峻的挑战。近年来，韩国国防产业的盈利情况不甚理想。1998~2001年，韩国的国防产业处于赤字经营的状态，全行业4年累计亏损5421亿韩元。2002年，韩国的国防产业销售额从2001年的37054亿韩元猛增到43653亿韩元，经常项目收支也由亏损1135亿韩元发展到盈利164亿韩元。2003年，韩国国防产业的经营状况继续得到改善，销售额为42693亿韩元，与2002年基本持平，但实现盈利却增加至832亿韩元。目前，韩国国防企业开工率不足，只有50%左右，但前几年呈现明显的上升趋势，从2000年的48.5%稳步上升至2003年的57.3%。

为扶持国防产业的发展，实现军需物资的专门化、集约化生产，长期以来，韩国政府一直采用指派特定公司生产某种武器装备的方式。在国家主导经济发展的情况下此举尚可行，但在日益深化的市场经济条件下，这一指令式的生产面临严峻的挑战。为此，韩国政府采取了一系列积极的改进措施，以增强企业间的竞争。对于已经指派生产的产品和企业，每两年要考核一次，以判断是否继续由该公司来生产该产品。如果认为几家公司都有能力生产某种产品，那么指定生产的方式将被调整为竞争体制。以后，韩国国防部将严格限制指定产品的范围，以求通过竞争性的程序选择适当的公司来生产军需产品，以更加有效地使用国防经费。

近年来，韩国军工产品对外出口有了明显的增长。2000年以前，韩国军工产品的出口额一般维持在数千万美元的水平。2001年韩国国防产业出口额猛增至2.37亿美元，2004年增加至4.18亿美元。2015年国防出口额达34.9亿美元，连续3年超过30亿美元。

## 二　国防科技

为适应新的历史条件下的高科技战争，21世纪初韩国国防部制定了新的国防技术研究与开发政策，鼓励技术创新。第一，重视国防科技的发展，工业企业或专门的研究机构要积极发展自身具有一定优势的核心国防技术。国防部继续支持由4个相关部门共同推行的军民两用技术的开发项目。军方已经建立了5个专门的研究中心，以将某些热点技术应用于军事领域。通过整合各种资源，发展国防科技。第二，采取有力措施继续支持国防科学研究所（ADD）的发展，使之成为更加强大的研究机构，加大核心武器的开发力度，以减轻对发达国家核心技术的依赖。第三，加大对国防科技的资金投入，提高国防预算中研发投入的比例。

韩国国防科学研究所是整个国防科研体系的基础，成立于1970年8月，是韩国为实现"自主国防"的战略目标而成立的唯一的国立国防科研机构。1998年12月，国防部对其下设的研究所进行了重大调整，原有的国防科学研究所和情报体系研究所合并为国防科学研究所，原有的研究职能较弱的国防品质管理研究所转换为非研究机构。这一调整大大加强了国防科学研究所的力量。

韩国国防科学研究所拥有员工2503名（2003年12月），其中82%为科研人员，他们中的31%拥有博士学位，63%拥有硕士学位，是一个相当强大的科研团体。设有地面武器、海上武器、航空/制导武器、电子信息战、核心技术等5个开发本部和1个综合测试中心，并在安兴、昌原、镇海等地拥有4个大型新式武器试验场。

依托国防科学研究所，韩国相继有400多种作战、后勤装备实现了国产化，大幅度减少了武器的进口量，节约了国防费用。目前韩国除部分高性能战斗机和部分高科技部件需进口外，大部分武器已实现了国产化，部分武器还打入国际市场。

为不断提高国防科技研究实力，韩国国防科学研究所每年还要与美国、法国进行国防科技、人员交流活动，并与英国、以色列等国保持着武备开发研制协作关系。随着韩国科技的不断进步，韩国的国防科技也得到了前所未有的发展，一大批独立开发研制的防空导弹、坦克、新型舰艇等"尖端武备"相继亮相，其中部分装备已接近或达到世界先进水平。根据所长安东万的估计，该研究所的国防技术水平大约相当于发达国家的70%。[①] 2015 年，韩国防卫事业厅发布《2015 国防科技实力调查》报告，韩国排名第九。

## 三 国防改革

2012 年 6 月 20 日，韩政府召开国防改革委员会会议，各部门长官、国防及安全问题专家等出席，会议审议通过了包括 51 项改革课题的国防改革案——《国防改革基本计划（2012 ~ 2030）》。

此计划将原有课题从 73 个调整至 51 个，并考虑战斗力生成所需时间、兵力裁减、部队解散与重组等具体因素，将国防改革的规划年限由2020 年调整至 2030 年。通过该计划，韩军部队结构将调整为能够有效适应朝鲜半岛作战环境及战斗形态转变的新型组织结构，并将构建起多功能、高效率、先进的国防运营体制。主要内容如下。

第一，增强战斗力，具体措施包括：大幅增加地对地弹道导弹（玄武－2A 及玄武－2B 型）列装数量；自主研制中程（M-SAM）及远程（L-SAM）地对空导弹；从海外引进远程空对地导弹（JASSM 级）；自主研制韩国型新一代驱逐舰及大型运输舰。

第二，创建战斗部队：应对朝鲜特战部队渗透，2020 年以前，设立山地旅；设立负责济州岛综合防御作战任务的旅级济州部队；设立西北岛屿防御海军陆战队航空团；设立空军战术航空管制团、航空情报团、卫星监视管制队；设立海军潜艇司令部。

第三，改革军队结构：赋予各军参谋总长作战指挥权；到 2022 年，常备兵力裁减至 522000 名；到 2025 年，干部比例从现有 29.4%增加至42.5%；到 2015 年，女军官比例增至 7%；到 2016 年，军队保育设施增至 99 个。

---

① 韩国国防科学研究所网站，http：//www.add.re.kr。

## 第六节　对外军事合作关系

### 一　与周边国家的军事关系

由于地缘政治的因素，朝鲜半岛处于世界各大国政治军事利益相互竞争和合作的交叉地带，不仅如此，冷战的阴云依然笼罩着朝鲜半岛，因此，与周边国家发展军事外交，在韩国的外交政策中占有重要地位。韩国政府巩固和发展与美国传统的友好合作关系，同时与周边国家发展平衡的多边军事关系，拓展国防外交合作空间，广泛参与多边安全合作机制和国际合作。

韩国发展与周边国家军事关系的重点是：巩固发展韩美军事同盟，与日本发展面向未来的伙伴关系，与中国建立全面的合作伙伴关系，与俄罗斯发展军事交流和多样化的军工产业合作。通过这些计划，韩国军队在对朝政策方面，寻求与美国和日本的政策合作，引导中国和俄罗斯发挥建设性的作用。另外，为增进实际性的国家利益，韩国军队要加强武器出口多边化，积极参与国际军控和多边安全合作。

#### （一）与日本的军事关系

尽管韩日之间存在领土争端、历史问题，但由于与共同的盟国——美国的密切关系，韩国与日本之间的军事交流与合作制度化程度不断提升。双方之间有定期会议的沟通交流机制，人员交流和军方高层互访频繁；近年来，双方之间军事合作也有所加强。

自1994年以来，韩日两国定期举行双边国防部长会议。2009年第14次韩日国防部长会谈上，双方签署了《韩日国防交流意向书》。韩国陆海空军与日本自卫队间有部队间交流、军队院校学员交换访问，还通过举行联合海上搜索救护演习、运输机互访、国际维和活动加强合作交流。2012年韩日开始推进《韩日军事情报保护协定》，2015年正式签订；2014年韩美日三国签署共享防卫机密情报备忘录。

### （二）　与中国的军事关系

两国于 20 世纪 90 年代初在驻对方使馆均设立了武官处。1999 年 8 月，韩国国防部长赵成台访华，成为朝鲜战争后第一位访问中国的韩国国防部长，此举打开了双边军事交流的大门。2000 年 1 月，中国国防部长迟浩田访问韩国，两国实现了国防部长的互访，表明双方进一步发展军事对话与联系、增进互信的良好愿望。

2003 年 7 月中韩两国首脑就建立"全面合作伙伴关系"达成一致以来，双边军事关系取得了一定的进展，军事交流与合作日益增多，高层互访不断。两国军方将继续致力于发展双边安全合作，以维持朝鲜半岛的和平与稳定，增进双边军事交流与合作，使之与两国之间的"全面合作伙伴关系"相适应。

2013 年 11 月第三次国防战略对话上中韩决定加强两国青年军官的交流，2014 年两国军队开始正式向对方国派遣军官学习交流。2015 年 12 月中韩国防部直通电话正式开通。2014 年开始，韩方开始向中方归还志愿军遗骸，韩国政府已于 2014 年、2015 年和 2016 年分别归还 437 具、68 具和 36 具志愿军遗骸。

### （三）　与俄罗斯的军事关系

1990 年，韩国与苏联正式建立外交关系，1991 年两国互设武官处。苏联解体后，韩俄两国间的军事关系稳步发展，军方高层实现互访，军事互信得到逐步加强。2003 年 4 月，俄罗斯国防部长伊万诺夫访问韩国，不久，双方在 2003 年 7 月举行了第一次双边空军会谈。2003 年 8 月，韩国海军、日本海上自卫队共同参与了俄罗斯太平洋舰队司令部组织的联合海上搜索与救援演习，这是俄、韩、日三国军方的首次合作，标志着三国军事合作的开端，意义重大。

2004 年 9 月韩国总统卢武铉访俄期间，两国首脑同意建立"互信基础上的全面伙伴关系"，比以往双边"建设性的、互补的伙伴关系"有了很大的提升。在双边关系迅速发展的大背景下，韩俄两国的军事领域的双边合作与交流将进一步深化。

2012 年 3 月，韩国国防部政策室长与俄罗斯国防部国际合作次官举行了战略对话，双方决定加强两国军队间的交流与合作。双方还商定，定期召开国防战略对话。

除了与周边国家的军事关系以外，韩国与东南亚、大洋洲、欧洲等地区国家间的关系在近年来也有所发展，对外军事合作与交流日益多元化。

**（四）国际多边军事交流与合作**

韩国积极参与亚太多边安全合作进程，加强与亚太各国的安全互信，共同应对各类安全威胁。韩国参与的地区多边安全合作机制有：政府层面的东盟国防部长扩大会议及其下层机制、东盟地区论坛、东京防卫论坛、六方会谈内的东北亚和平与安全机制工作组会议以及二轨层面的亚洲安全会议、雅加达国际防务对话会、东北亚合作对话等。2012 年 11 月，韩国举行了第一次首尔安保对话，有 15 个国家及 2 个国际机构派代表参加。

韩国政府自 1991 年加入联合国以来，积极参与国际社会的防扩散、反扩散活动。韩国参与的国际军控机构有：国际原子能机构（1957）、防止核扩散条约（1975）、全面禁止核试验条约（1999）、禁止生物武器公约（1987）、禁止化学武器公约（1997）、导弹及其技术控制制度（2001）、防止弹道导弹扩散海牙行为准则（2002）、联合国常规武器装备名册（1993）、特定常规武器公约（2001）、核供应国集团（1995）、核出口国委员会（1995）、瓦圣纳协定（1996）、澳大利亚集团（1996）、联合国大会第一委员会/裁军委员会（1991）、日内瓦裁军谈判会议（1996）、大规模杀伤性武器防扩散安全倡议（2009）。

## 二　朝鲜半岛南北军事实力对比

在总军力上，朝鲜有 120 多万人，韩国只有 60 多万人。朝鲜的陆军和空军军力超过韩国，韩国的海军兵力略强。从军事装备上来看，朝鲜的潜艇、战斗机、坦克等装备数目都远远超过了韩国，装备的技术水平孰高孰低尚未可知。韩朝军力对比见表 5 - 3。

**表 5－3　朝韩军事力量对比（2016 年 12 月为准）**

| 分　类 | | | 韩　国 | 朝　鲜 |
|---|---|---|---|---|
| 兵力 | 陆军(人) | | 49 万 | 110 万 |
| | 海军(人) | | 7 万 | 6 万 |
| | 空军(人) | | 6.5 万 | 11 万 |
| | 战略军(人) | | － | 1 万 |
| | 总计(人) | | 62.5 万 | 128 万 |
| 陆军 | 单位 | 军团(个) | 12(包括特种兵司令部等) | 17 |
| | | 师团(个) | 43 | 82 |
| | | 机动旅(个) | 15 | 74 |
| | 装备 | 坦克(辆) | 2400 | 4300 |
| | | 装甲车(辆) | 2700 | 2500 |
| | | 野战炮(门) | 5700 | 8600 |
| | | 火箭炮(门) | 200 | 5500 |
| | | 地对地制导武器(部) | 60 | 100 |
| 海军 | 水上舰艇 | 战斗舰(艘) | 110 | 430 |
| | | 登陆舰(艘) | 10 | 250 |
| | | 水雷舰(艘) | 10 | 20 |
| | | 补给舰(艘) | 20 | 40 |
| | 潜水艇(艘) | | 10 | 70 |
| 空军 | 战斗机(架) | | 410 | 810 |
| | 监察机(架) | | 60 | 30 |
| | 支援机(架) | | 50 | 330 |
| | 训练机(架) | | 180 | 170 |
| 直升机(架) | | | 690 | 290 |
| 预备役(人) | | | 310 万 | 762 万 |

资料来源：韩国国防部《2016 年国防白皮书》，2017，第 236 页。

## 三　韩国军队积极参与国际行动

1993 年，韩国的一个工兵营被派往索马里（1993 年 7 月～1995 年 2 月，共 516 人次），执行联合国的维和任务。从此，韩国陆续向安哥拉（1995 年 10 月～1997 年 2 月，600 人次）、东帝汶（1999 年 10 月～2003 年 10 月，3328 人次）、西撒哈拉等地派出国际维和部队，圆满地完成了维持公共秩序、控制边界线、协助军事培训等任务。以 2014 年 9 月为准，韩国在 15 个国家共有 1400 多名维和人员。

　　此外，韩国还应联合国的要求向国外派出了军事观察员。目前，有9名韩国军官参与了联合国在印度和巴勒斯坦军事观察团的工作，有7名韩国军官在联合国格鲁吉亚观察团中任职，另有1名军事观察员在联合国布隆迪观察团中工作。

　　对于联合国维和行动以外的海外派兵，韩国政府和国会认真考虑派兵地区的战争情况、国际社会的支持度、国民舆论等问题后，权衡利弊得失，做出是否派兵的决定。

　　"9·11"事件发生后，韩国政府加入了美国领导的世界反恐联盟。经过国会的授权，韩国政府在2001年以后向阿富汗派出了171人的海军运输支援部队、76人的空军运输部队、100人的医疗部队、150人的建筑工程部队，积极参与阿富汗的战后重建工作。2007年7月，23名韩国人质遭塔利班武装人员绑架。受此影响，韩国政府于2007年12月全部撤回了驻阿部队。

　　对于向伊拉克派兵，韩国国内一直存在分歧，不仅民众的反对声一浪高过一浪，政界的分歧也很严重。反对的一方认为，美国的行动没有得到联合国的授权，出兵缺乏合法性。韩国政府则主张，向伊拉克派兵可以一箭数雕：第一，增进韩国与伊拉克之间的关系，为韩国企业开拓中东乃至中亚市场创造适宜的条件；第二，履行韩国作为联合国的一员在促进世界和平与稳定、支持伊拉克的战后和平与重建方面的义务和责任；第三，加强韩国与美国之间的同盟关系，创造有利于解决双边关系中存在的问题的条件；第四，提升韩国的国际地位，加强与派兵国家之间的联系，通过参与国际维和行动提高韩国军队的远距离部署和补给能力。[①] 2003年4月，韩国国会以179票赞成、68票反对和9票弃权的表决结果通过了政府提出的向伊拉克派兵的动议案。据此，韩国向伊拉克派遣了约600人的建设工程兵和约100人的医疗支援团。2003年9月，美国政府向韩国提出增兵请求。但由于此次的派兵规模、兵种、国际国内舆论都发生了变化，韩国政府在派兵问题上更加犹豫。在2004年2月国会表决通过《追加派兵

---

① 韩国国防部：《2004年国防白皮书》，2005，第115～116页。

动议案》时，结果为 155 票赞成、50 票反对、7 票弃权。该动议案同意向伊拉克增派 3000 名左右的战斗部队，执行任务期限为 2004 年 4 月 1 日至 12 月 31 日。由于反对派的坚决抵制和伊拉克局势的不明朗，韩国政府迟迟没有向伊增兵，2004 年 6 月的韩国人质被撕票事件使国内的反对声更加高涨。韩国政府最终于 2004 年 8 月才向伊增兵，距离美国政府提出增兵的要求已经过去了将近一年时间。由于伊拉克的局势并没有如期平静下来，韩国国防部决定延长驻伊部队的任期。韩国国会在表决《延长韩国军队派驻伊拉克期限动议案》时，结果为 161 票赞成、63 票反对、54 票弃权，反对票和弃权票明显增加。韩国驻伊部队的派兵期限将延长至 2005 年年底。此后，期限又再次延长。截至 2007 年年底，有 1250 名韩国军人驻扎在伊拉克。2008 年 12 月韩国军队从伊拉克完全撤出。

# 第六章

# 社　会

## 第一节　国民生活

### 一　就业

随着经济的高速增长和产业结构的变化，韩国的就业结构发生了根本的变化。在经济刚开始起飞的 1963 年，韩国从事农业、林业和渔业等第一产业的劳动者占总就业者的 63.0%，到 1990 年，这一数字急剧下降到了 17.9%，此后下降速度稍缓。到 2016 年，第一产业就业人口只占到 4.9%。第二产业劳动力比重从 1963 年的 8.7% 上升至 1990 年的 27.6%，其后也逐步下降，近十年来，韩国第二产业就业比重维持在 16.4% ~ 17.4%。与此相适应，韩国第三产业就业人口所占比重呈现明显的上升态势，由 1963 年占总劳动力的 28.3% 上升到 2000 年的 69.0%。此后十余年，第三产业就业比重仍呈现小幅缓慢上升的态势。到 2016 年，第三产业就业比重达到了 77.9%（见表 6 - 1）。

表 6 - 1　1963 ~ 2016 年韩国就业结构变化

单位：%

| | 1963 | 1970 | 1980 | 1990 | 2000 | 2010 | 2011 | 2012 | 2013 | 2014 | 2015 | 2016 |
|---|---|---|---|---|---|---|---|---|---|---|---|---|
| 第一产业 | 63.0 | 50.4 | 34.0 | 17.9 | 10.6 | 6.6 | 6.4 | 6.2 | 6.1 | 5.7 | 5.2 | 4.9 |
| 第二产业 | 8.7 | 14.3 | 22.5 | 27.6 | 20.4 | 17.0 | 16.9 | 16.7 | 16.8 | 17.0 | 17.4 | 17.2 |
| 第三产业 | 28.3 | 35.3 | 43.5 | 54.5 | 69.0 | 76.4 | 76.7 | 77.1 | 77.2 | 77.4 | 77.5 | 77.9 |

资料来源：韩国统计厅网站，http://www.index.go.kr/potal/main/EachDtlPageDetail.do? idx_ cd = 2896。

较为充分的就业是发展经济、维持比较平均的收入分配的重要条件。韩国政府适当的产业战略选择是协调产业结构与就业结构、维持充分就业的重要条件。韩国在经济快速增长的初级阶段，主要发展的是纺织、服装、制鞋、假发等劳动密集型工业，大批从农村转向城市、缺乏大工业熏陶的青年人在这些行业中获得了就业岗位。在劳动大军经过了充分的工业化训练之后，韩国政府在20世纪70年代末期开始推进重化工业战略。由于产业结构的转型，劳动力结构没有很快地适应新的产业结构，韩国出现了熟练劳动力在短期内短缺的现象，而原有的非熟练劳动力的失业率较高。经过近10年的调整和稳定之后，劳动力结构基本适应了新的产业形势，失业率稳步下降。韩国较为顺畅地实现了由劳动密集型产业向资本技术密集型产业的结构升级。1998年新《劳动法》的实施，使企业在找不到其他切实可行的办法时可以解雇员工，此举显著地增强了韩国劳动市场的弹性。

韩国的就业相对比较充分。自2000年以来，全社会失业率维持在3.1%~4.4%。朴槿惠政府任期内，全社会失业率呈现上升态势，自2013年的3.1%上升至2016年的3.7%。其中，青年失业问题较为严重，15~29岁年龄段青年失业率从2013年的8.0%上升至2016年的9.8%。青年失业率的居高不下，也使政府在青年人中的支持率偏低（见表6-2）。

表6-2　韩国全社会失业率和15~29岁青年失业率概况

单位：%

| 年　度 | 2000 | 2001 | 2002 | 2003 | 2004 | 2005 | 2006 | 2007 | 2008 |
|---|---|---|---|---|---|---|---|---|---|
| 全社会失业率 | 4.4 | 4.0 | 3.3 | 3.6 | 3.7 | 3.7 | 3.5 | 3.2 | 3.2 |
| 青年失业率 | 8.1 | 7.9 | 7.0 | 8.0 | 8.3 | 8.0 | 7.9 | 7.2 | 7.2 |
| 年　度 | 2009 | 2010 | 2011 | 2012 | 2013 | 2014 | 2015 | 2016 | — |
| 全社会失业率 | 3.6 | 3.7 | 3.4 | 3.2 | 3.1 | 3.5 | 3.6 | 3.7 | — |
| 青年失业率 | 8.1 | 8.0 | 7.6 | 7.5 | 8.0 | 9.0 | 9.2 | 9.8 | — |

资料来源：韩国统计厅网站，http：//kosis. kr/statHtml/statHtml. do? orgId = 101&tblId = DT_1DA7002&conn_ path = I2。

## 二　住房

与其他国家相比，韩国的城市化要明显快于工业化。1960 年韩国已经有 38% 的人口居住在城市中，当时韩国的人均国民生产总值只有 80 美元。到了 2007 年，韩国的城市人口已占总人口的 90% 以上。

城市人口激增造成了城市中的住房短缺和地价的飙升。为解决住房短缺，稳定住房建筑费用，政府一直将增加住宅建设用地和建造小型公寓视为其工作重点之一。1988 年，韩国政府制订并推行了 1988～1992 年建造"200 万套住房计划"。其间，实际建造了 270 万套住房，大批住房的供应大大地稳定了先前上涨的房价。1993～1997 年，政府平均每年提供 50 万～60 万套住房。

韩国住房租赁制度很独特。房租很少按月交付，而是通常要先付一笔相当于房价 50%～70% 的押金，合同期满退回押金。这一租赁制度叫作"传贳"，这一制度会使房东获得押金利息的好处。2002 年，约有 66% 的住户按照这种制度租房居住。随着地价上升和经济增长带来的生活方式的现代化，公寓住户的比例也不断上升。1985 年，住公寓的家庭占 13.5%，而到 2002 年，住公寓的家庭更占了 47.7%。这一比例在大城市中还要高一些。在韩国大城市中超过一半的家庭（55%）住在公寓之中。[1]

根据韩国统计厅网站信息，2015 年，韩国全国共有住宅 16367006 套，其中，单独住宅 3973961 套；公寓 9806062 套，约占所有住宅的六成，公寓是韩国人居所的主要形态；联排 485349 套；多世代住宅 1898090 套；非居住用建筑内住宅 203544 套。[2]

从韩国统计厅网站信息来看，2015 年韩国共有家庭（含 1 人家庭）1911.1 万户，住宅 1955.9 万套，全国范围内的住宅保有率为 102.3%。

---

① 　大韩民国海外弘报院：《韩国简介》，2003 年修订版，第 84～85 页。
② 　韩国统计厅网站，http：//kosis. kr/statHtml/print. do？ orgId = 101&tblId = DT _ 1JU1501。

首都首尔市的情况不及全国的平均水平。2015年首尔市有家庭378.5万户，有住宅363.3万套，住宅保有率为96.0%（见表6-3）。

表6-3 韩国的住宅保有率

| | | 2005 | 2010 | 2011 | 2012 | 2013 | 2014 | 2015 |
|---|---|---|---|---|---|---|---|---|
| 全国 | 家庭数（千户） | 15887 | 17656 | 17928 | 18209 | 18500 | 18800 | 19111 |
| | 住宅数（千套） | 15663 | 17739 | 18082 | 18414 | 18742 | 19161 | 19559 |
| | 住宅保有率（%） | 98.6 | 100.5 | 100.9 | 101.1 | 101.3 | 101.9 | 102.3 |
| 首尔 | 家庭数（千户） | 3310 | 3647 | 3673 | 3701 | 3728 | 3756 | 3785 |
| | 住宅数（千套） | 3102 | 3442 | 3478 | 3510 | 3546 | 3608 | 3633 |
| | 住宅保有率（%） | 93.7 | 94.4 | 94.7 | 94.8 | 95.1 | 96.1 | 96.0 |

资料来源：韩国统计厅网站，http：//www.index.go.kr/potal/main/EachDtlPageDetail.do?idx_cd=1227。

## 三　社会保障

韩国的社会保障制度有以下几个特点。首先，在经济发展的初期，与社会保障相比，政府更重视经济的增长，因此长期以来国家的主导思想是通过发展经济来增进国民福利，而并不看重社会保障。在此期间，尽管制定了一批有关社会福利的法律，但实施较少。其次，社会保障的覆盖面经历了一个逐步扩大的过程，比如在年金、医疗保险、就业保险等各个方面，都采取了逐步推进的策略。最后，进入20世纪80年代，韩国经过较长时间持续的经济增长和社会发展，国家具备了相当的经济实力可以满足民众对于社会保障日益高涨的需求。特别是自1987年启动民主化转型以来，韩国的社会保障体系日益丰富和完善。

目前，韩国的社会保障制度已经形成了较完善的体系，主要包括3个方面。第一，社会保险，包括公共年金制度（国民年金制度、公务员年金制度、军人年金制度、私立学校教职员年金制度等）、医疗保险制度、产业灾害补偿保险以及就业保险等；第二，社会救助，包括生活补助、医疗补助、灾害救济、伤残军人补助等；第三，社会福利服务，主要关注老年人、儿童、妇女、残疾人等弱势群体。社会保险是社会保障的重要组成部分。

具体而言，韩国的年金分为两大类，一是以公务员、私立学校教职员、军人等特殊群体为主要对象的年金，二是以普通国民为对象的国民年金。

公务员年金适用于国家公务员、地方公务员、国立学校的教职员等。1960 年韩国实施了《公务员年金法》，公务员年金由公务员缴纳月报酬额的 5.5%（工龄超过 33 年就不再缴纳），国库或地方政府负担公务员报酬额的 5.5% 及灾害补偿负担金。年金的支出分短期和长期两类，短期包括医疗费、灾害补偿等，长期包括退休金、伤残年金及遗属年金等。

韩国于 1975 年开始实施《私立学校教职员年金法》，单独设立了私立学校教职员年金，由教育部下属私立教职员年金管理公团主管。教职员缴纳月报酬额的 5.5%，学校缴纳教职员报酬额的 3.5%，国库支付 2% 及运营费。教职员年金的支出与公务员年金类似。

韩国在 1963 年颁布了《军人年金法》，军人年金由国防部主管。现役军人缴纳月报酬额的 5.5%（军龄超过 33 年就不再缴纳），国库负担军人报酬额的 5.5% 和灾害补偿负担金。

国民年金是韩国社会保障制度的核心。韩国于 1973 年颁布了《国民年金法》，但是受石油危机的影响该法的实施被延误，其后经过较大的修改，新的《国民年金法》最终于 1986 年 12 月 31 日开始实施。1988 年 1 月 1 日开始推行国民年金计划。最初的国民年金计划只覆盖了雇员 10 人以上的单位，1992 年覆盖面扩展至雇员 5 人以上的单位，1995 年 7 月扩展至农民和渔民，1999 年 4 月扩展至所有城市居民。国民年金由保健福祉部主管，适用于 18 岁至 60 岁的一般国民。国民年金的支出主要用于老龄年金、残疾人年金、遗属年金及一次性偿还金。老龄年金从男 60 岁（女 55 岁）开始发放。遗属年金和残疾人年金则按老龄年金的一定比例发给，比例取决于加入时间和残疾程度。

医疗保险制度是社会保障体系的重要方面。长期的经济发展使韩国政府初步具备了扩大社会保障覆盖面的能力。1976 年，韩国政府彻底修改了原有的《医疗保险法》，医疗保险体系在强制的基础上建立起来。根据新的法律，1977 年所有雇员超过 500 人的单位必须参加医疗保险。在随后的几年里，强制保险覆盖范围逐渐扩展到雇员 300 人以上的单位、雇员 16 人以上的单位，并最终在 1988 年扩展到雇员 5 人以上的单位。另外，1981 年还开展了将保险扩展到农村和城市的自雇佣者的试点工作，在此基础上，农村和城市的自雇佣者分别在 1988 年和 1989 年加入保险。从 1977 年政府部门首先开展医疗保险到 1989 年所有国民都被覆盖，花费了 12 年的时间。目前的医疗保险已经覆盖了约 3000 万人。政府在实行医疗保险的同时建立新的医疗服务体系，提倡就近求医。医药费的一部分由患者负担，一般而言患者需负担门诊费用的 30% ~ 55%、住院费用的 20%。

产业灾害补偿保险是在韩国较早普及的社会保险，保险对象是与业务有关的职业病，对因产业灾害而发生的工伤、疾病、残废、死亡等进行医疗服务或给予生活补贴。产业灾害补偿保险由劳动部主管，保险费由雇主一方负担。韩国于 1963 年颁布了《产业灾害补偿保险法》，开始实行时只适用于矿业和制造业雇用 500 人以上的企业，1981 年扩大到雇用 16 人以上的电气煤气业、水道卫生设施业、建筑业、服务业等企业，1991 年扩展到雇用 5 人以上的企业。

《就业保险法》于 1993 年制定、1995 年 7 月开始实行，其目的是通过促进就业和救济失业来解决产业结构升级所带来的新问题。就业保险不同于失业保险，它不仅对失业者进行救济，而且用积极的政策手段尽可能防止失业的发生。最初只有 30 人以上的单位的全日制职工才能享受此保险。1998 年 3 月，这种保险制度扩展到 5 人以上的单位，1999 年 10 月又进一步扩展到包括非全日工和临时工。就业保险由劳动部主管。保险费分为两类：失业保险费由雇主和雇员各负担一半，就业安定和职业能力开发事业保险费则由雇主全部负担。雇主的保险费率为工资总额的 0.3% ~ 1.0%，雇员的保险费率为工资总额的 0.3%。

社会救助不同于社会保险，不缴纳保险费，用国库资金对低收入阶层进行生活保护或者使之进行自救。韩国的社会救助包括生活救助、有功人员津贴及医疗补助、灾害救济等。韩国的社会福利服务工作由保健福祉部主管，经费由国库和地方政府补助金来解决。由于社会救助和社会福利的广泛开展，韩国弱势群体的生活基本得到保障。

## 四　移民

韩国总体上属于单一民族国家，以往社会相对封闭，移民相对较少。近些年来，由于韩国经济发达、中韩关系提升、韩国人口老龄化等各种因素的影响，在韩国居住的外国人增加明显。根据韩国统计厅的数据，截至2015年年末，在韩外国人1899519人，比2014年增加5.7%（101901名），近5年平均以每年8.6%的速度增长。外国人增加的主要原因是短期游客增加、中国朝鲜族的F-4签证对象扩大、韩国永住权F-5签证数量的增加等（见表6–4）。

从在韩外国人的国籍来看，中国人最多，有955871名（50.3%），美国人次之，138660名（7.3%），越南以136758名（7.2%）居第三位，随后是泰国93348名（4.9%）、菲律宾54977名（2.9%）、日本47909名（2.5%）等。从滞留资格来看，"来韩就业"等就业资格外国人最多，有625129名，占比32.9%。此外是朝鲜族（在外同胞）（F-4）328187名（17.3%），结婚移民151608名（8.0%），永住（F-5）123255名（6.5%）等。①

表6–4　2012～2015年在韩外国人数量

单位：名

| 年份 | 2012 | 2013 | 2014 | 2015 |
|------|------|------|------|------|
| 滞留外国人 | 1445103 | 1576034 | 1797618 | 1899519 |
| 长期滞留 | 1120599 | 1219192 | 1377945 | 1467873 |
| 短期滞留 | 324504 | 356842 | 419673 | 431646 |
| 非法滞留 | 177854 | 183106 | 208778 | 214168 |

资料来源：출처：출입국·외국인정책통계연보，http：//www. index. go. kr/potal/main/EachDtlPageDetail. do？idx_ cd = 2756。

---

① 韩国统计厅网站，http：//www. index. go. kr/potal/main/EachDtlPageDetail. do？idx_ cd = 2756。

# 第二节　老龄化与少子化

正如韩国的经济发展浓缩了发达国家上百年的发展历程、在较短时间内实现了从赤贫到发达国家的飞跃一样，韩国的人口结构，也在较短的时间内走过了发达国家相对漫长而平和的进程，从高出生率、高死亡率的较为年轻的人口结构，迅速地走向低出生率、低死亡率的老龄化、少子化带来的老化的人口结构。如果问当前韩国社会面临的最突出问题是什么，老龄化和少子化问题是首要的，这二者相互联系。

韩国统计厅2016年12月8日发布《2015～2065年人口估算》，该报告预测，韩国总人口规模将于2021年突破5200万人，2025年达5261万人，2030年为5294万人，2031年增至5296万人后止升回跌，2045年跌至5105万人，2055年为4743万人，2065年减少到4302万人。2029年起出现人口自然减少。但人口自然减少预计因净流入人口增加将有所缓解。2032～2065年死亡人数减去出生人口后的自然减少人口数为115.2万人，但净流入人口达114万人，因此人口减少速度或将放缓。劳动适龄人口（15～64岁）2016年出现峰值，2017年起开始减少，在总人口中所占比重将从2015年的73.4%降到2065年的47.9%。

该报告预测，少儿（0～14岁）人口数占总人口的比重2015年为13.8%，为703万人，预计在2065年会减少到413万人。与此相比，同期老年人口将从654万人（12.8%）增加到1827万人（42.5%）。2017年老年人口将首次超过少儿人口。老年人口占总人口比重将快速提高，2026年为20%，2037年为30%，2058年突破40%（如图6-1所示）。从总扶养负担来看，即每100名劳动适龄人口扶养的少儿人口和老年人口将从2015年的36.2名增加到2027年的50.9名，2032年升至60.1名。每100名少儿人口相对应的老年人口，2015年为93.1人，2017年将达

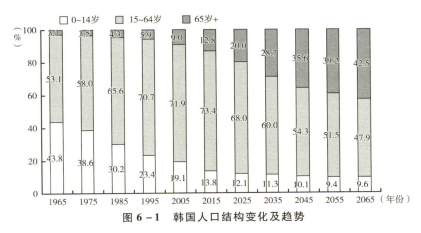

图 6－1 韩国人口结构变化及趋势

资料来源：《2015～2065 年人口估算》，韩国统计厅网站。

104.8 人，2029 年为 203.5 人，2065 年为 442.3 人。①

　　根据韩国统计厅网站信息，2016 年韩国出生的新生儿共计 40.6 万人。与 2015 年的 43.8 万人相比，减少了 7.3%。社会总和生育率（一名 15～49 岁育龄女性一生中诞下的孩子数）从 1.24 人减少至 1.17 人。不仅如此，由于 2016 年韩国结婚件数为 28.17 万件，创下历史最低值，比 2015 年减少了 7%，因此，不能排除 2017 年新生儿数量下跌至 40 万以下的可能性。如表 6－5、表 6－6、表 6－7 所示。

表 6－5　韩国人年度结婚件数

单位：件

| 年度 | 2007 | 2008 | 2009 | 2010 | 2011 | 2012 | 2013 | 2014 | 2015 | 2016 |
|---|---|---|---|---|---|---|---|---|---|---|
| 结婚件数 | 343559 | 327715 | 309759 | 326104 | 329087 | 327073 | 322807 | 305507 | 302828 | 281700 |

　　资料来源：韩国统计厅网站，http：//kosis. kr/nsportalStats/nsportalStats _ 0102Body. jsp? menuId＝1&NUM＝16。

---

① 《장래인구추계 (2015-2065년)》，韩国统计厅网站，http：//kostat. go. kr/portal/korea/ kor_ nw/2/2/1/index. board？bmode＝read&bSeq＝&aSeq＝357935&pageNo＝1&rowNum＝ 10&navCount＝10&currPg＝&sTarget＝title&sTxt＝。

表 6-6　韩国新生儿数与总出生率

单位：人

| 指标 | 2007 | 2008 | 2009 | 2010 | 2011 | 2012 | 2013 | 2014 | 2015 | 2016 |
|---|---|---|---|---|---|---|---|---|---|---|
| 总出生率 | 1.250 | 1.192 | 1.149 | 1.226 | 1.244 | 1.297 | 1.187 | 1.205 | 1.239 | 1.170 |
| 新生儿数 | 493189 | 465892 | 444849 | 470171 | 471265 | 484550 | 436455 | 435435 | 438420 | 406300 |

资料来源：韩国统计厅网站，http：//kosis.kr/nsportalStats/nsportalStats＿0102Body.jsp?menuId＝1&NUM＝13。此处数据为直接引用，未做改动。

表 6-7　主要国家总出生率比较

单位：1 名育龄妇女（15~49 岁）平均生育子女数

| | 1955 | 1960 | 1965 | 1970 | 1975 | 1980 | 1985 | 1990 | 1995 | 2000 | 2005 | 2010 | 2015 |
|---|---|---|---|---|---|---|---|---|---|---|---|---|---|
| 韩　国 | 5.05 | 6.33 | 5.63 | 4.71 | 4.28 | 2.92 | 2.23 | 1.6 | 1.7 | 1.51 | 1.22 | 1.23 | 1.26 |
| 新加坡 | 6.61 | 6.34 | 5.12 | 3.65 | 2.82 | 1.84 | 1.69 | 1.7 | 1.73 | 1.57 | 1.35 | 1.26 | 1.23 |
| 德　国 | 2.13 | 2.29 | 2.47 | 2.36 | 1.71 | 1.51 | 1.46 | 1.43 | 1.3 | 1.35 | 1.35 | 1.36 | 1.39 |
| 日　本 | 3 | 2.16 | 1.99 | 2.02 | 2.13 | 1.83 | 1.75 | 1.66 | 1.48 | 1.37 | 1.3 | 1.34 | 1.4 |
| 意大利 | 2.36 | 2.29 | 2.5 | 2.5 | 2.32 | 1.89 | 1.52 | 1.35 | 1.27 | 1.22 | 1.3 | 1.42 | 1.43 |
| 中　国 | 6.11 | 5.48 | 6.15 | 6.3 | 4.85 | 3.01 | 2.52 | 2.75 | 2 | 1.48 | 1.5 | 1.53 | 1.55 |
| 加拿大 | 3.65 | 3.88 | 3.68 | 2.61 | 1.98 | 1.73 | 1.63 | 1.62 | 1.69 | 1.56 | 1.52 | 1.64 | 1.61 |
| 美　国 | 3.33 | 3.67 | 3.4 | 2.58 | 2.02 | 1.77 | 1.8 | 1.91 | 2.03 | 2 | 2.04 | 2.06 | 1.89 |
| 英　国 | 2.18 | 2.49 | 2.81 | 2.57 | 2.01 | 1.73 | 1.78 | 1.84 | 1.78 | 1.74 | 1.66 | 1.88 | 1.92 |
| 法　国 | 2.75 | 2.69 | 2.83 | 2.64 | 2.3 | 1.86 | 1.87 | 1.81 | 1.71 | 1.76 | 1.88 | 1.97 | 2 |

资料来源：UN Department of Economic and Social Affairs，World Population Prospects；UN Department of Economic and Social Affairs，http：//esa.un.org/unpd/wpp/，World Population Prospects：The 2015 Revision＿Total fertility（children per woman），资料引自韩国统计厅网站，http：//www.index.go.kr/potal/stts/idxMain/selectPoSttsIdxSearch.do?idx＿cd＝2913&stts＿cd＝291304&clas＿div＝&idx＿sys＿cd＝。

　　受低出生率、老龄化和人们生活观念变化的影响，韩国的家庭结构也正在发生深刻的变化。以往的多代大家庭逐渐被核心家庭乃至一人家庭取代。据韩联社 2017 年 1 月 8 日报道，韩国国土信息公社公布的一份前瞻报告显示，2030 年，韩国人口将触顶回落，一人和二人户家庭增加。韩国人口 2015 年为 5084 万人，2030 年将增至 5221 万，之后逐步减少，到

2050 年人口将降至 4763 万。而家庭总户数将由 2015 年的 1918 万户增至 2030 年的 2234 万户，2050 年小幅降至 2209 万户。一人户将从 2015 年的 517 万户增至 2030 年的 724 万户，到 2050 年将进一步增至 763 万户，占总数的 35%。与此相反，四人户家庭占比将从 2015 年的 19% 降至 2050 年的 13%。这是因为独居老人家庭和未婚家庭增加。随着传统家庭结构解体，至 2050 年，每 10 户家庭中就有约 4 户为"一人户"。

与此同时，韩国住宅数量将从 2010 年 1762 万套增至 2030 年的 2496 万套，到 2050 年将增至 2998 万套。由此，房屋普及率（住宅数与家庭数之比）将从 2010 年的 101% 增至 2050 年的 136%。空置房屋数将从 2010 年的 73 万套增至 2050 年的 302 万套。[①]

## 第三节 医疗卫生

### 一 医疗机构、医护人员概况

根据韩国统计厅网站消息，截至 2015 年，韩国有各类医院 3693 家，其中公共医疗机构 210 家。在首尔，有医院 484 家。2015 年，韩国各医疗机构的病床数 592628 张，其中公共医疗机构病床数为 62276 张，占总病床数的 10.5%。2015 年韩国每万人拥有病床数约为 118 张。[②]

韩国的传统医学历史悠久，《黄帝内经》中就有"砭石针术"来自东方的描述，《神农本草经》中也曾介绍韩国医药。在传统经验医术的基础上，古代朝鲜的医学吸纳了中华医学的精髓，融入了伴随佛教而来的古印度医术，逐步形成了韩医的独特疗法。朝鲜李朝时期，韩医学进入鼎盛期。《乡

---

① 韩联社，"나혼자산다"…2050년엔 10가구중 4가구"1인"，2017/01/08，http://www. yonhapnews. co. kr/bulletin/2017/01/07/0200000000AKR20170107045800003. HTML? input = 1179m。

② 韩国统计厅网站，http://kosis. kr/statHtml/statHtml. do？orgId = 411&tblId = DT_ 411002_ 03&conn_ path = I3。以上相关分析，是以全体医院级以上医疗机关为对象，包括综合医院、医院、保健医疗院、牙科医院、韩医医院、疗养医院等在内。

药集成方》（1433）、《医方类聚》（1477）、《东医宝鉴》（1610）等医学著作相继问世，表明东医学正在摆脱单纯的经验医学的束缚。

自 18 世纪中叶以后，西医学知识通过各种渠道断断续续被介绍到朝鲜半岛。朝鲜开港后，现代西医学经由日本大规模传入韩国。1876 年日本人在釜山开设的济生医院是韩国最早的西医医院。1885 年高宗下令设立广惠院（后改称济众院），西医逐步在韩国扎下根来。

尽管受到西医的冲击，韩国传统医学依然有所进展。特别是在朝鲜战争结束以后，韩国传统医学在诊疗手段、用药方式等方面都有了改善。在强调回归自然的今天，韩国的东医学受到更多的关注。

在过去的数十年间，韩国人的健康状况总体来说有了很大的改善。1960 年，男性的平均寿命为 51 岁，女性的平均寿命为 54 岁。2000 年，男性的平均寿命增加到 72.1 岁，女性的平均寿命增加到 79.5 岁。婴儿和产妇的死亡率也都大大下降。当前，韩国人平均寿命 77 岁，其中男子 73 岁，女子 80 岁。

根据韩国统计厅网站信息，韩国每千名人口中的医生数量呈现持续增长态势，表明公民医疗条件取得明显改善。比如，在韩国经济高速起飞前的 1960 年，每千名人口中的医生数量只有 0.31 人；到 1995 年韩国加入 OECD 前夕，这一数值增长到 1.27。截至 2015 年，韩国每千名人口中的医生数量达到了 2.27 人，接近同期美国、日本的水平（如表 6 - 8 所示）。2015 年韩国每千人中的护士数量达到 6.6 人，这一数值是 1980 年的 6 倍。在大医院汇集的首都首尔，2015 年每千名人口中的医生数量达到 3.89 人。

表 6 - 8  1950～2015 年韩国每千人医生数

单位：人

| 年份 | 1950 | 1955 | 1960 | 1965 | 1970 | 1975 | 1980 | 1985 | 1990 | 1995 | 2000 | 2005 | 2010 | 2015 |
|---|---|---|---|---|---|---|---|---|---|---|---|---|---|---|
| 每千人医生数 | 0.23 | 0.29 | 0.31 | 0.38 | 0.46 | 0.48 | 0.59 | 0.73 | 0.99 | 1.27 | 1.54 | 1.77 | 2.05 | 2.27 |

资料来源：韩国统计厅网站，http：//www. index. go. kr/potal/enaraIdx/idxField/userPageCh. do？idx_ cd = 2933。

二 医疗费支出

　　韩国保健福祉部负责国民的医疗保健和社会福利事业,包括对维护和促进国民健康和社会福利做出战略性规划。韩国的多数医院已经民营化,只有少数几家国立医院、传染病医院等医疗机构由保健福祉部管辖。尽管韩国在快速工业化期间没有足够的资金用于保健和福利事业,但在实现工业化后韩国政府在这一方面的投入逐步加大。从保健福祉部的预算来看,不仅其绝对数额近年来不断增加,其占政府总预算的比例也明显上升。2016年韩国保健福利预算为122.9万亿韩元,在预算总额中所占比重最高。

　　国民医疗费占 GDP 的比重,是一国医疗福利支出的重要指标。韩国的国民医疗费占 GDP 比重,从 1970 年的 2.8% 增加到 1980 年的 3.7%、1990 年 3.8%、2000 年 4.2%、2013 年的 7.2%,持续增长(如表 6 - 9所示)。并且,由于近些年来人口的老龄化、生活水平的提高和医疗技术的发展等因素共同作用,医疗费增加的速度也在加速。医疗费支出占GDP 的比重,因国家而异。比如,当前,美国的医疗支出占国内生产总值约 16%,医疗费支出比例过高可能会给经济带来负面影响。西欧国家医疗费支出大多占到国内生产总值 9%~11%。韩国的国民医疗费支出比例迄今为止在 OECD 国家中处于较低水平,但增加速度很快,在不远的将来将达到 OECD 成员国的平均水平(8.9%),也需要像西欧国家那样寻求节约医疗费对策。

表 6 - 9　韩国国民医疗费占 GDP 的比重

| | 国民医疗费(万亿韩元) | 医疗费/GDP(%) | | 国民医疗费(万亿韩元) | 医疗费/GDP(%) |
|---|---|---|---|---|---|
| 1970 | 0.1 | 2.8 | 2000 | 26.8 | 4.2 |
| 1975 | 0.3 | 2.6 | 2005 | 49 | 5.3 |
| 1980 | 1.5 | 3.7 | 2010 | 86 | 6.8 |
| 1985 | 3.1 | 3.5 | 2011 | 91.1 | 6.8 |
| 1990 | 7.6 | 3.8 | 2012 | 96.6 | 7 |
| 1995 | 15.8 | 3.7 | 2013 | 102.9 | 7.2 |

　　资料来源:http://www.oecd.org,OECD Health Statistics 2016,引自韩国统计厅网站,http://www.index.go.kr/potal/main/EachDtlPageDetail.do? idx_ cd = 2934。

根据韩联社 2012 年的报道，韩国健康保险政策研究院发表的《家庭医疗费结构和特点》报告显示，家庭年均医疗费用为 133.7 万韩元（约合人民币 7445 元）。分项目看，保健医疗服务费用最大，达到 96 万韩元，其后依次为药品购买费用 28 万韩元，医药外用品及医疗设备购买费用 9 万韩元。[①]

### 三 医疗机构吸引国外患者与医疗机构"走出去"现状

近几年来，在韩国医疗机构接受诊疗的外国人迅速增加，其中中国患者增幅最大。2009 年，中国患者人数为 4725 人次，2014 年为 79481 人次，短短 5 年激增到原来的近 17 倍。中国患者在外国患者中所占比重也从 2009 年的 7.8% 升至 2014 年的 29.8%。2014 年，外国人在韩支出医疗费总额达 5569 亿韩元，同比增长 42%。中国患者支出 1403 亿韩元，远超俄罗斯（1111 亿韩元）、美国（563 亿韩元）、阿联酋（405 亿韩元）等国患者。外国患者的人均医疗费支出为 208 万韩元，阿联酋患者人均支出最多，为 1537 万韩元，其次是哈萨克斯坦患者，为 413 万韩元。另外，中国人接受诊疗次数最多的科目是整形外科（27.9%），俄罗斯、美国、蒙古患者最常去的是内科。[②]

为促进韩国各类医疗机构吸引外国患者，韩国国会将《国际医疗事业支援法》改版为《关于医疗事业进军海外及对吸引外国患者项目提供支援的法案》，并在 2015 年 12 月 3 日的全体会议上表决通过该法案。根据法案，韩国医疗机构为吸纳外国患者可在免税店、机场、港湾等地有限制地打广告。医疗机构在进军海外市场时，还可享受金融、税收等方面的优惠。政府另将针对在吸引外籍患者方面业绩良好的机构提供各种优惠，而外国患者则能通过视频电话就地接受咨询和培训。随着该法案的获批，韩国国内医疗旅游和对外医疗出口有望快速发展。"走出去"的

---

医疗机构数量将从 2014 年的 125 家增至 2017 年的 160 家以上；来韩就医的外国患者也有望从 2014 年的 27 万人次增加到 2017 年的 50 万人次。随着来韩就医的外国患者数量增加，相关行业预计每年最多可产生 5 万个新的工作岗位。韩联社的报道称，国会此举遭到部分市民团体的反对，认为其助长医疗机构营利化。市民团体"参与联盟"（PSPD）方面表示允许医院做广告宣传吸引外国患者等于是允许医院摇身变为营利性机构，主张应立即废除该法案。市民团体"保健医疗团体联盟"方面则表示，应从中东呼吸综合征疫情中汲取教训，加强公共医疗卫生体系建设，但政府反而通过各种噱头让医疗机构开展营利性活动。在有一些公益性医疗机构因亏损而停业的情况下，国家反而给予营利性医院财政补贴的做法十分不合理。①

## 第四节　环境保护②

1962 年，美国经济史学家亚历山大·格申克龙（Alexander Gerschenkron）提出后发优势理论，指出工业化时期经济相对落后的国家，其工业化进程和特征在许多方面与先进国家显著不同。比如，经济越落后的国家，制造业的高速成长越可能出现大突进进程，对大工厂和大企业的强调越明显，资本动员越带有集权化和强制性特征等。③ 人们一般把后发优势理论理解为：后发国家可以借鉴先进国家的经验教训，避免或少走弯路，采取优化的赶超战略，从而有可能缩短初级工业化时间，较快进入较高的工业化阶段。

韩国的发展是一种典型的追赶型的后发工业化模式。作为一个后发现代化国家，从 20 世纪 60 年代开始，韩国从一个积贫羸弱的农业国发展成

---

① "韩国国会通过涉医疗机构的新法案被指有损公益性"，韩联社，2015/12/03，http：//chinese. yonhapnews. co. kr/newpgm/9908000000. html? cid = ACK20151203001800881。

② 本节内容主要来自董向荣、李冬新为环保部撰写的报告。

③ Alexander Gerschenkron, *Economic Backwardness in Historical Perspective*, *a Book of Essays*, Cambridge, Massachusetts：Belknap Press of Harvard University Press, 1962.

为一个先进的工业化国家。截至 2015 年，韩国人均 GDP 约 2.9 万美元，钢铁、造船、汽车、电子等行业居世界前列，是中等强国中的佼佼者。特别是由于美国、日本对韩国在经济计划制订、技术转移、人员培训、开发贷款等方面的大力支持，韩国的工业化相当迅猛，在造船、钢铁、电子等行业形成了与美日相竞争的实力。但是，在环保方面，韩国未能幸免，也是走过了"先污染、后治理"的曲折道路，所幸污染程度不重、经历的时间不算长。从某种程度上来说，这也是后发优势的体现。

大致来看，韩国的 20 世纪 60～70 年代是工业化和环境污染加剧的时期，20 世纪 80～90 年代是加大治理的时期，其中 1988 年汉城奥运会前后，是韩国大力加强环境治理、加大环保基础设施投资、密集出台环境相关法律①的时期。2000 年以后，韩国的环境问题进入精细化管理时代，环境科技发展迅速、环境外交日益活跃。本节内容主要参照《韩国环境政策白皮书》。

## 一　在工业化、城市化过程中未能避免环境污染

朝鲜半岛的工业化是从日本殖民统治时期开始的，工业区主要集中在三八线以北，三八线以南主要是农业区。1950～1953 年的朝鲜战争致使半岛的生态环境破坏严重。韩国在战争的废墟上开始启动工业化和现代化进程。20 世纪 60 年代初，韩国朴正熙政府开始实施经济开发五年计划。1962～1981 年的前 4 个五年计划期间，韩国工业化、城市化进程大大加快，全国不少地区建立了工业区，主要有蔚山工业区、丽川工业区、马山出口自贸区等，分布在沿海地区。韩国在 1963 年制定了《国土建设综合计划法》，主要是为了支撑成长为主的产业化政策，当时国土开发计划没有考虑到环境保护问题。水库建设、住宅建设、道路建设等主要是围绕经济增长的目的。伴随快速的工业化、城市化，城市环境管理、农村农药化肥污染等难题凸显。

---

①　本文提到的韩国环境管理相关法律，基本上是按照韩文直译过来，没有根据中文的语言习惯做调整，以求更忠实于原文。

在 20 世纪 60 年代经济开始起飞之际，韩国首先选择的是劳动密集型产业，当时的污染还比较有限，环境容量还比较大，政府和公众对环境问题不够重视，环境意识不强。即便如此，60 年代城市环境恶化的态势仍然是明显的。《韩国环境政策白皮书》显示，首都首尔所在的汉江流域环境问题最先爆发。1967 年，汉江流域的普通细菌及大肠杆菌污染度是 1963 年最初测定值的 150 倍。1967 年首尔市普光洞取水场附近的生化需氧量（BOD）年均 26.3mg/L，1971 年达 40.2mg/L，恶化速度之快令人震惊。作为参照，1975～1977 年首尔市民的水源汉江上游的 BOD 约为 5 mg/L，可见中下游水质污染之严重。在国土东南方向，洛东江下游污染程度也大幅增加，金海沿海无法养殖海苔。作为全国最大的城市，首尔市的大气污染也在日益严重。1977 年首尔大气中二氧化硫（$SO_2$）浓度为 0.083ppm，以后持续恶化至 1979 年的 0.093ppm，都大大超过了大气环境标准（0.05ppm）。

韩国的一大优势在于，产业集聚现象比较明显，工业区集中，为污染治理提供了有利条件。此外，韩国的重化工业门槛高，多是政府或大企业投资，比如浦项钢铁，技术相对雄厚，能够引进污染治理技术和措施。大致在 20 世纪 80 年代初期，韩国环境恶化的趋势基本得到遏制。在各种环境管理政策的推动下，首尔的亚硫酸气体污染度由 1980 年的 0.094ppm 下降到 1989 年的 0.056ppm，空气质量大幅改善。水质污染方面，汉江八堂 BOD 从 1981 年的 5.2mg/L 下降到 1989 年的 1.2mg/L，改善幅度相当大。

## 二 环境意识的萌发与环境立法的加强

韩国环境意识与立法的变化，可以概括为 20 世纪 80 年代环境意识加强与争取"环境治理达标"、20 世纪 90 年代密集立法、2000 年以后追求可持续发展等几个阶段。

### （一）"环境权"作为国民的一项基本权利得以确立

随着经济高速增长和城市化水平提高，韩国国内要求更好的环境的呼声日益高涨，特别是在出现了多起工业园区污染周边等事件之后，国民对污染问题的认识提高，担忧加剧。从 1977 年开始的第四个经济开发五年计划中，与产业结构升级和国际竞争力提高等内容一起，国民生活环境改善也被列为主要政策目标。1977 年，韩国开始在全国范围内开展保护大自然运动，并制定了《环境保全法》《海洋污染防止法》，标志着韩国从公害防治转向全面的环境保护。1978 年 10 月，韩国政府宣布《自然保护宪章》，政府对保护环境的基本立场发生巨大变化。

行动源于观念的变化。1980 年韩国宪法将"在健康、舒适的环境中生活"作为国民的一项基本权利——"环境权"。为实现环境权，相关的立法活动明显增多。原来的"经济开发五年计划"也从 1982 年改称"经济社会发展五年计划"，这也表明韩国放弃了原来"经济增长一边倒"的国家开发政策，环保部门开始制订多个计划。在"六五计划"（1987 ~ 1991）中，环境政策的基调是，提高"环境标准的达标率"，强化对污染地区的环境管理，为筹备 1988 年奥运会和改善城市环境而努力。

1981 年，韩国修订《环境保全法》。除行政机关外，政府下属公共机构都被列为环境影响评价对象，设立防止环境污染基金，把经营者建设污染防治设施义务化，降低生活噪音，强调经营者负责垃圾回收及处理，制定产业废弃物处理标准。1986 年，《环境保全法》再次修订，地产开发等民间主导的大规模开发项目，也被列为环境影响评估对象。新法为濒危野生物种的保护、化学物质有害性审查制等提供了法律依据。此外，废弃物管理体系也实现了基于《废弃物管理法》的单一化，生活垃圾和产业废弃物管理体系确立。1986 年，韩国指定蔚山等地区为"空气污染严重特别对策地区"，进一步加强管理。在首尔等主要城市设立大气污染和噪音自动检测显示屏，激发国民的环境意识。

**（二）密集立法、加强环境管理的 20 世纪 90 年代**

进入 20 世纪 90 年代，国际上环境保护政策的理念发生了很大的变化。20 世纪 80 年代事后管理和直接规制的管理方式被抛弃，代之以事前预防性环境管理、经济诱导手段等新的政策取向。自 20 世纪 90 年代以来，韩国引进 OECD 成员国等发达国家广泛使用的经济手段，将经济活动中的环境成本内在化。为了提升环境管理效率、缓解高消费活动对环境的负担、加强国际环境协议的履行等，韩国在 20 世纪 90 年代密集出台环境相关法律。

不仅如此，韩国还开始制订和推进系统的、面向未来的环境计划，环境改善事业开始进入体系化推进阶段。第一个《环境改善中期综合计划（1992～1996）》制订，以此为基础，推进包括自然环境保护、大气保护、防止海洋污染、废弃物管理、环境技术开发、土壤保护、资源再利用、地下水管理、下水道整备维修、湖水水质保护、特定岛屿保护等各方面内容。1995年，《环境保护长期综合计划（1996～2005）》制订，确立了世纪之交的环境发展蓝图。

1994年，韩国制订了《自然环境保护基本计划》。1995年，自然生态变化观察制度开始实施，开始了对西、南海岸沙滩沼泽的生态调查和无人岛屿的自然环境调查。1997年，与《生物多样性公约》相关，为保护及可持续利用国家生物资源，韩国制定了《生物多样性保护国家战略》，并着手进行第二次全国自然环境调查。1996年，韩国以加入OECD为契机，把OECD的化学品管理规定引进国内，引入"优秀实验室标准规范"（GLP）制度，建立了比较先进的化学物质的管理体系。1993年韩国强化了大气环境标准，还加强了大气污染物质排出允许标准的预告制。从1995年开始实行臭氧警报制度。1996年9月，指定丽川产业园区为"大气质量特别对策区域"。1999年开始在大都市推广采用天然气清洁能源公交车。

### （三）可持续发展理念与资源循环社会的建立

进入21世纪以来，在世界范围内，国家发展战略由经济增长转向可持续发展成为一种趋势。在韩国国内，社会环境也在发生着变化。国民比以往更加强调生活的质量和舒适度，对环境性疾病与有害化学品的忧虑加深，更加重视生命，重视自然资源的价值。保护自然生态，合理利用自然的呼声高涨。为克服环境、资源、能源危机，最大限度地实现废弃物的循环利用，韩国政府致力于建立经济活动循环系统，塑造"资源循环社会"。

2000年，韩国政府发布《新千年国家环境展望》。2005年，发布《国家可持续发展展望宣言》，阐明了要实现可持续发展的国家政策理念。2006年，韩国环境部制订《环境保护十年综合计划（2006～2015）》，并宣布

2006 年为"环境保护元年",大力推进环境保护政策。2007 年,韩国制定《可持续发展基本法》,开始构筑国家可持续发展的法律制度体系。2008 年,韩国制定了《环境保健法》,并配备相关政策措施,建立保护儿童和老弱者等环境敏感群体的保健中心等。2009 年开始推行"健康影响评价制度",开展国民环境保护基础调查,构筑环境性疾病调查、监控体系。

在危害性比较大的化学品管理方面,2000 年,韩国环境部制订《有害化学物质管理基本计划(2001~2005)》。2004 年,引进化学物质确认制和"违禁品"指定制度。2008 年,引进世界范围内统一使用的化学品分类与标记体系(GHS)。2013 年韩国制定发布了"化学物质安全管理综合对策",制定了《化学品登记与评价等相关法律》,全面修订《化学品管理法》,构筑了达到先进国家水准的化学品安全管理基础。

为加强对国土、自然环境的系统保护,2004 年韩国制定了《国家生物资源保护综合对策(2005~2014)》。2004 年,韩国制定《野生动植物保护法》。2005 年,为构筑朝鲜半岛生态网络,指定白头山(长白山)保护区,制订非武装地带(DMZ)生态保护对策和特定岛屿保护基本计划,为朝鲜半岛三大核心生态轴的管理奠定基础。2006 年制订了濒危野生动植物增殖复原综合计划。截至目前,韩国共有济州岛和郁陵岛、独岛等 6 个国家地质公园。

在城市大气污染治理方面,2003 年韩国制定《首都圈大气环境改善相关特别法》,2004 年专门设置首都圈大气环境厅,制订《首都圈大气环境改善 10 年基本计划(2005~2014)》。2006 年,韩国启动《大气环境改善十年综合计划(2006~2015)》,污染治理体系由从前的以浓度为中心的规制方式,向限制污染物排放总量的规制方式转换,引入针对首都圈内的大型企业的硫化物、氮氧化物、灰尘等大气污染物质的总量管理制度。韩国环境部还着力推广 CNG 混合动力车、电动汽车等环保车,灵活实行补助金制度、减免税收等财政手段。为普及环保汽车,2010 年 12 月韩国发布"世界四大清洁发展战略与课题",自 2011 年开始,电动车开始普及,2013 年开始氢燃料电池车(FCEV)的示范普及。如表 6 - 10 所示,经过不懈的努力,韩国首尔的空气质量近十年来明显改善。

表 6 – 10　韩国首尔市微细颗粒物浓度变迁（1995 ~ 2014）

单位：ug/m³

| 年度 | 1995 | 1996 | 1997 | 1998 | 1999 | 2000 | 2001 | 2002 | 2003 | 2004 |
|------|------|------|------|------|------|------|------|------|------|------|
| 浓度 | 78 | 72 | 68 | 59 | 66 | 65 | 71 | 76 | 69 | 61 |
| 年度 | 2005 | 2006 | 2007 | 2008 | 2009 | 2010 | 2011 | 2012 | 2013 | 2014 |
| 浓度 | 58 | 60 | 61 | 55 | 54 | 49 | 47 | 41 | 45 | 46 |

资料来源：韩国统计厅网站，http：//www. index. go. kr/potal/main/EachDtlPageDetail. do? idx_ cd = 2997。

在水系治理方面，韩国以四大江流域水环境管理为中心，制定《四大江水系法》，在此基础上引进水质污染总量管理制度、水边区域指定制度、以土地收购和水利用负担金为基础的水系基金管理制度等。

韩国是资源天然储量贫瘠国，却是资源、能源消费大国。为了向资源循环社会转型，2007 年韩国制订了第四个《资源再利用基本计划（2008 ~ 2012）》。同年，《电气、电子产品和汽车的资源循环相关法律》出台，对废旧电器、电子产品和汽车的有害物质做出了明确的规定，设置了废弃物再利用目标率及再利用标准，进行严格管理。在《第一个资源循环基本计划（2011 ~ 2015）》中，韩国政府将资源循环率目标设定为从 2007 年的 15.6% 提升到 2015 年的 20.3%，并制定了具体的实施方案。

# 第七章

# 文　化

## 第一节　教育

### 一　简史

在汉字传入朝鲜半岛后，以儒教思想为核心的中国文化长期影响着朝鲜半岛。与此相对应，中国的教育制度也传入朝鲜半岛，这里开始出现"太学""学堂"等教育机构。高丽时期的教育体系进一步系统化，包括国子监、乡校、学堂在内的教育机构逐步形成了明显的层次。国子监于公元992年在开京创建，是最高教育机构，后改名国学（1275）、成均监（1298）、成均馆（1308）。乡校是中等程度的地方官学，乡校中的成绩优秀者可以被选入国子监学习。除传播儒学之外，乡校也是地方进行文庙祭祀的场所。学堂是为未能进入国子监的京城青年而设立的教育机构。958年开始实施科举制度。科举考试的种类大体上有制述科、明经科、杂业科、僧科、武科等。

朝鲜时期的教育机构有官学和私学两种。官学在中央有最高学府成均馆和中等教育程度的四学。私立的教育机构有书堂和书院。书院始于1543年建立的白云洞书院。1550年著名学者李滉向国王建议保护并鼓励发展书院，各地书院猛增。设立书院的目的是"尊崇名儒功臣，明伦扬道，讲学钻研"，对当时的教育普及贡献甚大。但是，滥设书院之风最终违背了设立书院的初衷。到1868年大院君下令废除书院，全国只留下47

个书院。

开港后的朝鲜在教育方面也进行了改革，开始了建立近代学校的尝试。1883 年朝鲜创办了同文学（又称通辩学校）。1886 年设立育英公院，以贵族子弟为对象进行英语、自然科学、经济学等教育。大韩民国第一任总统李承晚就曾在育英公院学习过。1894 年甲午更张后废除科举制度，尝试建立包括小学、中学、大学等在内的现代教育体系。

西方传教士是这一时期朝鲜教育发展的重要贡献力量。1880 ~ 1909 年，传教士在朝鲜创办了 38 所私立近代学校。美国传教士所创办的培材学堂（1885）、梨花学堂（1886）等学校，现在已经成为韩国的著名大学培材大学和梨花女子大学。

日本殖民统治时期，朝鲜的教育被严重扭曲。日本殖民统治者以各种借口关闭朝鲜的私立学校和书堂，驱逐有反日情绪的教员。由于日本的同化政策，朝鲜学校内一度被禁止使用朝鲜语，民族教育被扼杀。

1945 ~ 1970 年，韩国教育取得了惊人的发展，基本扫除了文盲，劳动力的素质大大提高，就业机会相应扩展。目前，韩国基本形成了 6—3—3—4 学制，即小学 6 年、初中 3 年、高中 3 年、学院或附有旨在培养博士的研究生课程的大学 4 年，另外还有 2 年制和 3 年制的专科大学及职业大学。韩国是世界上识字人口比例最高的国家之一，教育一直被视为国家发展的基本动力。

韩国《教育法》规定了教育的基本方向和目标，即"根据'弘益人间'的伟大理想，教育的目的在于协助所有的人完善其个人的品德、培养独立生活能力和取得能参加建设民主国家和促进全人类繁荣活动的公民资格"。韩国《教育法》强调：教育应促进学生锻炼和保持健全的体魄，培养坚忍不拔的精神，加强爱国主义精神，传播和发扬民族文化精神，为世界文明做出贡献。教育要培养学生追求真理的精神、对自由与和平的热爱、对社会与国家的忠诚以及高度的责任感，培养勤勉与献身的工作精神。

韩国教育行政机构由中央政府教育和人力资源部、道教育厅和各区教育室 3 级组成。教育和人力资源部是中央政府机构，主要负责有关学术活动、科学及公众教育的政策方针的制定和执行；有关学龄前及中、小学教育行政则由各市道教育厅负责。各道和广域市还设有教育委员会，在各郡、市也有教育委员会下属的专员，负责小学、初中和高中的教育活动。政府对教育委员会进行有关基本政策方面的指导并提供财政支援。教育部下设大韩民国学术院事务局、国史编撰委员会、国际教育振兴院、教员惩戒裁审委员会和国立特殊教育院等 5 个直属机构。

韩国教育经费来源于中央政府、地方政府和私立学校独立资金三大部分。中央政府教育预算为管理中小学教育的市道教育厅提供资金，为国立大学的运营管理提供资金，为私立大学提供部分资助，为教育行政和有关研究机构提供资助。中央政府的教育预算由国家税收支持。地方政府的教育经费用于支持中小学教育，其中 85% 来源于中央政府，15% 来自学生家长和地方政府。韩国从小学到各类学院和大学的各个教育阶段都有私立学校，其中有 80% 的初级学院和大学是私立。私立学校的资金主要依赖于学费、中央政府和各地区给予的支持以及学校财团。韩国的教育资金由中央政府统一筹措，政府拨款占整个教育预算的绝大部分。教育部的预算虽然年年不同，但是通常占政府支出总额的 20% 上下。

## 二　初等教育

韩国的初等教育机构是小学，也称为"初等学校"或"国民学校"，学制 6 年。入学年龄为 6 周岁，实行免费义务教育。韩国《教育法》规定，初等学校旨在培养学生：①具备日常生活所需要的国语能力和数学能力；②具有正确的道德观念和良好的生活习惯；③具有科学地观察和处理日常生活中出现的自然事物和现象的能力；④具有音乐、美术、文艺的基本技能和审美欣赏能力。根据上述教育目标的要求，韩国初等学校的课程主要有道德、国语、社会、数学、自然、体育、音乐、美术和实践课。

韩国现有（2016 年韩国教育部数据）小学 6001 所，在校学生总数 267 万余人，小学教师 18.3 万余人。小学教师必须在师范学校修满 4 年的教育学方可任教。①

---

① 韩国教育相关数据均以 2016 年为准，数据均来源于韩国教育部网站。

### 三　中等教育

韩国的中等教育机构分为初级中学和高级中学，学制各 3 年。

初中称为中学校，其教育目标是：①扩大国民学校的教育成果，培养作为中坚国民所必备的品德和素质；②使学生掌握社会所需要的知识和技能；③培养学生具有尊重劳动的思想和行为；④提高学生的择业能力、判断能力和做出正确决定的能力；⑤锻炼身体，增强体质，具有健康的体魄。韩国初中开设的课程包括：道德、国语、国史、社会、数学、科学、体育、汉文、外语、产业、家政等。

韩国初中教师必须是教员大学、师范大学 4 年制本科毕业生，并通过教师资格考试。韩国现有（2016 年韩国教育部数据）初中 3209 所，在校学生 145.7 万余人，教师 10.9 万余人；高中 2353 所，在校人数 175 万余人，教师 13.5 万余人。

韩国高中（称为高等学校）的教育目标是：①进一步发展和扩大初中教育成果，培养作为中坚国民所必备的品行和能力；②培养学生具有对国家、社会的理解力和健全的批判力；③培养学生具有自觉的民族使命感，增强体质，提高学生的专门技能。

韩国的高中有两种，即普通高中和职业高中。普通高中的课程主要是为学生进入大学做准备。为了给在某些方面有特长的学生提供适当的教育，韩国还设有几所艺术、体育、科学、外语专科高中。韩国高中开设的课程包括：国民伦理、国语、国史、社会、数学、汉文、外语等。普通高中在二年级时实行文、理分科。职业高中涵盖的领域有农业、工程、商业、海事等。职业高中的课程中普通课程通常占 40% ~ 60%，其余部分为职业课程。

### 四　高等教育

韩国的高等教育机构有 4 年制的学院和大学（医学院和牙医学院则为 6 年制）、4 年制的师范大学、2 年制的职业专科和广播函授大学以及 2 ~ 4 年制相当于大学的各类学校（如护士学院、神学院等）。韩国现有

（2016 年韩国教育部数据）大专院校 330 余所，在校学生人数 213 万余人，教师约 6.6 万人。著名大学有首尔大学、延世大学、高丽大学、梨花女子大学等。

根据韩国《教育法》及有关法令，公立或私立的高等院校都必须接受教育部的监督。教育部负责处理如控制学生名额、审核师资、课程设置、批准学位授予条件以及规定统一课程等事务。韩国的高等院校学生的入学由高中的学业成绩及国家会考的分数来决定。由于竞争的加剧，每到全国会考时都会看到很多家长在寺庙里为孩子祈祷的场景。目前，韩国越来越多的高等院校举行附加的入学考试。

概言之，教育的繁荣和普及使韩国在较短的时间内摆脱了贫困，为韩国发展成为"亚洲四小龙"做出了贡献。教育机会的扩大使全社会成员都有可能去追求更高的社会地位。这也是韩国举国上下重视和发展教育的根本动力。

## 第二节　科学技术

### 一　自然科学

古代朝鲜在天文学、印刷术、陶瓷制造、冶炼术等方面卓有成就。印刷术在文化的传播与传承方面发挥了重要作用。高丽时期 1377 年印制的《白云和尚抄录佛祖直指心体要节》（简称《直指》）是世界现存较早的金属活字印本。古代朝鲜使用的金属活字有 3 种铸造方法，即寺庙里采用的失蜡铸造法、中央官署采用的翻砂铸造法和民间采用的单面范铸造法等。据考证，《直指》很可能是在清州兴德寺用失蜡铸造法印制的。目前，仅存的《直指》下卷保存在法国国立图书馆。

近代以来，西方的科学技术陆续传到朝鲜，开港后的"隐士之国"开始接受西方文明的挑战，朝鲜开始出现各类学校，讲习西方科学、历史、地理、政治学、法学、数学等课程。光复初期，韩国渐渐地引进西方技术，培养科技人才。韩国于 1967 年设立了科学技术处，后重组为科学技术部。目前，科技部长官与财政经济部、教育部长官一样，是副总理级，足见韩国对经济、教育和科技的重视。科技部的职责在于：制定科技政策，确立科技发展方向，指导和协调国内的科技活动。韩国还设有国家科学技术委员会（NSTC），以协调负责科技发展和研究开发活动的诸多政府部门。该委员会的主席由总统担任，成员包括与科学技术相关的各部门长官。NSTC 的秘书处设在科技部。由产业界和科技界人士组成的总统科技顾问委员会（PACST），也是总统获得有关科技发展建议的重要机构。

韩国在制订经济发展计划的同时，审慎而系统地把科学技术的发展和经济的发展结合起来。20 世纪 60 年代进口替代工业化时期，韩国大力推动科学技术的发展，政府加强了科学和技术的教育与普及，广泛地引进国外先进技术。进入 70 年代，随着劳动密集型产业的衰退，韩国政府加强了在重工业和化学工业领域的技术和工程教育，相继设立了机械、造船、海洋科学、电子、电力等专门的研究机构，并积极促进理工大学的发展。科学技术对韩国经济发展的贡献有目共睹。80 年代，韩国政府开始规划和实施国家级重大研究与发展项目，以提高韩国的科技水平。

进入 90 年代，韩国科技政策的目标已不是单纯的"模仿"，而是在吸收基础上的"创新"。为此，韩国政府将注意力集中在鼓励基础科学研究、有效分配和利用研发资源、扩大国际合作等方面，以增强韩国的技术竞争能力。根据 1999 年制定的"全国科学技术发展长远规划"，韩国提出了在 21 世纪头 25 年中成为世界上 7 个技术最先进的国家之一的目标。

目前，韩国政府推进科技发展的主要措施包括，第一，加大对科技发展的投入，激发政府支持的研究机构、大学和私营大企业的研究热情。2015 年韩国研发总投入 659594 亿韩元，占 GDP 的 4.23%，继 2013 年占 4.15% 和 2014 年占 4.29% 后，连续第三年居全球首位。

第二，努力把高级人才吸收到科技领域，重视培养富有创新精神的科技骨干和研发队伍，加强国际交流与合作。2003 年，韩国共有各类研究开发机构 7127 个，其中国立、公立的公共研究机构 63 个，政府出资的公共研究机构 28 个，非营利法人公共研究机构 46 个，各类企业所属科研机构 6648 个。2003 年全国科研人员 198171 人，这是一支庞大的、高素质的研究队伍。

第三，通过建立大德科学园等高科技园区，形成科技创新的区域化和规模化。位于韩国中部忠清南道的大德科学园是韩国最大的科技园，被称为韩国科技摇篮。该科技园始建于 1974 年，12 个受政府资助的研究所、3 个私营研究所和 3 所大学作为第一批成员进入该科学园。目前，这里有韩国科学技术院、韩国电子通信研究院、韩国原子力技术研究院、韩国生命工学研究院、韩国航空宇宙研究院、忠南大学等百余家科研学术机构，有近千家电子、宇航、通信、生命科学等高科技企业，汇聚了数万名韩国的科技精英。诸多国家级重大科技成果，如 64 兆位芯片、断层摄像机、肾脏碎石机、黑猩猩基因组图、超薄膜分析技术、CDMA 技术的商业化、科学卫星"阿里郎 1 号"等，都诞生于此。此外，水原遗传工程研究园、汉南工业区精细化学和精密机械研究园、浦项 - 蔚山材料科学研究园等科学园区也各具优势，发展迅猛。高科技园区已经成为韩国技术发展的心脏。

衡量一个国家的科技水平有很多方法，高质量的学术论文的数量就是其中一个简单的指标，它直接而明确地反映了一个国家科研的活跃程度、水平和国际影响力。美国科学信息研究所（ISI）的《科学引文索引》（SCI）数据库的信息显示，1973 年韩国的 SCI 论文有 27 篇。经过 20 年的快速发展，1993 年韩国 SCI 论文有 2977 篇，列世界第 27 位。从 2014 年 9 月到 2015 年 9 月，在被称为全球"三大顶级科学杂志"（NSC，Science，Nature，Cell）上发表的韩国研究机构（包括大学）论文共 38 次，同一时期内中日两国分别为 172 次和 113 次。英国《自然》杂志发布数据显示，2015 年全球 68 份权威学术刊物上，韩国研究机构的贡献度在全球各主要国家中排名第 9 位，与前一年排名相同。同年中日两国研究的贡献度分别为 6481.34 分和 3058.12 分，分别居亚洲前两位，韩国为 1113.54 分，排名第 3 位。

根据 2005 年瑞士国际经营开发研究院（IMD）发布的《2005 年世界竞争力年鉴》，韩国科学竞争力和技术竞争力分列世界第 15 位和第 2 位，其中研发费用占 GDP 的比重列第 8 位，每千名企业研究人员获得并投入生产的专利数排世界第 2 位，通信领域的投资占 GDP 的比例居世界第 2

位，每千人使用宽带网络的人数蝉联世界第 1 位。科技竞争力的不断增强使得韩国国家竞争力从第 35 位上升至第 29 位。[①]

目前，韩国的科学技术在国际上比较有竞争力的领域如下。

（1）信息技术。在半导体、电子计算机、通信技术等方面，韩国三星、LG、KT 等世界级企业已经具有很强的研究开发能力，在某些领域处于世界领先水平。

（2）在钢铁、造船、汽车、精细化工等领域，韩国依托浦项制铁、现代汽车、韩进重工等大企业的支撑形成了强大的竞争力。2005 年 7 月 12 日韩国建造的第一艘轻型航空母舰下水，充分显示了韩国在重工业方面的技术实力。

## 二　哲学社会科学

近代朝鲜的传统哲学比较繁荣，尤以朝鲜李朝时期在思想上居统治地位的程朱性理学为甚，可分为朝鲜前期的朱子学与后期的实学思想和阳明学。前期的代表思想家是权近、李退溪、李珥等，后期的代表人物是柳馨远、丁若镛等。光复后，受到西方的强烈影响，韩国的哲学社会科学发展迅速，特别是经济学、社会学、法学、宗教学等与经济社会生活关系密切的学科。这些学科广泛地借鉴欧美发达国家的研究方法和理论框架，形成了以留学回国人员为主体的强大的研究力量。有本土传统思想文化的积淀，有西方现代社会科学研究体系的引入，也有韩国的发展经验为支撑，韩国的社会科学正在由单纯的引进和照搬向自主创新转变。

以经济学为例，可窥韩国社会科学发展历程之一斑。韩国本土的实学思想包含丰富的经济学内容，主张经世致用、利用厚生，在韩国传统经济思想史中占据重要地位。实学派可分为主张农村社会的安定、代表农民利益的重农学派和强调工商业振兴的重商学派。实学派主要的经济改革论包

① Website of International Institute for Management Development（IMD），http：//www02. imd. ch /wcc /yearbook /，June 28，2005.

括：经济开发论、近代企业论、技术革新论、国际贸易开发论等。① 实学
思想被开化派继承，但由于国内外局势等各种因素的影响，韩国并没有能
够充分地实践这一思想。19 世纪末 20 世纪初，西欧经济学经日本传入韩
国。从 20 世纪 20 年代起，韩国经济学研究人员开始用西欧经济学方法分
析韩国的历史和现实，白南云的《朝鲜社会经济史》、崔虎镇的《近代朝
鲜经济史》等著作相继问世，这些著作中有不少是用马克思主义经济学
的研究方法来观察韩国经济的。由于当时韩国处于日本殖民统治之下，这
一时期的著作大多用日文出版。

　　光复后由于美国在韩国的介入，韩国的经济学开始更多地受到美国经
济学的影响。50 年代和 60 年代，韩国翻译出版了大量的西方经济学文
献，其中的经典著作如亚当·斯密（Adam Smith）的《国富论》、萨缪尔
森（Paul A. Samuelson）的《经济学》、凯恩斯（John M. Keynes）的《就
业、利息和货币通论》、罗斯托（Walt W. Rostow）的《经济成长的阶段》
等，很快进入大学课堂，成为经济学专业学生的教科书。韩国的经济发展
也使经济学家更多地参与到国家的经济决策中来，经济企划院、开发研究
院等机构成为国家的经济思想库，不少留学归国的年轻经济学者参与其
中，直接对韩国的经济发展施加影响。

　　与此同时，成功的经济也使韩国成为国际经济学特别是发展经济学领
域的重要研究对象。著名经济学家罗斯托就把韩国看作展示其经济成长阶
段理论的范例，还经常亲切地称呼韩国的企业家为"起飞小子"（take-off
boys）。韩国大企业的成功也使韩国正受到企业管理与经营领域学者们越
来越多的关注。如果韩国的经济学家能够从理论上总结和提升韩国的发展
经验，将在经济学领域做出世界级的贡献。

　　韩国的社会科学研究机构可分为官方研究机构、大学研究机构、独立
研究机构等。研究力量最强的还是前两者。

　　韩国学中央研究院（The Academy of Korean Studies，AKS）是最重要
的官方研究机构之一，成立于 1978 年，原称"精神文化研究院"，2004

---

① 参见李惠国主编《当代韩国人文社会科学》，商务印书馆，1999，第 349 页。

年改现名。该研究院学科门类齐全，包括历史、经济、政治、外交等，尤以韩国学研究为主。1980年设立了韩国学大学院，开始招收硕士和博士研究生。

目前，韩国最重要的经济类研究机构有两个，一个是韩国开发研究院（The Korea Development Institute，KDI），成立于1971年，是一个以政策研究为中心的经济思想库，为政府的长期和短期经济政策、国际贸易投资政策、双边和多边经济合作等提供咨询和建议。另一个是韩国对外经济政策研究院（The Korea Institute for Economic Policy，KIEP），成立于1990年，是专门进行韩国对外经济关系研究的官方研究机构，随着韩国政府自由贸易区战略的实施和韩国更积极地参与亚太经合组织、经济合作与发展组织等重要国际组织，对外经济政策研究院的重要性将体现得更为充分。

# 第三节　文学艺术

## 一　文学①

韩国文学的民族特色十分鲜明。在漫漫历史长河中，韩国文学形成并不断地发展。尽管在日本殖民时期韩国人一度失去了祖国，但始终保持着自己的语言，韩国文学也得以延续下来。韩国文学由口头文学、汉文学、韩文学三大部分组成，它们相互吸引、相互渗透，韩国文学史就是这三种文学相辅相成发展而成的历史。

韩国文学始于口头文学。口头文学延续到现在，一直是书面文学的重要补充。韩国学者认为，文学的基本要素不是文字，而是语言，因此将口头文学也看作韩国文学的一个重要部分。民谣、巫歌、传说、说唱文学等悠久的文学遗产流传至今，不少当代学者也投入其中，进行深入的研究和发掘。

以建国英雄为主人公的建国叙事诗在口头文学中占有重要地位。建国叙事诗本身虽然已经消失，但其痕迹至今依稀可见。一些建国神话以汉字

---

① 参见〔韩〕赵东一等《韩国文学论纲》，周彪等译，北京大学出版社，2003。

形式概要记载于有关文献流传下来，还有祭祀活动中的叙事巫歌，都能够看出建国叙事诗的影子。古代的建国叙事诗是由征服战争的主角——军事贵族自己创作并继承下来的。那时，政治统治者既主管宗教又直接掌管文学与艺术。统治阶级认为建国始祖为上帝之子，国家的统治者与上帝是一脉相承的，并由此来标榜他们自己理应具有绝对的优越感。建国叙事诗就是这种古代的自我中心主义的有效载体。

朝鲜半岛接受中国的汉字而出现汉文学后，其文学的范畴得以扩大。作为文言文的汉语是东亚许多民族共同使用的书面语。但是，与拉丁语、古典阿拉伯语以及梵文等不同，在不同的国家汉字的发音以及读法并不相同。汉字用朝鲜语音加上相应的助词，就发展成为朝鲜的书面语。朝鲜半岛的汉文学在其发展过程中吸收了口头文学的元素，力求反映民众生活。韩国学者认为，即使在那些照搬中国文学的形式或者表现方法的汉文学作品中，也可以发现朝鲜汉文学的独特之处。汉文学时代到来后，抒情诗取代叙事诗并逐步占据了主导地位。"汉诗"是汉文学的精华，精练、简洁，抒情、优美。"乡歌"采用民谣的韵律，用与汉字诗不同的方式加以提炼，后来发展成为蕴含深奥思想的抒情诗。韩文学始于"乡歌"这一事实，就足以证明在这一时期抒情诗在各类文学形态中独占鳌头。据称，"乡歌"盛行于统一新罗时代和高丽时代初期，保存至今的有20余首。

新罗时期的"六头品"是掌管文学的专门机构，"六头品"的官员属于下层贵族，无法达到当时的最高统治阶层——"真骨"的地位。他们一方面凭借自身的学识为治国献计献策，另一方面又在汉文学与佛教两方面追求普遍主义理想，并因此而陷入矛盾之中。在新罗怀才不遇的崔致远就是其中的典型代表。他远赴唐朝，在公元874年考中进士，长期在唐为官，著有《桂苑笔耕集》。

高丽王朝期间，汉文学有了新的发展，"长歌"取代了"乡歌"。"长歌"分化为两种体裁：用汉字记录的、反映儒家思想的"景几体歌"，口头相传的、短小玲珑的民间歌谣"俗谣"。与此同时，高丽王朝为巩固中央集权，废除"骨品制"，仿效中国实施科举制。文学创作的主体逐步转为统治阶层，汉文学的创作水平也有了很大的提高。但是，平等的意识并没有在科举过程中得到贯彻，少数几个大门阀霸占统治地位，独享既得利益。从当时较活跃的金富轼的文学作品中能够明显地感受到这种门阀贵族意识。高丽王朝后期，精通汉文学的士大夫阶层兴起，他们与名门世族对抗，要求进行社会改革。李奎报开创了充满民族激情的民族文学之先河。高丽末期的李齐贤提出文学要为"厚人伦""美教化"服务。这种道德功利主义文学观随着程朱理学在高丽社会的广泛传播，逐渐形成这一时期文学观的核心思想，并一直影响到朝鲜王朝初期。

"训民正音"的出现是朝鲜半岛文学发展过程中的一个重要里程碑。此后，运用本国文字的朝鲜文学得到了稳定的发展。朝鲜文学吸收了口头文学的表现方式和汉文学的思想，并把二者结合，可谓"以口头文学为母体、以汉文学为父体而产生的结晶"。到朝鲜文学能够和汉文学并驾齐驱之时，小说的创作逐步活跃起来，出现了抒情、教述和叙事三足鼎立的局面。小说中既有汉文小说，也有朝鲜文小说，两者相互竞争，相互促进，朝鲜文学在作品的数量和容量等方面取得了较大的发展。

朝鲜王朝没有继续推行前朝"佛儒共尊"的政策，实行"斥佛扬儒"，使程朱理学成为朝鲜王朝的统治思想。朝鲜王朝前期的思想界泰斗郑道传认为，文学是"载道之器"，突出强调文学的道德教化功能。士林阶层对理气、心性等程朱理学哲学本体论的研究，逐渐形成建立在完整的哲学思想基础上的文论体系。以李滉、李珥为代表的"道学派"文论家主张的"文以载道""道本文末"，注重表现清净的内心世界，追求物我合一。朝鲜王朝后期的文学观开始背离程朱理学，尝试建构新的文学理论，出现了向近代文学转变的迹象。17世纪中叶后，平民文学的潮流兴起。实学派文学的代表人物朴趾源反对形式主义，反对盲目追随中国古典文学，提倡采用不拘一格的小说形式表现社会现实，宣传改革思想，抨击封建礼教。经世派实学者丁若镛力图克服道学派的文学观，把"道"的重点放在日常生活和社会政治层面上，追求现实生活中的正义，强调文学的社会批判功能。

开港后的朝鲜开始了解西方文化，朝鲜文学也受到了西方的影响。在小说方面，古典小说经过发展直接过渡到近代小说。抒情诗在内在情韵上继承了古典诗歌的传统，在外在形式上仿效西方诗歌，力图创造一种自由诗。戏曲则移植了一种既是记录性的又是个体性的戏曲形式，完全不同于以往的假面舞。

1910年大韩帝国被日本兼并之后，越来越多的年轻知识分子去日本接受大学教育，在那里接触了日本文学界当时的潮流。伴随着民族主义的上升，朝鲜文学界开始提倡朝鲜文和西方传统，创造新文学。有分析指出，20年代诗人金素月的诗歌达到了近代诗歌的最高境界。他的代表作品是《金达莱花》，诗歌摆脱了当时诗坛弥漫着的虚无主义倾向，以爱情为载体宣泄出殖民统治下国民的愤恨，把民族情绪与传统心理结合在一起，使之升华为当代的国民情感，因此他的诗也被称为国民诗、民族诗或民众诗。马克思主义在20年代也曾对朝鲜半岛的文坛有过短暂的影响，林和是无产阶级诗人的代表，他不但从事诗歌创作，还运用马克思主义理论开展文学评论，是无产阶级文学的先锋人物。30年代中期朝鲜无产者艺术家同盟被迫解散，日本的殖民统治更加严酷，到1941年甚至公开禁止使用朝鲜语，朝鲜文学不可避免地陷入黑暗时期。受时代背景的影响，此间的文学作品大多承载着不屈不挠的民族精神。

光复后，冷战在朝鲜半岛萌动。此时的文学家们毫无例外地、自觉不自觉地选择自己的政治立场，文坛也依据理念的差异划为两派：由林和领导的左翼的"朝鲜文学家同盟"，赵演铉、金东里等领导的"朝鲜青年文学家协会"等。这一时期的小说中，表现最频繁、最深刻的矛盾往往是左、右两派之间的对立。

20世纪50年代朝鲜战争以后，文学创作逐步活跃起来。比较有名的小说家有孙昌涉（代表作《多余的人》）、黄顺元（代表作《鹤》）、鲜于辉（代表作《火花》）、崔仁勋（代表作《广场》）、朴景利（代表作《土地》）等。新一代作家经历了战争的恐怖，他们把战争给韩国人和韩国社会带来的灾难具体化、形象化，试图在战后社会的残酷和腐败中间寻求有意义的东西。1960年发表的《广场》深刻地挖掘和分析了南北政治体制和意识形态的差异。作为一个作家，作者崔仁勋不是"客观地描述"生活和世界，而是想"主观地叙述"存在、理念、爱情、历史和政治等概念。《广场》发表不久便被列为韩国现代小说的经典作品。《土地》也是一部杰出的小说，有人甚至将其奉为当代韩国最重要的长篇巨著，它如一部浩瀚的编年史，以新旧价值观念之间的全方位冲突为背景，描写了一个传统的地主家族的兴衰变迁，以卓越的历史感展现了一个细致入微、完全可信的世界。

60 年代开始的工业化进程培育了一种深刻的疏远、孤独和非人化情绪，这种情绪也越来越多地反映在文学作品上。60 年代中期和 70 年代初期，另一代新的作家开始在文坛崭露头角。他们是朝鲜战争期间或是尚在幼年，或是少不更事，对战争的恐怖已无明显印象的一代。因此，就文学的题材而言，战争及其后果开始失去主要地位。

1980 年光州民主化运动点燃了年轻知识分子抨击社会的激情，当代社会的病态现象成为文学界注意的焦点。一种认为困扰着社会的各种问题迫切需要解决的情绪上升，特别是国家处于分裂状态的这个伤口，引发了所谓"分治"文学。较早的有代表性的分治文学作品是崔仁勋的《广场》。李文烈的《英雄时代》（1984）描写了一位自愿选择了共产主义生活方式的英雄，强调在选择上的个人责任感。赵钟来的《太白山》（1986）认为分治是地主与佃农之间的阶级斗争所固有的不可避免的演变进程的一部分。80 年代，描述工人生活的文学作品成为韩国文学界的一个重要分支，这些作品也被称为"民众小说"或"劳动者小说"，其关注的焦点是一切与工业化有关联的社会问题，认为劳动阶级是社会改革与国家未来发展的载体。

90 年代，随着冷战的结束，意识形态冲突渐渐缓解，80 年代的政治热情也渐渐消退，加上商品经济迅速发展，中产阶层成为读者群的中坚力量，在 90 年代登上韩国文坛的新生代作家们不再执着于民族、家国等宏大叙事，而是将视角转向了现代社会的庸常生活以及现代人的内心世界。申京淑、殷熙耕、孔枝泳等女性作家登上文坛，用女性独特的视角和细腻的情感体验透视家庭和社会问题，引起读者的共鸣，女性作家的大量出现，是 90 年代以来韩国文坛的突出特征。另外，随着后现代主义思潮的兴起，成硕济、金英夏等作家打破传统叙事模式，通过呓语、独白、片段化、幻想等叙事手法，展现了社会与个人、个人与个人之间的疏离与隔阂，成为韩国当代文坛的中坚作家。

## 二 戏剧与电影

### （一）戏剧

韩国戏剧来源于史前时代的宗教仪式，宗教活动内容繁多，掺杂着许多歌舞和戏乐，由此而逐步发展出正式的戏剧。新罗时期的"处容舞"已经含有戏剧的因素，高丽时期的山台剧更接近戏剧。山台剧又称为"彩棚"，在朝鲜时期有了进一步的发展，成为朝廷正式庆祝活动的一部分，常在祭土俗神的八关会和祭佛的燃灯会上演出。山台剧大多有故事情节，有的演员戴着假面具演出，演出有台词或剧本，因此可以说是一种戏剧形式。山台剧流传到民间后，成为最有代表性的韩国古典戏剧。

另外一些戏剧形式，例如木偶剧、杂技丑角表演、五广大、别神和凤山假面舞，颇受民众欢迎。木偶剧是韩国传统戏剧舞台上的重要剧种。流传至今的一种木偶剧叫"傀儡戏"，是名副其实的戏剧，情节曲折，脉络清楚，至今韩国乡间的舞台上还偶尔可以看到。关于假面剧的最早记载见于《三国史记》。朝鲜时期曾经设有专门管假面剧演出的官职，假面剧有了很大发展，演出假面剧成为朝廷的一种正式活动。

近代以后，受到日本和西方戏剧的影响，有许多新小说被改编成戏剧演出，可以看作韩国近代戏剧的萌芽。20 世纪初期，《血之泪》《鬼之声》等 10 余篇小说被改编成话剧公演。20 年代以后，不少外国话剧被搬上了舞台，出现了赵明熙、李基世、尹白南等一批十分活跃的剧作家。戏剧艺术会、土月会、聚星座等近代艺术团体也相继成立。土月会的剧目多半是它自己的成员新创作的作品，也包括从世界名著翻译过来或加以改编的作品，颇受民众欢迎。尽管土月会的成员大多是业余爱好者，但该团体依然表现出较高的艺术水平，并且采用"现实主义"的题材，因此很快从众多专业团体中脱颖而出，该团体曾在 10 年中演出 180 场，这在当时是史无前例的壮举，其对韩国戏剧界影响久远。1931 年"戏剧研究会"的成立是韩国近代戏剧发展历史上的重要里程碑。"戏剧研究会"的主要成员是韩国戏剧和文艺界的精英，他们除了演出其会员创作的作品以外，还演出许多世界名著。由于其具有民族主义倾向，不久即被日本殖民当局强迫解散。30 年代社会主义思想的传播也反映在朝鲜半岛的戏剧界，现代剧团、新建设剧团等一批左翼剧团相继成立。太平洋战争开始后，朝鲜半岛的戏剧逐步陷于停顿。

　　光复后的韩国戏剧有过短暂的意识形态的分野。朝鲜战争结束后，"新戏剧协会"开始上演莎士比亚和著名本土剧作家柳致真的作品，一些新剧社的成立也大大丰富了这一时期的戏剧舞台。60 年代，韩国的戏剧文学进入中兴时期，西方现代剧和传统韩国戏剧平分秋色。70 年代韩国的社会现实进一步反映到戏剧作品中，民主主义和民族主义成为这一时期韩国戏剧的精神诉求。1981 年韩国修订了《公演法》，放宽了对小剧场的审批限制，戏剧界也因此活跃起来。加之各类戏剧节的举办，有力地促进了戏剧的发展。当然，电视的兴起和其独特的吸引力无疑分流了大批的戏剧观众。近年来，韩国的戏剧有了新的发展，观众重新走进剧场，欣赏《末代皇后》等一批经典戏剧作品。

### （二）电影

　　从历史资料看，1903 年首尔开始出现电影。朝鲜半岛摄制的第一部影片《义理的仇斗》于 1919 年公映，是一部所谓电影剧，旨在将舞台表演搬上银幕。1923 年第一部无声电影《月下盟誓》上映。随后出现的《春香传》《蔷花红莲传》《阿里郎》《无名的小船》等影片是 20 年代朝鲜半岛电影圈内的主要作品。1935 年，随着《春香传》的上映，朝鲜半岛电影迎来了有声电影时代。这一时期的优秀影片《彩虹》《五梦女》《流浪汉》《汉江》等表现出鲜明的现实主义倾向。30 年代后期至 40 年代，由于日本殖民当局的审查和控制，朝鲜半岛的电影产业陷入萧条。

　　光复后，韩国电影业以 1946 年《自由万岁》的上映为标志开始复苏。这一时期的电影多以独立运动为主要内容。《安重根史记》《三一运动记》《独立前夜》等影片将长期积压在人们心中的爱国热情充分调动起来。朝鲜战争结束后，《春香传》《自由夫人》《梦》等影片陆续上映，韩国的电影界异常活跃。60 年代，韩国电影题材多样，有根据小说改编的电影，有根据历史题材创造的史剧电影，也有描写朝鲜战争的电影。70 年代受电视的冲击韩国的电影出现萧条，《冻春》《石花村》《去三浦的路上》等优秀影片依然没有能够吸引观众走进电影院。为使电影业摆脱困境，韩国政府制定了一系列措施振兴电影业，到 80 年代，韩国的电影逐步形成了自己的风格，开始走出国门。《纺车》《深蓝色的夜》《为什么菩提达摩到东方去》等优秀影片相继在夏纳和东京电影节上获奖。90 年代后，韩国的电影业逐步繁荣，一批优秀的影片、导演和演员开始在世界范围内掀起韩国电影热潮。《春香传》《岛屿》《共同警备区》《地址不详》《朋友》《我的野蛮女友》《新罗月夜》等优秀影片深受影迷们的欢迎。

与此同时，韩国的电视剧也开始繁荣起来。一批经国内市场选择过的优秀电视剧开始走出国门，进军亚洲电视剧市场。《爱情是什么》《嫉妒》《星梦奇缘》《蓝色生死恋》《天桥风云》《孪生兄妹》《澡堂老板家的男人们》《冬日恋歌》《对不起，我爱你》《大长今》《来自星星的你》等一系列韩国电视剧在中国、日本、东南亚等地播映后，掀起一浪高过一浪的文化"韩流"。

"韩流"内容不断扩展，如今的"韩流"已经从电视剧、音乐，发展到追求韩国的商品，如化妆品、服装、饮食。一部《大长今》将韩国的饮食带出国门，韩式烤肉、韩国泡菜等渐渐走进亚洲各国人的餐桌。"韩流"的发展也带动了韩国的旅游、整容等产业的发展。大韩贸易投资振兴公社和韩国文化产业交流财团发布的一份报告显示，"韩流"带来的经济效益近年来持续增加，2012 年为 13.06 万亿韩元，2013 年为 13.83 万亿韩元，2014 年为 14.29 万亿韩元，而 2015 年"韩流"催生的经济效益高达 15.61 万亿韩元（约合 878 亿元人民币），同比增长 9.2%。此外，2015 年"韩流"增加了 11.27 万人就业，同比增长 8.1%，还带动文化产业出口增加 3.2 万亿韩元，增速达 13.4%。[①]

---

① 朴光海：《论中国人看待韩流的文化心理》，《当代韩国》2016 年第 4 期，第 77 页。

同时，"韩流"也成为韩国文化外交、公共外交的重要方式。2007年4月，温家宝访韩时，在中韩两国都有较高人气的张娜拉作为中韩交流的形象大使在青瓦台受到了温家宝的接见。① 随着"韩流"文化的输出，全球特别是在亚洲"韩流"文化盛行的国家和地区，兴起了学习韩语热，"韩国学"研究也逐步得到了学界的重视。同时，也有更多的年轻人赴韩留学，提升了韩国的国家形象。

### 三 音乐与舞蹈

#### （一）音乐

韩国音乐文化丰富多彩，独具特色。韩国传统音乐大体上可以分成两大类。

一类叫"正乐"，是统治阶级的音乐。从广义上说，"正乐"是指被认为在儒家哲学方面对统治阶级"合适"的优美音乐风格，也指宫廷以外社会地位高的人的合奏音乐。"正乐"和"雅乐"在广义上可以换用，指统治阶级的音乐，包括"唐乐""乡乐"和儒教礼乐。从狭义上说，"雅乐"指寺庙仪式音乐，如在祭祀孔子及其弟子的神殿文庙中演奏的"文庙乐"。"唐乐"是指中国唐宋两朝的世俗音乐，在引进朝鲜半岛以后变成了宫廷音乐。"乡乐"只是指朝鲜半岛本地音乐，如器乐作品《寿齐天》，据称已有1300年的历史。宫廷音乐是"正乐"的一部分，包括仪式音乐、宴会音乐和军乐。

另一类叫"俗乐"，是平民的音乐，包括萨满教音乐、佛教音乐、民歌和"农乐""板声""散调"等。在萨满教音乐中，女萨满教士充当现实世界和超自然世界之间的媒介。在传统农业社会中，农民的生活对音乐史产生了重大影响。农民音乐最令人感兴趣的特点是它的叫作"十二彩"的12种不同的节奏形式，带头的是一面叫作"小金"的小锣。"板声"是韩国另一种非常重要的音乐瑰宝，可以定义为剧歌，这是本土的一种歌

---

① 刘宝全：《韩流在中国的传播及其对中韩关系的影响》，《当代韩国》2014年第1期，第68页。

剧式的音乐。"俗乐"中比较富于吸引力的形式之一是"散调",这是一种用各种乐器即席演奏的器乐独奏,这些乐器有伽倻琴、玄鹤琴、大令、奚琴、短箫和笛子。

开港后,西方音乐开始融入韩国的音乐文化。1948 年,郑会甲在庆祝首尔国立大学音乐学院第一班毕业典礼的音乐会上,献出了他创作的一部题为"第一号弦乐四重奏"的作品。两年以后,玄济明创作的一部叫作《春香传》的歌剧开始演出,受到热烈的欢迎。朝鲜战争结束后,韩国音乐界开始融入世界音乐的主流。比较有影响的音乐家有:尹伊桑、安益泰、郑会甲、李诚载、姜硕熙、白炳东、金荣镇、朴在烈等。

韩国的第一个交响乐团是在 1945 年 9 月成立的韩国交响乐团。首尔交响乐团成立于 1957 年,韩国广播公司交响乐团成立于 1956 年。其他城市的交响乐团也有了迅速的发展。在韩国第一次演出的歌剧是 1948 年 1 月演出的《茶花女》。国立歌剧团、金慈景歌剧团和金凤壬领导的首尔歌剧团最为活跃。同时,越来越多的韩国音乐家蜚声国际乐坛,郑京和、郑明勋、姜东锡、金永旭、韩东一、白建宇、崔铉洙等是他们的杰出代表。

韩国的流行音乐近年来发展迅猛。随着新媒体的发展,韩国音乐产业也正在发生明显的结构上的变化,手机铃声、音乐下载、音乐电子邮件等音乐衍生市场的规模逐步扩大。不仅如此,韩国流行音乐融东西方音乐为一体,涵盖多种音乐元素,形成独具特色的韩国音乐。如今,韩国流行音乐成功地走出国门,刮起了一股风靡亚洲的"韩流"。

韩国电影、电视剧乃至流行音乐在亚洲的流行并不是没有根基的。由于地缘的因素,韩国在历史上深受汉文学、儒家文化的影响,殖民统治时期韩国以日本为中介开始接触和吸收欧美文化,光复后韩美同盟关系下韩国的文化深受美国的影响。概言之,韩国一直承受着外来文化的强大压力,形成了兼容并蓄的特点,但始终保持着本土文化的内核。韩国的影视作品也是在吸收和借鉴好莱坞电影和日本偶像剧基础上加上韩国特有的意蕴才形成的,这是韩国流行文化的成功之道,也正是韩国人的智慧所在,因为不仅是在影视界,韩国的汽车技术、IT 产业等的发展也是采取了同样的战略。韩国正是在吸收与创造当中,实现了自身的现代化。

### （二）舞蹈

韩国的传统舞蹈分为宫廷舞蹈和民俗舞蹈。宫廷舞蹈属于宫廷仪式文化，由国家机构掌管，在重要活动和宴会、祭祀等重要场合进行表演。宫廷舞蹈的特点是节奏缓慢悠长，演技优雅，具有超脱现实的玄妙与含蓄。在祝宴时有乡乐呈才与唐乐呈才，在祭礼上表演的有佾舞和百戏歌舞等。乡乐呈才的主要舞蹈有舞鼓、处容舞、春莺啭、剑舞等。舞鼓在《高丽史·乐志》和《乐学轨范》等文献中均有记载，表演者边敲打画有蟠龙的鼓，边随着《井邑词》的歌唱翩翩起舞，华丽、雄壮、痛快淋漓。处容舞源于新罗时期的有关处容郎的故事，后发展为宫廷舞蹈，原来是一种独舞，后来演化成为多人舞和假面具舞。唐乐呈才是在统一新罗时期从中国唐朝引入的，其主要舞蹈有寿延长、抛球乐等。佾舞是从中国周朝流传下来的雅乐之一，朝鲜时期经常出现在宗庙祭礼与文庙祭礼等重要仪式上。高丽时期，百戏歌舞主要在八关会、燃灯会、傩礼等由国家举行的重要仪式上进行演出。朝鲜时期主要出现在傩礼和迎接外国使臣的仪式上。

民俗舞蹈是宫廷舞蹈之外的舞蹈形式的统称，包括宗教巫俗舞蹈、民间民俗舞蹈等。佛教舞蹈又称梵舞，与佛教仪式密切相关。新罗和尚真鉴国师曾经在唐代中国学习《梵呗》，发展出同这种音乐有关的舞蹈。蝴蝶舞宁静、优美，是由尼姑表演的。婆罗舞（钹舞）由两个或四个和尚表演，舞蹈动作奔放，充分展现了表演者的力量与技巧。法鼓舞在供奉菩萨的仪式中演出，庄严肃穆，扣人心弦。在民俗舞蹈中，在农民祈求风调雨顺、五谷丰登的仪式中逐渐发展出独具特色的农乐，其生活气息浓郁，节奏明快，娱乐性强，有鲜明的地方特色。

在20世纪20年代以前，朝鲜舞蹈界几乎没有机会接触西方的舞蹈传统。随着朝鲜与世界的交流日益密切，现代舞蹈逐步走进人们的生活。1921年来自海参崴的一批朝鲜学生回到故国在首尔和元山等地表演欧洲古典音乐和舞蹈。不久，日本现代舞蹈的先驱石井漠访问首尔，介绍了具有浓郁艺术气息和异国风味的现代舞蹈，吸引了大批年轻学子前往东京拜师学艺，对韩国现代舞蹈的发展做出卓越贡献的赵泽元、崔承喜等就是他们中的佼佼者。

1946 年 6 月，朝鲜舞蹈艺术协会成立，赵泽元任委员长。8 月，朝鲜舞蹈教育研究所成立。

在 50 年代，韩东仁领导的首尔芭蕾舞团克服重重困难，坚持演出，有《仙女们》这样的古典剧目，也有根据韩国民间传说改编的其他剧目。应该说，50 年代的韩国社会并不适于艺术的弘扬和发展。直到 1960 年，韩国舞蹈的发展始终不尽如人意。

1962 年，韩国成立了国立舞蹈团。1963 年，梨花女子大学设置了韩国最早的大学舞蹈科，致力于培养文化素养较高的专业舞蹈家。舞蹈也作为一门学问吸引诸多学者潜心研究。70 年代以后，韩国的舞蹈艺术有了迅速的发展。1973 年和 1978 年国立剧场和世宗文化会馆成立，为各舞蹈团体的演出提供了重要的舞台。1976 年舞蹈评论家赵东华创办了月刊《舞蹈》，对现代舞蹈艺术的发展产生了重要影响。与此同时，韩国的现代舞蹈兴起创新潮流，新的舞蹈作品纷纷问世，吸引了大批观众。年轻的舞蹈家注重传统舞蹈语言的现代化和外来舞蹈语言的韩国化，使舞蹈成为韩国时代精神的载体。

近年来，韩国舞蹈逐步显现传统舞蹈、现代舞蹈和芭蕾舞三分天下的局面。韩国对于舞蹈历史文献资料的发掘和保护使传统舞蹈焕发了生机与活力。国立国乐院专门教授各类宫廷舞蹈。而在传统节日和一些庆典活动中，人们也可以充分领略民俗舞蹈的韵致和风采。国立芭蕾舞团是韩国芭蕾舞艺术界的中坚，在吸收和演出西方经典芭蕾剧目的同时，注重创作自己的民族芭蕾作品，《白的幻想》《处容》《三个瞬间》《黑与白》等是其中的精品。80 年代以后，更加自由、奔放，更能传达年轻人激情的现代舞风靡韩国，成为韩国十分流行的舞蹈艺术。

## 四 美术

### （一）绘画

绘画、雕塑、工艺美术、建筑等广义美术门类在韩国艺术中占有重要地位。韩国绘画历史悠久。一般认为从公元 4 世纪开始，韩国的绘画开始产生与发展，并出现了职业画工。韩国绘画在选择吸收中国文化的基础上形成了独立的风格。

　　古代朝鲜绘画保留至今的主要是古墓壁画。尽管数量不多，但依然可以看出其优美、细腻的风格。公州宋山里6号坟的四神图壁画、庆州天马冢的天马图等，是这一时期壁画的主要代表。新罗统一半岛后与唐朝的交流更加频繁，绘画也受到了中国画的影响，并发展了肖像画、山水画和佛教画等，出现了率居、靖和、弘继、金忠义等比较有名的画家。高丽时代绘画的题材和风格比较多样。高丽初期成立了绘画院，肖像画、山水画、花鸟画都有了较大的发展。李宁的山水画《礼成江图》和《天寿寺南门图》是这一时期画坛的代表作。高丽佛教画的代表作是僧侣慧虚所画的《杨柳观音图》，现今保存在东京浅草寺。这幅观音像画在丝绢上，线条精细流畅，色彩丰富，神态优雅，反映了高丽肖像画的特点。朝鲜时代的绘画在构图、笔法和空间处理上表现出明显的朝鲜特色。朝鲜王国时代的绘画日益繁荣，出现了安坚、姜希颜等著名画家。安坚的画作《梦游桃源图》（现收藏在日本天理大学中央图书馆）表明其在中国郭熙画风的基础上以精湛的笔法形成了自己的风格。画家姜希颜的画风则受到了中国明朝院体派的影响，其作品《高士观水图》现收藏在首尔国立中央博物馆。朝鲜晚期的画家受到中国元、明、清历代绘画的影响，并逐渐突出作品的民族色彩。金弘道、申润福等画家创作了大量描绘日常生活情景的风俗画，以《书堂》为代表。朝鲜晚期韩国绘画的一个重要影响因素是西洋绘画方法的传入。画家金斗梁、李喜英、朴齐家等率先采用了西洋画的明暗和透视等新的绘画技法。朝鲜末期的画坛逐步形成了以金正喜（号秋史）为代表的秋史派、以尹济私（号鹤山）为代表的鹤山派等不同的流派。日本殖民统治时期，朝鲜半岛的传统绘画日趋衰落。

　　朝鲜战争结束后，白阳会、墨林会等绘画艺术团体致力于振兴韩国的传统绘画，而一批年轻的艺术家则大胆引进了西方现代绘画。先锋派艺术家在20世纪50年代末期创作了大量表现主义的画作，试图摸索出一条韩国的现代绘画之路。60年代韩国绘画的主流是抽象主义，排斥传统的规律与价值观念，追求人的自由精神的直接表现。70年代初，韩国绘画以重新确立形式的原始价值为着眼点，开始探索几何图形构图。在具有抽象派艺术倾向的单色画中也可看出一种类似的泛自然主义哲学信仰，这种单色画在 70 年代末期成为韩国绘画的一种重要风格。80 年代，韩国部分美术界人士开始试图融入社会，选择以绘画为视觉语言来发表他们的意见，其间诞生的"现实与发言小组"是标志性的团体，在绘画技巧上同包括抽象派在内的所有现代主义绘画分道扬镳。新一轮的民主化进程启动后，美术家们更加自由地表现自我，形成了现代主义、民族民众美术两大派系，以及中立于两大派系中的不同美术观和各自的美术样式。随着韩国的日益国际化，绘画的风格逐渐多元化，大批曾经赴美、法、日等国留学的艺术家不仅活跃在韩国画坛，也为韩国绘画赢得了国际声誉。白南准、金昌烈、黄圭伯、金真洙、柳贤静等是其中的美术大家。

### （二）雕塑

佛教传入后，朝鲜半岛的雕塑开始有所发展。1967 年在庆尚南道下村里发现一座刻有"延嘉七年"（537）字样的镀金铜佛立像。该铜像造于平壤东寺，身披袈裟，笑容安详，造型逼真。此后的佛像略显活泼，刻有"辛卯年"（571）字样的三尊佛像，脸部丰满，袈裟衣裾飘垂，表现手法更加柔和。在普愿寺遗址发现的镀金铜佛立像、军守里发现的石雕佛坐像和金铜弥勒菩萨立像等佛像大约雕刻于公元 6 世纪中后期，佛像的脸部特征雕刻得更为精细、形象更为生动。公元 7 世纪，佛像雕塑取得了明显的进步。庆州仁旺里的石雕佛坐像、松花山的石造半跏思惟像、塔谷的磨和崖雕像群、庆尚北道奉化郡物野面的石造半跏思惟像等诸多遗迹，表明这个时期佛像已经开始使用几何抽象方法，在局部造型的处理上有明显的现实主义特征。

新罗统一朝鲜半岛以后，雕塑艺术更加丰富多样。四天王寺和锡杖寺佛教守护神像、军威三尊佛像、荣州可兴里摩崖浮雕佛像、燕歧浮雕佛像和菩萨像群、九黄里金制如来像等雕像有明显的过渡时期的特征，游离于传统的抽象形式和现实主义之间。到公元 8 世纪，现实主义已经比较盛行。石窟庵佛像不但是当时佛教精神的最高体现，也是当时雕塑艺术的杰作。石窟庵圆顶大殿里的释迦牟尼佛像是半岛所存雕塑的巅峰之作，体现了理想主义与现实主义的完美结合。如今这里已经被收入"世界文化遗产"名录。公元9世纪，一种新现实主义风格开始崛起，更加强调脸部表情的庄严和人体比例的合度，消瘦感代替了以往的雄伟感。这个时期的佛像的特点是表情沉闷，线条和形体缺乏活力。9世纪中叶，新罗各地许多寺院塑造了一些毗卢舍那佛，如桐华寺、宝林寺、到彼岸寺、鹫栖寺、浮石寺和法住寺，寺内的佛像全都是这种风格的变异。

高丽以佛教为国教，因此这一时期的佛像雕塑数量多，艺术水准高。光州的铁佛、开泰寺的石佛、文殊寺的金铜佛和凤林寺的木佛是保存下来的高丽时代的佛像精品。由于朝鲜王朝推行"斥佛扬儒"的国策，佛像雕塑日趋衰落，因此高丽时期的佛像是传统雕塑的一个顶峰。

韩国的现代雕塑出现在日本殖民统治时期。无论是在文学还是在艺术上，此时的日本是韩国人看世界的唯一窗口，韩国雕塑也不可避免地抹上了浓重的日本色彩。著名艺术家金复镇1919年进入东京美术学校，是他最早把西方雕塑艺术引入朝鲜人的视野，这一时期的韩国现代雕塑主要是学习和模仿欧洲现实主义的雕塑手法，谈不上创造和发挥。殖民统治下的朝鲜半岛没有为雕塑艺术的发展提供温润的土壤。

一直到朝鲜战争结束后，韩国的美术界才开始有了活力。频繁的大规模美术展览使这一时期的美术作品的风格更加多样化，现实主义和抽象主义相互竞争。20世纪60年代到70年代韩国的政治、经济和社会的巨大变化，给韩国雕塑注入了新的生机与活力。60年代的所谓"反形式抽象主义"运动拒绝传统学院派现实主义所尊重的一切自然形式，追求通过非表象形式自发地表现他们的情感。这种情感抽象主义在70年代遭遇了坚持对立概念与风格的"雕塑概念主义"的有力挑战。"雕塑概念主义"追求"纯"抽象，不受一切情感上的联系和内涵意义的拘束。在风格上，这些艺术家主张简单、率直的形式，明显不同于上一代"反形式先锋主义派"。正是在频繁的挑战与应战中，韩国的现代雕塑艺术不断地向前发展。

**（三）工艺美术**

金属工艺品和陶瓷工艺品是古代朝鲜工艺美术中的精品。韩国各地出土的青铜器遗物，包括镜、斧、短刀、器皿、钟、带扣以及各种装饰品和祭器，表明青铜器曾经如此深入地融入古代朝鲜人的生活。进入铁器时代，金属工艺日臻成熟，工艺饰品更加精美。佛教文化的繁荣也体现在金属工艺品中，如新罗的铜钟、装饰华美的金质青铜舍利盒等，是佛教信仰与高超的金属工艺的完美结合。

高丽王朝的青瓷是古代朝鲜陶瓷艺术的巅峰。这一时期的青瓷品种繁多，颜色浅绿亮泽，并嵌有精美的图饰。青瓷工艺最初从中国宋朝传入朝鲜半岛，12世纪前半期达到鼎盛，以青瓷镶嵌技术为代表。青瓷艺术衰落后，朝鲜时代的白瓷逐步占据主导，白瓷线条简朴，通常饰有梅、兰、竹、菊等图案，清雅宜人。如今，人们依旧可以在利川欣赏和体验韩国独特的陶瓷艺术。

### （四）建筑

古代朝鲜的建筑简洁、自然，受到佛教、道教和儒教等哲学的深刻影响。佛教寺院是古代朝鲜建筑艺术的典型代表。1980年在全罗北道益山发掘了弥勒寺遗址，揭开了百济建筑艺术神秘的面纱。弥勒寺原本有3座塔，呈东西直线排列，每座塔的北面有一座殿，形成"一殿一塔"的格局。1982年发掘的定林寺遗址和1964年发掘的扶余金刚寺遗址表明"一塔"格局是百济典型风格。皇龙寺是新罗初期寺院中的精品，其"三殿一塔"布局完全不同于百济弥勒寺的"三殿三塔"格局。新罗统一朝鲜半岛后，佛教的统治地位也体现在建筑艺术中。如今已经被列入世界文化遗产的佛国寺和石窟庵是其中的经典。

佛国寺竣工于公元752年，寺院位于吐含山西坡，殿堂建立在由自然石和经过凿削的岩石垒成的台基上，石块大小不等，镶嵌得很美观。台基周沿围有石栏杆。寺前曾经有一个莲花池，象征寺院与尘俗世界相隔。寺院中多宝塔和释迦塔呈现"双塔"格局。佛国寺现存的木结构建筑大都建于朝鲜王朝后期。位于吐含山上的石窟庵是韩国石窟建筑的巅峰之作，庵内有释迦牟尼像，盘膝坐禅，神情安详。

高丽王朝继承了新罗的佛教文化，并且受到中国宋朝、元朝建筑思想的影响。庆尚北道安东的凤停寺极乐殿、忠清南道礼山修德寺大雄殿等，是柱头隔撑建筑风格的典型代表。凤停寺极乐殿是留存至今的韩国最古老的木结构建筑。高丽后期的多丛隔撑的建筑风格一直延续到朝鲜时代，这种构造的房子更加牢固，外表也比较雄浑。首尔南大门、凤停寺大雄殿和开城南大门等在多丛隔撑式建筑中具有一定的代表性。朝鲜时代中期出现了一种使用翼状隔撑的新建筑风格，这种方式比柱头式更简单、更经济，如王家祠堂宗庙内的主殿和永宁殿等。但在建造宫殿和重要的寺院时仍然使用更富于装饰的多丛隔撑，如昌庆宫明政殿、通度寺大雄殿、法住寺八相殿和华严寺觉皇殿。17世纪末"实学"兴起后，其影响也体现在建筑艺术中，装饰浮华的传统建筑开始走向衰退。

水原华城是朝鲜半岛城郭建筑史上的丰碑，1997年被联合国教科文组织列入世界文化遗产名录。华城由实学学者丁若镛（1762～1836）设计筑造，自1794年开始施工，历经两年半完成。华城一改以往城郭城墙长、炮楼少的特点，每隔百米就设置一个御敌台或空心墩等防御工事，并配备有大炮等进攻性武器，城门前还建有五星防火水池，大大增强了城市的防御能力。坚固的华城的建设改变了以往朝鲜人平时居于城邑、战时退居山城御敌的传统防御战术，使在城市中御敌、退敌成为可能。

朝鲜开港后，西方现代建筑艺术很快登陆并融入大街小巷。哥特式的天主教教堂明洞堂，文艺复兴式的韩国银行总行大楼、首尔火车站，罗马式的首尔圣公会教堂贞洞堂等西式建筑，与古老的王宫、住宅、寺院、祠堂和城门并肩而立。首都首尔成为建筑艺术的万花筒。如今，韩国本土设计师的作品，如金重业设计的三一路大楼，严德纹设计的世宗文化会馆，朴春鸣设计的大韩生命保险公司63大厦，金寿根设计的基督教卫理公会教堂京东堂和奥林匹克体育场等，成为韩国首都新的标志性建筑。

## 五　文化设施

### （一）博物馆

韩国大大小小的博物馆为人们了解历史提供了便利与可能。韩国的博物馆大致可以分为国立博物馆、地方博物馆、私人博物馆、大学博物馆等几大类，共有近300座。韩国中央政府资助和管理的博物馆主要有国立中央博物馆、国立民俗博物馆、国立现代美术馆、国立现代艺术博物馆、庆州国立博物馆、光州国立博物馆、公州国立博物馆、扶余国立博物馆、晋州国立博物馆等。

国立中央博物馆前身为 1908 年大韩帝国皇帝纯宗下诏建立的皇室博物馆。该馆位于昌庆宫，其藏品主要有历代王朝的佛教工艺品、高丽瓷器，朝鲜时代的绘画以及历史风俗画等。1915 年在皇室博物馆的基础上成立了总督府博物馆。当时馆内的展品大多是有关历史和工艺美术方面的资料，其中大部分是属于国库的出土文物以及通过考古调查获得或是由民间直接购入的文物，也有各寺院的捐赠品。在不同的时期内，景福宫的其他殿阁如修政殿、思政殿、勤政殿等曾先后被用作展厅。1945 年光复后总督府博物馆改为国立中央博物馆，并随后在庆州、扶余及公州等地设立了博物馆分馆。朝鲜战争中，国立中央博物馆及德寿宫内收藏的文物 2 万余件曾被临时搬运到釜山保存。战争结束后，国立中央博物馆暂时驻址于南山分馆，1954 年搬迁至德寿宫石造殿。1966 年按照韩日文化协议，国立中央博物馆从日本收回了部分被掠夺文物。1972 年在景福宫基础上扩建而成的新博物馆建立。1986 年国立中央博物馆迁址原中央厅楼，并进一步扩充设施，改善机构，开展多方面活动。在确保 24 个展厅和 13 个文物收藏库的基础上，积极地推进了文物展示管理的科学化和计算机化。博物馆不仅重视对文物的管理和展示，同时也很重视各种文化普及工作，新设了"青少年博物馆教室""周六公开讲座""老人文化讲座""中小学教师历史文化进修""导游文化进修""跟妈妈一起到博物馆""主妇文化讲座""移动博物馆"等社会教育活动，吸引国民参观。2004 年 10 月国立中央博物馆暂时闭馆，从景福宫搬迁至龙山地区。龙山新馆于 2005 年 10 月开馆。据称，新国立中央博物馆在规模上可列入世界六大博物馆之列。

国立民俗博物馆是在 1945 年成立的，朝鲜战争期间被烧毁，1966 年修复，1975 年迁移到景福宫。民俗博物馆的陈列室分别展览食品、建筑材料、家具、服装等，展示传统的韩国人的生活方式和宗教活动。

庆州是新罗王朝的国都，有众多历史遗迹，被称为"露天博物馆"。目前的庆州国立博物馆建于 1975 年，藏品多达 1.2 万件，以青铜器和新罗时代的遗物为主。天马冢和其他古代王室陵墓中发现的遗物陈列在第一附室。从雁鸭池发掘的物品陈列在第二附室。该博物馆还陈列有众多佛教艺术品，其中包括佛像、宝塔和佛塔的部分构件，以及其他许多石器遗物，是新罗文化的橱窗。

韩国地方博物馆中，比较有代表性的有清州市立博物馆、光州市立博物馆、仁川市立博物馆、釜山市立博物馆等。这些博物馆尽管规模较小，藏品也不够丰富，但在宣传文化和普及教育方面还是发挥了很大的作用。

韩国有 70 余所大学设有博物馆。这里是学校发展历史的再现，也体现了学校所在地文化发展的脉络。比如，位于曾经属于新罗王国的大邱的庆北和岭南大学的博物馆的许多藏品是新罗王国的遗物。全南、朝鲜和全北大学以及公州国立师范大学博物馆的收藏品主要是百济王国的遗物。也有些大学博物馆在收藏历史文物的门类上有所侧重，反映这些学校侧重某些方面的研究。附属于檀国大学的石宙善韩国民间艺术纪念博物馆以广泛收集朝鲜王国时代的服装和什物闻名，这些藏品对研究韩国服装和装饰品的历史颇有价值。崇田大学博物馆以收集同基督教在韩国的发展历史有关的物品和资料闻名。梨花女子大学博物馆和庆熙大学博物馆以广泛收集韩国的动物、植物和矿物标本闻名。

除了众多的国立和公立博物馆外，韩国还有 140 余座私人博物馆，大多是公民私人、宗教团体或者企业建立的。私人博物馆的规模随收藏品的种类和内容而有不同。有少数私人博物馆在规模和内容上远远超过当地的国立博物馆。韩国历史最悠久的私人博物馆是涧松艺术博物馆。这是私人收藏家全鋈弼在 1938 年建立的。涧松艺术博物馆的收藏品约有1.2 万件，其中包括 2200 种、1 万多册书籍，500 多幅绘画以及 200 件陶瓷器。收藏品中的 4 件陶瓷器、2 尊镀金铜佛像、3 部极宝贵的原版书（其中包括初创韩文字母时的注解《训民正音》）以及 1 幅绘画已被定为国宝。另有 6 件陶瓷器、2 件镀金铜佛像和 1 部书被定为瑰宝。湖岩艺术博物馆也是一家重要的私人博物馆，藏品非常丰富，不仅有韩国古代和现代的重要艺术品，还有罗丹、布德尔、马约尔和穆尔这样的欧洲艺术家的作品。

韩国的专业博物馆也很有特色，为人们了解某一行业的发展提供了非常好的去处。银行家博物馆和证券博物馆收藏有同韩国金融机构有关的历史资料。太平洋化学品博物馆陈列有关于韩国化学工业的历史的丰富资料。教科书博物馆是韩国印刷和出版业历史的指南。电信博物馆广泛收集历史材料，特别是有关邮政的材料。在军校博物馆和海军学校博物馆可以领略韩国的军事发展史。啤酒博物馆则展示了韩国啤酒酿造的历史。

### （二）独立纪念馆

独立纪念馆是韩国人民独立运动的专门纪念馆，该馆位于忠清南道，占地面积达近 400 万平方米。纪念馆紧邻首尔—釜山高速公路，包括中心纪念厅"民族之家"、展览馆和一座巨大的花岗石纪念碑"民族之塔"。"民族之家"是独立纪念馆的标志性建筑，长 126 米，宽 68 米，有足球场大小，高 45 米，是模仿高丽时代修德寺而设计的悬山屋顶式建筑，据称是东亚最大的瓦房。纪念碑高达 51 米，造型独特，既像雄鹰舒展的双翼，又像祈祷和平的双手，象征永远不灭的民族之气。

独立纪念馆有 7 个展馆，总面积为 23624 平方米，是韩国国内最大规模的室内展览场所。第一展馆是"民族传统馆"，主要展出朝鲜民族从古代到朝鲜李朝后期的相关历史资料。第二展馆是"近代民族运动馆"，主要陈列 1860～1910 年的近代民族运动和救国运动资料，全面回顾了韩国从李朝后期开始的近代化运动以及外国列强的侵扰。第三展馆是"日帝侵略馆"，展出了揭露日本帝国主义侵略韩国的野蛮暴行的诸多资料，涉及日本强迫韩国签署不平等条约、对韩国实行经济掠夺、镇压民族独立运动等各方面的内容。第四展馆是"三一运动馆"，这里陈列了大量关于三一运动的资料，多角度、多侧面地介绍韩国人在国内外开展的民族独立运动。第五展馆是"独立战争馆"，展出了韩国光复军及其他军事力量在国内外英勇开展抗日斗争的资料。第六展馆是"社会文化运动馆"，这里陈列着日本殖民"文化统治"时期韩国社会各界积极投入民族文化保护运动的资料，表现了韩国民众反抗日本文化同化、捍卫本民族文化的坚定决心。第七展馆是"大韩民国临时政府馆"，主要展出三一运动后在中国上海建立的大韩民国临时政府的相关资料，从中可以了解韩国海外独立运动的活动状况以及临时政府从建立到 1945 年回国前的点点滴滴。

独立纪念馆收集了大量关于独立运动的资料，使其具有图书馆和档案馆性质。这里的资料有个人或团体捐赠来的，也有的是所有人暂时或永久地交给独立纪念馆保管，还有相当一部分是纪念馆通过复制或其他方式收集而来的。目前，独立纪念馆的收藏资料包括典籍 10234 件、文件 25989 件、手记 69 件、书画 458 件、照片 11843 张、遗物 987 件，还有数量众多的其他展品，总计 7 万多件。除了对广大青少年和其他国民进行民族精神教育外，独立纪念馆内还设有专门的研究所，深入研究独立运动史、民族运动史和日本殖民时期的韩国历史，使纪念馆具有一定的研究机构的性质。①

### （三）图书馆

韩国图书馆协会共有团体会员 963 个，包括 1 个国立图书馆、364 个公共图书馆、314 个大学图书馆、69 个学校图书馆和 215 个专业（或特殊）图书馆，可见韩国图书馆之众多。

韩国最有历史文化底蕴的两座图书馆是现今位于国立首尔大学的奎章阁和位于韩国学中央研究院的藏书阁。奎章阁最初建于朝鲜王朝肃宗（1674～1720 年在位，朝鲜第 19 代王）时期，主要用来收藏朝鲜王朝历代君王的画像、书稿、墨迹等。正祖（1776～1800 年在位，朝鲜第 22 代王）将奎章阁扩大重整，不仅充当了弘文馆和艺文馆的角色，还集承政院、春秋馆、司谏院、宗簿寺的保密、记录、言论、统管王室等各项功能于一身，是朝鲜王朝官僚机构的核心，是学术讨论、政策订立、收集保存参考文献、刊行书籍等的重要场所。奎章阁最初位于昌德宫的后院，中心建筑为宙合楼。1781 年，外奎章阁在江华岛建立，用来保存原奎章阁的珍贵图书和王室资料。1866 年法国军队发动"丙寅洋扰"，奎章阁里 6000 多卷图书不见踪迹，300 余册仪轨②被掠夺，现收藏在法国国立图书馆。1910 年日本强占朝鲜后，奎章阁被废止，阁内所藏图书归总督府管

---

① 韩国独立纪念馆网站，http：//www.i815.or.kr。
② 仪轨是朝鲜王朝各种仪式活动的文献记录，王室里的婚丧嫁娶、大型土木工程的开工仪式等均有记录，图文并茂，具有很高的文献和艺术价值。

理。原保存于奎章阁奉谟堂的一部分书册（包括涉及王室秘密的重要资料）被转移到新设立的藏书阁。后来，奎章阁被移交京城帝国大学管理。1946 年，奎章阁被划归国立首尔大学附属图书馆，直到 1992 年奎章阁才脱离首尔大学成为一个独立的机构。

目前的奎章阁有藏品 27 万余件，包括古籍 17 万余册、文献 5 万余篇、印版 1.8 万张，其中，《朝鲜王朝实录》、《备边司誊录》、《日省录》、《承政院日记》、《十七史纂古今通要》（第 16 卷）、《宋朝表笺总类》等 6 种 7076 册古籍文献被韩国政府指定为国宝，8 种 28 册被指定为宝物。为方便研究者阅读，奎章阁里的部分资料已经进行了影印，部分资料进行了电脑处理，以期永久保存。藏书阁内也珍藏着大量珍贵的历史文献，有宝物 7 种、古籍 4 万余册和文献 1 万余篇，还有大量的现代书籍，是研究韩国历史文化的重要参考资料。

国立中央图书馆成立于 1945 年，最初称为"国立图书馆"，1963 年改称为"国立中央图书馆"，是韩国最具代表性的图书馆，馆藏有 535 万余册书籍资料。它以全面系统地收集、保存和传承韩国的文化遗产为己任，是韩国文献信息的总库。除了普通的图书资料外，国立中央图书馆还藏有重要的历史文献。《十七史纂古今通要》（第 17 卷）被定为国宝第 148 号，《释谱详节》《东人之文四六》《民间活字及印刷用具》《东医宝鉴》《谚解胎产集要》等 5 种书籍资料被定为"宝物"。该馆还藏有《朝俄通商条约》《朝英通商条约》等韩国近代历史上的重要文件。

韩国国会图书馆成立于 1952 年，其宗旨是通过向国会提供法制信息资料促进韩国的民主进程。经过 50 多年的发展，该图书馆已经成为韩国社会人文领域的重要资料库。目前，该图书馆有大约 210 万册藏书、1.7 万种期刊、850 种报纸、5 万多卷缩微胶片资料、9000 多种声像资料，比较全面地记录了韩国的政治发展进程。1998 年，韩国国会图书馆开始对公众开放，以增进国民对立法过程的了解和认识。

韩国国立首尔大学图书馆是比较有代表性的大学图书馆，该馆于 1946 年开馆，并于 1975 年迁至现址。与首尔大学成为重要的研究性大学相适应，首尔大学图书馆的藏书学科门类齐全，现有藏书共计 223 万册。

文化的独特性和对于文化遗产的珍爱与保护，使韩国文化逐步得到国际上的认可。庆州历史遗迹区、佛国寺和石窟庵、海印寺《高丽大藏经》木刻版和保存木刻版的藏经殿、宗庙、昌德宫、华城、支石墓遗迹等韩国文化珍宝已经被列入世界文化遗产名录。韩国文字遗产《训民正音》和《朝鲜王朝实录》也被收入联合国教科文组织创立的"纪念世界"登录簿。

## 第四节　体育运动

体育运动是韩国发展和进步的明信片，是现代韩国人生活中的重要组成部分。1988 年在首都首尔举办的第 24 届夏季奥运会，是韩国强大的综合国力的集中体现，也是韩国外交面向世界的一次重要转折。而 2002 年成功举办的韩日世界杯足球赛，则充分表明韩国已经从一个发展中国家跃升为发达国家群体中的一员。韩国人在传统与现代之间保持着平衡，这在体育运动中有很好的体现。韩国在发展现代运动项目的同时，保存与传承了传统体育运动，并使跆拳道等项目成功地走向世界。

1982 年韩国政府设立了体育部，以促进全国的体育运动事业的发展。韩国政府体育运动政策的一个重要方面是推动与朝鲜的体育交流。韩国政府一向寻求与朝鲜一道参加世界性体育竞赛，相信体育是使一个分裂的民族达到和解的最有效方法之一。韩国政府积极支持朝鲜申请加入诸如世界登山运动协会和泛亚拳击协会等国际体育组织。在 2000 年的悉尼奥运会上，朝韩两国运动员在同一面旗帜下参加了开幕式和闭幕式，这是朝鲜半岛和解与合作的一次重要举措。

### 一　传统体育运动

据记载，古代朝鲜人从事众多的传统体育活动，例如放风筝、拔河、荡秋千、踢毽子、玩跷跷板，以及跆拳道和摔跤等。冬季风大，放风筝是最受欢迎的冬季运动之一。韩国人习惯于元旦放风筝，风筝形式多样，色彩缤纷。拔河运动是将参加比赛的村民分为两队，分别握住一根又粗又长的稻草绳的两端，双方用力拉绳。据说，得胜的一方将获得好收成。荡秋千在妇女中十分普遍。如今，妇女仍在端午节这一天玩这项游戏。荡秋千比赛的形式有多种，有单人荡和双人荡等。韩国的跷跷板与西方的跷跷板类似。韩国的跷跷板由一块长木板和木板正中下方放置的一袋米或一袋米和稻草的混合物构成。两位姑娘身穿色彩艳丽的韩服，站立于木板两端，一起一落地将对方弹至空中。

韩式传统摔跤是一种民间体育比赛。比赛时，双方各抓牢对方系于腰间和大腿间的布带，利用力量和各种技巧将对方摔倒在地。韩式摔跤的历史始于原始社会形成之时。在原始社会中，人们要同野兽搏斗，不仅是为自卫，而且为获取食物。此外，氏族群体也难免与血缘关系不同的群体发生冲突。因此，人们便练习各种打斗方法来保护自己。在韩国，摔跤现在已不仅仅是节日里的一种民间体育比赛，而且成了有很多人喜爱的体育运动。韩国摔跤协会通过举办竞争性很强的比赛，成功地在全国掀起了这项传统运动的热潮。作为深受欢迎和吸引观众的体育运动之一，电视台经常播放摔跤比赛，以便人们能在家里欣赏这项比赛。随着比赛规则的发展，韩式摔跤不断地从一种传统的体育活动和防身自卫的方法演变为深受欢迎的民间体育竞赛，它已经成为韩国人生活的一部分。

踢毽子是男孩子冬天爱玩的游戏。毽子是将中间有孔的铜钱用纸或布包裹，然后装上羽毛，使羽毛向四周展开，毽子可用一只或两只脚踢向空中，踢时毽子不得落地，踢毽子次数多者胜。有意思的是，踢毽子这一传统的运动项目在今天的韩国校园里依然十分常见，只是带有羽毛的毽子被喝完牛奶后的空包装壳代替，这种实用的、随时随地都可以取得的"毽子"为学生们的课余生活增添了许多乐趣。

在现代仍然流行的传统体育活动中，国际知名度最高的是跆拳道。跆拳道是唯一一项起源于韩国并被正式认可的国际运动项目。跆拳道是利用人体本能反应的一套防身术，源于古老的部族社会时代宗教节日中所表演的竞技。跆拳道涉及整个身体，特别是手和脚。跆拳道不仅能够强身，而且通过身心的锻炼和纪律的要求，有助于品格的培养。目前约有 3000 名韩国教练在世界上 150 多个国家教授跆拳道。总部设在首尔的世界跆拳道联盟（WTF），于1980年经国际奥委会正式批准，成为这项运动的管理机构。跆拳道在1988年首尔奥运会上是一个表演项目，从2000年悉尼奥运会开始成为奥运会的正式比赛项目。中国选手陈中在悉尼奥运会获得女子67公斤以上级冠军。此后，中国民众对跆拳道的关注日渐增多，而伴随着"韩流"的兴起中国人对跆拳道的热情日益高涨，不仅欣赏跆拳道，还一试身手操练起跆拳道来，目前在中国的大中城市随处可见跆拳道练习馆。跆拳道在中国的流行是其在世界范围内受欢迎的一个缩影。当然，在韩国本土其受欢迎程度也一直很高，韩国跆拳道协会约有380万会员，是韩国体育理事会的最大的一个会员组织。

## 二　现代竞技体育

韩国人民一贯喜爱体育活动和体育竞赛。巨大的经济进步使韩国人对体育的兴趣大增，越来越多的韩国人参加体育锻炼和有组织的体育竞赛。韩国在重大国际比赛中的成绩有目共睹。首尔第24届夏季奥运会是韩国体育运动发展历史上重要的一页。本届运动会的主题是"和平、和谐、进步"，从1988年9月17日到10月2日，来自160多个国家和地区的1.3万多名运动员和官员为促进和谐与和平相聚一堂。在韩国政府"北方政策"的推动下，首尔奥运会超越了意识形态的分歧，使奥林匹克运动体现了奥运精神。首尔奥运会为韩国留下了很多高标准的体育设施。这些设施集中于韩国两个最大的城市：首尔和釜山。首尔综合体育运动场占地54.5万平方米，包括1个可容纳10万名观众的奥林匹克运动场、2个篮球及拳击体育馆、1个室内游泳池、1个棒球场和1个练习场。奥林匹克公园位于首尔东南部，占地150万平方米，其中包括1个拥有6000个座位的自行车竞赛场，3个供体操、击剑和举重比赛的体育馆以及游泳池和网球场。不仅如此，为筹办奥运会，首尔建立了纵横交错的地铁网，为首尔公共交通的发展奠定了基础。首尔乃至韩国的国际化水平由于奥运会的举办而大大提高。

当然，一直以来，韩国都是奥林匹克运动的积极参与者。1936年11月，马拉松运动员孙基祯在柏林奥运会上赢得了一块金牌，由于当时朝鲜半岛处于日本殖民主义的统治之下，他只能作为日本队员参赛。据称朝鲜《中央日报》因在报道中抹去了孙基祯胸前的日本国旗而被取消了发行权，随即被勒令停刊。现代体育不屈不挠的精神始终激励着韩国人民。1948年，韩国首次高擎自己的国旗参加了伦敦夏季奥运会。随后，韩国运动员在奥运会上连创佳绩。在1976年蒙特利尔奥运会上，韩国在100多个参赛国家和地区中排名第19。在有140个国家和地区参赛的1984年洛杉矶奥运会上，韩国名列第10。在1988年首尔奥运会上，韩国名列第4，达到韩国体育的巅峰。在1992年巴塞罗那奥运会上，韩国的奖牌数位列第7，黄永祚在这次奥运会上赢得了马拉松比赛的金牌，成为第一个赢得该项目金牌的韩国运动员。在1996年亚特兰大奥运会上以7金、15银、5铜名列第10。在2000年悉尼奥运会上以8金、9银、11铜名列第12。在2004年雅典奥运会上，韩国以9金、12银、9铜名列第9。2008年的北京成了韩国队的半个主场，众多的韩国啦啦队员云集于此，为他们心中的英雄呐喊助威，韩国选手不负众望，一举拿下了13枚金牌、10枚银牌、8枚铜牌，位列金牌榜第7位。这是自首尔奥运会之后取得的最好成绩，体现了韩国体育在整体上得到了进一步提高。2012年伦敦奥运会，韩国代表团以13金、8银、7铜位列奖牌榜第5位。2016年里约奥运会，韩国代表团以9金、3银、9铜位居综合成绩榜第8，连续四届奥运会入围前十。在奥运会比赛中，射箭、羽毛球、举重、射击、摔跤、手球、柔道和马拉松等项目是韩国的优势项目。当然，就其人口而言，韩国在奥运会上的表现已经堪称上佳了。

2002年韩日世界杯足球赛是韩国体育运动历史上光辉的另一页。这是国际足联在21世纪举办的第一次世界杯足球赛，也是亚洲国家第一次有机会举办这一全球瞩目的重大赛事。此次世界杯比赛没有发生人们担心可能出现的流氓行为或恐怖活动，显示了举办国强大的组织能力。不仅如此，勇猛顽强的韩国队成功打进半决赛，这是亚洲国家在世界杯赛史无前例的重大成就，整个世界为之震惊。韩国队的骄人战绩大大地提高了韩国的国际形象，将"韩国"品牌深深铭刻在世界人民的印象之中，韩国产品也大举进军拉美等足球运动比较普及的地区。足球比赛使韩国获得了一个摆脱与战争、示威和独裁主义联系在一起的负面形象的机会，并加入先进国家的行列。

与韩国运动员在绿茵场上的不屈不挠相对应，韩国各地成千上万的"红魔"啦啦队也给世界留下了极其深刻的印象。他们排山倒海的气势、疯狂热烈的助威以及旋风般的流行速度，极具震撼力。据估计，在韩国队比赛期间有近2200万人上街为国家队加油助威，而韩国的总人口也不过是4800万。"红魔"其实成了一种文化现象，不仅仅代表韩国足球，也是韩国的民族精神的象征。通过世界杯，它为韩国的社会进步和民族团结做出了重大贡献。世界杯上韩国队员的坚忍不拔、永不放弃的精神，广大球迷的热情参与和高度组织性，是韩国社会发展和进步的重要体现。

韩国足球队在2002年世界杯上的精彩表现并非一日之功。自1971年以来，韩国每年举办国际足球锦标赛，原名为总统杯足球赛，后更名为韩国杯足球锦标赛，为提高亚洲足球技术，以及增进参赛国之间的了解与友谊做出了巨大的贡献。锦标赛吸引了来自亚洲、欧洲、拉美和非洲的球队。1983年韩国成为第一个建立职业足球联赛的亚洲国家。1994年，职业足球联赛更名为韩国足球联赛。如今，参加联赛的球队共有12支，自1996年赛季开始，联赛允许外国球员加盟。联赛的成功举办，锻炼和培养了一批批优秀的足球运动员，韩国的足球市场也日臻成熟。

韩国国内的大型赛事也同样丰富多彩。全国运动会于每年10月举行，设有39个竞赛项目，参赛运动员来自全国各地。这一盛会在首尔、釜山、大邱、光州、仁川等大城市中轮流举行。为中小学生而设的全国少年运动会每年举行一次，吸引1万名来自全国各地的孩子参加。全国冬季运动会于每年1月举行，比赛项目包括速滑、花样滑、滑雪、冰球和滑雪射击。此外，还有每年举行一次的全国残疾人运动会，为残疾人提供了展现体育才能的机会。

由于人民的生活水平不断提高，越来越多的人参加各式各样的休闲活动，从而使休闲业成为韩国发展最快的产业之一。棒球、网球、游泳、登山、高尔夫球、滑雪、滑水、钓鱼、冲浪、手球等项目很受欢迎。登山是不少韩国人的最爱，每到周末韩国各地城外的大小山上都挤满了爬山的人和徒步旅行的人。韩国人高相敦曾于 1977 年 9 月登上珠穆朗玛峰。近年来韩国围棋运动的发展水平有了很大的提高，有"石佛"之称的李昌镐曾是中国围棋选手难以逾越的高峰。

韩国将于 2018 年举办平昌冬季奥运会，主要场馆建设在江陵和平昌，预计花费 3.1 万亿韩元（约合人民币 170.5 亿元）。预计此届冬奥会将会有约 6500 人参赛，15 个比赛项目中，雪上项目和冰上项目分别在平昌和江陵举办，共产生 102 枚金牌。在倒计时一周年之际，场馆筹备方面，六个新比赛场馆的平均完成率已超过 96.3%，进展顺利，按计划如期完工。由于平昌距离首尔 260 公里，为了解决交通运输问题，平昌冬奥会将主要精力放在铁路和公路的建设和改善上。高速铁路从首尔到平昌只要两个小时，并于 2017 年夏天完成最后的测试，预计在 2017 年 9 月正式开通。同时，韩国方面已于 2016 年完成了第二岭东高速公路，使得从韩国首尔仁川机场到平昌的陆路开车时间从四个半小时缩减到三个小时。

# 第五节　新闻媒体

## 一　报纸与通讯社

韩国的报刊已有百余年的历史。韩国第一份近代报纸是《独立新闻》，于 1896 年由徐载弼创办。这是一份双语报纸，印行 300 份，每份 4 页，每周发行 3 次，前 3 页为朝鲜文，最后一页则为英文。《独立新闻》向国人介绍世界，进行民族精神的启蒙，同时让世界了解朝鲜的国情。《独立新闻》所倡导的开化运动引起了守旧派的反感，1899 年《独立新闻》被停办。在其后的数十年里，《每日新闻》《帝国新闻》《皇城新闻》等民间报纸风行一时，继续推动朝鲜半岛的启蒙运动。在日本殖民主义统治时期，朝鲜半岛报纸的空间被大大压缩，殖民当局只允许总督府的机关报和日本人在朝鲜半岛发行的报纸继续发行。在很长的时间内，朝鲜人的报纸只能秘密地出版发行。1920 年朝鲜人的报纸《朝鲜日报》和《东亚日报》获准公开发行，这是朝鲜半岛历史最悠久的两家报纸。由于殖民当局严格的控制与监督，获准发行的报纸几乎不敢发表任何批评殖民统治的文章。即便如此，1940 年这两家报纸还是不得不停刊。

光复后，韩国的报纸如雨后春笋，《朝鲜人民报》《解放日报》等左翼报纸捷足先登。随着《朝鲜日报》《东亚日报》这两家重量级的报纸在1945 年年底复刊，右翼报纸的影响力大大增强。为控制左翼力量对民众的宣传，1946 年 5 月美军政府发布第 88 号令，宣布将新闻发行的登记制改为许可制，左翼报纸被严格限制。李承晚政府建立后，基本上沿用了这一管理理念，严格限制反对派的报纸。张勉时期韩国的报纸经历了短期的膨胀，但随后即招致朴正熙政府的严格控制。韩国报纸真正大发展的时期是在 80 年代的民主化运动启动以后。

到 2001 年 12 月，韩国共有 121 家日报。其中 86 家为普通报纸。这86 家普通报纸中有 22 家全国性报纸和 64 家地方报纸。另外有 29 家商业、教育和体育方面的专业报纸。外文报纸共 6 家，5 家为英文报纸，1 家为中文报纸。[①] 近年来，各报刊对现代印刷设备进行了大量投资。大多数全国性的日报均采用电脑排版和编辑，以及彩色印刷。目前，韩国发行量居前列的报纸是《东亚日报》《朝鲜日报》等，它们与《中央日报》《韩国日报》《首尔新闻》《京乡新闻》为六大全国性韩文日报。

联合通讯社是韩国最主要的通讯社，由合同通讯社和东洋通讯社于1980 年 12 月 19 日合并而成。联合通讯社在首都及各道均有新闻采集网络，并在欧洲、北美、中东、东亚和南美设有多家分社。联合通讯社与美联社、合众国际社、路透社、法新社、新华社等国际著名通讯社建立了新闻交换和合作关系。

## 二　广播电视

### （一）无线电广播

1926 年 11 月，朝鲜总督府批准成立了京城广播电台，该电台在 1927

---

① 大韩民国海外弘报院：《韩国简介》，2003 年修订版，第 110 页。

年 2 月 16 日正式开播。这是一家以日本语节目为主、以朝鲜语节目为辅的电台，在其 50 名职员中朝鲜人仅有 5 名，且从一开始就受到总督府邮电局的严格控制。1935 年 9 月，京城广播电台更名为京城中央广播电台。此后，各大城市也开始建立广播电台。到光复时，朝鲜半岛已经有 17 家广播电台和 3 个广播站。光复之后，美军接管了京城中央广播电台。1945 年 9 月 14 日，美国军政当局将首都的名称由京城改为首尔，京城中央广播电台也同时更名为首尔广播电台，并于 1948 年将其移交作为社团法人的韩国广播协会经营，这就是后来的韩国广播公司（KBS）。

1954 年，主要由教会资助的基督教广播电台（CBS）开始播送教育和宗教节目，同时还播送新闻和娱乐节目。1956 年 12 月，福音派联合传教团创办了另一家基督教电台——远东广播电台，该电台使用 6 国语言广播，且东北亚各国都可以收听到。韩国第一家商业广播电台釜山文化广播公司于 1959 年在釜山建立，其后又建立了几家广播公司。韩国文化广播公司（MBC）于 1961 年开播。以《东亚日报》社为后盾的东亚广播电台（DBS）和东洋广播公司（TBC）随后开始营业。首尔形成了多家广播电台相竞争的局面。

60 年代和 70 年代韩国广播产业发展的一条主线是调频音乐广播的大发展。伴随着因音乐广播而来的竞争，韩国的商业广播产业进入了一个新的高峰期。80 年代，韩国广播机构的结构进行了大调整，经过关、停、并、转，韩国的广播电台形成了以韩国广播公司与韩国文化广播公司为主的二元结构。1990 年 8 月 1 日韩国政府颁布《广播法》，随后数家专业电台成立，包括由首尔市经营的交通广播电台（TBS）、韩国政府经营的教育广播电台（EBS）、天主教和平广播基金电台和佛教广播电台等。韩国的广播产业开始了又一次变革的浪潮。

目前，韩国共有 254 家无线电广播电台，其中 136 家为调频台，59 家为调幅台。[①] 尽管电视十分普及，无线电广播在韩国仍然拥有众多的听众。

---

① 大韩民国海外弘报院：《韩国简介》，2003 年修订版，第 114 页。

（二）电视

1961 年 12 月，韩国广播公司成立了第一家电视台。随后，东洋广播公司、文化广播公司也分别于 1964 年和 1969 年开播电视节目。80 年代后期东洋广播公司电视台被韩国广播公司合并。1990 年，由教育部监管的教育电视台（EBS）开播，主要播出课外教育节目、文化节目和纪录片等。

首尔电视广播公司（SBS）于 1990 年开播，釜山广播公司（PBS）、大邱广播公司（TBJ）、光州广播公司（KBC）和大田广播公司（TJB）等第一批私营地方电视台于 1995 年开播，有力地促进了地方文化和经济的发展。第二批私营地方电视台于 1997 年开播，包括仁川电视广播公司（ITV）、蔚山广播公司（UBC）、全州广播公司（CJB）和忠州电视广播公司（JTV）。江原电视台（GTB）和济州自由国际城市广播公司（JIBS）成立时间更晚一些，分别于 2001 年和 2002 年开播电视节目。

2000 年的《广播法》将韩国广播公司确定为最主要的广播公司。目前，韩国广播公司运营着一个庞大的广播网络，覆盖全国，包括 25 个地方台、10 个海外支局和 3 个附属公司。2001 年下半年，韩国广播公司、文化广播公司和教育电视台等电视网络在首尔地区开通了数字广播业务。2002 年该业务进一步扩展至首尔周边地区。

1991 年，韩国的有线电视开始试播。到 2001 年年底，有线电视用户已达 800 万户，他们可以收看 60 个频道播出的 77 类节目。韩国数字广播公司（KDB）于 2002 年 3 月开办了卫星传播业务，从 2002 年年底起为 50 万用户提供各种频道的电视传送业务。随着网络电视获得发展，有线电视出现衰落。2015 年有线电视的销售额为 22590 亿韩元，与 2014 年相比减少了 3.7%。与销售额增加了 28.3% 的网络电视相比，有线电视销售额的下降趋势十分明显。2011 年有线电视的销售额占广播电视产业销售额的比重为 18%，2015 年其比重则下降到了 15%。有线电视的加入者数量也呈明显减少趋势。2015 年有线电视的加入者数量为 1373 万，与 2014 年相比减少了 6.02%（88 万）。2013 年有线电视的加入者数量为 1474 万，是网络电视加入者（759 万）的约 2 倍，而 2015 年两者间的数量差缩小到了 237 万。

韩国互联网宣传中心发布的数据显示，韩国智能手机的普及率从 2012 年的 65% 提高到 2014 年的 84.1%，个人电脑的持有率从 2012 年的 82.3% 下降到 2014 年的 78.2%，95.1% 的互联网用户在随时随地使用智能手机或平板电脑上网。调查显示，有 60.7% 的互联网用户在使用社交媒体（Social Network Site，SNS），社交媒体使用者中 90.2% 的人在使用"Facebook""Kaokao Story"等依托个人信息的服务。在韩国，"Kaokao Talk""Naver Band"等本土社交媒体取得了比"Twitter""Facebook"等全球性社交媒体更好的战绩，占据了更多的市场份额。这些通过通讯录或对话框来加好友进而和这些熟人分享资讯的相对封闭的社交媒体受到很多人的追捧。当然，社交媒体的兴起，也带来了过度社交的疲劳感。在 2012 年之后，韩国社交媒体用户数量增加幅度开始放缓。①

---

① 〔韩〕金银美等：《韩国社交媒体文化》，邢丽菊等译，复旦大学出版社，2015，第 6 页。

# 第八章

# 外　交

## 第一节　对外政策的演变

在冷战的背景下，韩国的外交长期以韩美关系为核心，并主要与资本主义阵营的国家发展外交关系。20 世纪 70 年代初，韩国开始推行门户开放政策，开始了与社会主义国家的接触。1988 年卢泰愚政府上台后，大力推行"北方外交"，积极发展与社会主义国家的关系。韩国的外交在近年来基本形成了以韩美同盟为基轴、巩固韩美日共助体制、加强中美日俄四大国外交、积极参与地区与国际事务的多层次、全方位外交格局。

### 一　建国初期及 20 世纪 50 年代的韩国外交

1948 年 8 月 15 日，朝鲜半岛三八线以南地区成立大韩民国政府后，9 月 9 日三八线以北地区成立了朝鲜民主主义人民共和国，南北分别归属以美国为核心的资本主义阵营和以苏联为核心的社会主义阵营。韩国新政府成立后的一段时间内，采取了"对美一边倒"的外交战略，主要目标在于谋求国际社会的承认，争取与更多的国家建立外交关系。

大韩民国是在美国的庇护下成立的，美国第一个承认韩国并与其建立正式外交关系顺理成章。随后是美国的其他盟友，包括英国、法国、菲律宾等国和退守台湾的国民党当局。在 1950 年 6 月 25 日朝鲜战争爆发以前，韩国已经得到了世界上 25 个国家或地区的承认。朝鲜战争爆发后，韩国立即向美国求援，美国政府当即决定参与战争，拯救刚刚扶植起来的韩国政府。在美国的主导下，有 15 个资本主义国家在联合国的旗帜下参与了朝鲜战争。朝鲜战争结束后，韩国继续加深与美国的军事、经济和政治关系，与西欧和亚洲的资本主义国家的交流也日益增多，对社会主义国家则采取了更加明确的敌视立场。

## 二　朴正熙政府时期的外交

朴正熙政变上台后，韩国政府继续加强与美国的经济、军事合作关系。20 世纪 60 年代，韩美两国进行了多次首脑会晤和高层互访，韩国提出参与越南战争，美国则继续在经济上和军事上给予韩国支持与援助。1965 年韩国向越南派出大规模部队，韩美同盟关系进一步加强。

与此同时，美国积极协调其两个亚洲盟国韩国与日本的关系，敦促双方早日实现邦交正常化。韩日邦交正常化谈判始于李承晚时期，但是由于韩国民族情绪高涨和政府的消极态度，谈判一直未能取得实质性的进展。朴正熙对内承诺要发展经济、摆脱贫困，而美国的无偿经济援助又大幅度减少，因此不得不把目光转向日本，希望能够从日本得到战争赔偿、经济援助、先进技术和产品市场。当然，朴正熙本人曾在日本关东军中任职，也曾在士官学校接受教育，日本现代化的经验给他留下了深刻的印象，这也是其积极推进恢复韩日邦交的一个重要动因。为此，1965 年朴正熙政府顶住强大的舆论压力，恢复了与日本的外交关系。韩日邦交正常化实现后，东北亚地区的美日韩同盟正式确立，日本和韩国成为美国实施亚洲战略的两个重要支点。而韩国也在政治上和军事上继续依附于美国，在经济上则开始把日本作为重要的依赖。

当然，韩日邦交正常化谈判过程也留下了不少没有解决的难点问题，比如战争赔偿的问题，韩国国内亲日势力的问题，等等。2005 年年初，韩国解密了新的外交档案，这些文献资料表明韩国以政府的名义放弃了国民个人要求日本赔偿的权利，这样一来，如何解决民间赔偿问题就成为一个非常棘手的问题。

多边经济外交是朴正熙政府对外工作的一个重点。韩国的工业化实施的是出口导向发展战略，在这一战略的主导下，韩国的驻外各部门也主要为韩国产品开拓国际市场服务。各驻外使馆每个月都要提出吸引外资和振兴出口事业的具体方案和建议。政府则设立经济外交协调委员会,及时迅速地处理各种相关问题。军人威权统治下的韩国,犹如一台出口的机器,其每个零件都被充分动员起来,最大限度地促进出口。

国际形势的变化,特别是中国与美国、日本的关系出现了缓和的迹象,引发了东北亚局势的变化。朴正熙政府后期韩国转而实施门户开放政策,开始与社会主义国家进行接触。1973 年 6 月 23 日,朴正熙总统发表《和平统一外交政策特别宣言》,表示南北双方可以寻求同时加入联合国,韩国愿意在互惠平等的原则下对意识形态和制度不同的国家也开放门户。"六二三宣言"的发表打开了韩国与社会主义国家交流的大门,开辟了韩国外交的一片新天地。

### 三 20 世纪 80～90 年代后的韩国外交

作为"六二三宣言"的发展和继续,80 年代的韩国政府继续加强与社会主义国家的外交关系,其主要的战略构想是:采用联邦德国的东方政策模式(在直接改善与民主德国的关系之前,首先改善同与民主德国关系密切的苏联之间的关系),即首先与某一社会主义国家建交,以此为突破口,逐步扩大范围,然后同与朝鲜关系密切的苏联和中国建交,最终实现朝鲜半岛的和平统一。因此,"北方外交"并不是一个完全意义上的地理的概念,其涉及的对象和范围不仅包括朝鲜及其盟友中国和苏联,还包括东欧的社会主义国家。卢泰愚政府借助首尔奥运会的有利时机积极推进"北方外交"。1988 年 7 月 7 日,卢泰愚总统发表《为争取民族自尊和统一繁荣的特别宣言》,强调在世界正处于超越意识形态走上和解合作的新时代,韩国应积极谋求与苏联、中国和其他社会主义国家改善关系。

韩国和苏联的首次接触是在 1973 年 8 月,韩国组团参加了莫斯科世界大学生运动会,此后人员交往和双边贸易有所增加。由于 1983 年 9 月苏联击落 KAL007 客机,韩苏关系一度中断。1985 年戈尔巴乔夫上台后,双边关系有所缓和。首尔奥运会后,两国分别在对方首都设立贸易办事处和领事处。1990 年 9 月,两国正式建交。苏联解体后,由于贷款偿还等问题，双边的经济合作一度陷入停滞。1992 年 11 月，叶利钦访问韩国，在两国首脑会晤时，叶利钦对 1983 年客机事件公开表示遗憾，向韩国政府转交了飞机黑匣子，并解决了有关贷款偿还问题，两国政府还签署了《海关合作协议》《经济共同委员会组成规定》等协议文本，双边关系进入稳定发展期。1983 年 5 月的中国民航劫机事件是中韩政府间正式接触的起点。在卢泰愚政府的积极推动下，双方最终于 1992 年 8 月 24 日正式建立大使级外交关系，结束了两国多年的敌对状态，双边关系进入一个新的历史时期。

随着国际局势的缓和，朝鲜半岛南北和解与合作成为韩国外交的重要内容。经过数届政府的努力，1991 年 9 月 17 日韩国和朝鲜同时加入联合国。

金泳三政府上台后在"世界化、多边化、多元化、地区合作和面向未来"等五项内容的外交政策指导下，积极推进联合国外交、经济外交和环境外交，并取得了积极的成果，在国际社会进一步扩大了韩国的影响，1993 年韩国首次派出工兵部队参与联合国在索马里的维和行动，1994 年、1995 年又陆续派出医疗和工兵部队参与了联合国的维和活动。1994 年韩国加入世界贸易组织，1995 年成功当选为联合国安理会非常任理事国，并加入经济合作与发展组织（OECD）。

然而，金泳三政府在运作朝韩关系方面建树甚微，在其执政期间，不但 90 年代初开拓的朝韩间的对话渠道被关闭，朝韩关系也出现倒退。尽管金泳三政府试图通过朝韩"大米谈判"、与美国共同提议召开四方会谈来打开僵局，但在其任期之内，金泳三政府始终没有能够从正面打开处于停滞状态的朝韩关系。

金融危机中上台执政的金大中政府，其首要的外交课题便是化解金融危机，为此金大中政府主要加强了与美国和国际货币基金组织的合作。在稳定了国内的金融秩序之后，金大中政府在外交布局上重点加强了对周边四强的协调外交，加强美韩同盟关系、升级韩日关系、稳步发展中韩关系、改善韩俄关系。金大中政府最大的外交成绩体现在它对朝韩关系的运作上，为了打开僵局，推动朝韩关系的发展，金大中总统在就职典礼仪式上便提出了"不允许武力挑衅、排除吸收统一、积极推进缓和与合作"等对朝政策三大原则,在政经分离的原则下,通过"阳光政策"的实施,金大中政府不仅从正面打破了朝韩关系的僵局,还大大推进了双方的和解与合作。

## 四 21 世纪初期的韩国外交

进入 21 世纪,"四强外交"仍然是韩国外交的重点,同时韩国一直试图超越以东北亚为中心的区域外交,[①] 向更广阔的亚洲地区拓展,从而发挥与其实力相称的影响力,填补传统大国均衡外交的不足,也为朝鲜半岛统一创造条件。

卢武铉政府针对美国对其海外驻军的调整,就驻韩美军的配置与战略转型、韩国军队的战时指挥权、韩美同盟的发展方向等问题同美国进行了谈判;在朝核问题和六方会谈框架内加强了同中国的协调;在协作性自主国防的指针下,实施了国防改革方案。同时,在继承金大中政府对朝政策的基本原则下,积极推进了开城工业园区建设、金刚山观光和朝韩铁路连接事业,并实现了朝韩第二次首脑会晤,在运作朝韩关系上取得了重要成果。

在地区合作方面,2005 年 3 月,卢武铉总统首次较为全面地阐述了其"东北亚均衡者"[②] 构想。旨在利用韩国所处的独特地理位置,发挥其连接东北亚和太平洋的枢纽作用,打造东北亚物流、旅游、贸易和产业的中心,使其成为东北亚货物、能源的集散地,构建东北亚经济中心国家,从而提升韩国的国际地位。为此,韩国还专门设立"东北亚时代委员会"。

李明博政府在所谓"实用主义"外交理念下推进了以修复和巩固韩美同盟关系为重点的四强外交,包括"创造性地重建韩美同盟"、构筑成

---

① Gilbert Rozman and In-Taek Hyun, *South Korean Strategic Thought toward Asia: Strategic Thought in Northeast Asia*, New York: Palgrave Macmillan, 2008.

② 裵钟尹:《东北亚地区秩序的变化与韩国的战略选择:"东北亚均衡论"争论的局限与权力均衡的理论性提案》,《国际政治论丛》第 48 辑第 3 号,2008,第 93 ~ 118 页。

熟的韩日关系、提升与中国的战略合作关系、推进与俄罗斯的能源外交等。

比起以往政府在地区层面的合作，李明博政府更重视全球外交。2009年3月，李明博总统在访问印度尼西亚期间，提出名为"新亚洲倡议"的计划，谋求提升韩国对亚洲其他国家的外交和经济影响力。"新亚洲倡议"显示了韩国作为亚洲新兴国家的领导者，逐步成为在国际社会代表亚洲利益的中心国家的愿望。2010年通过主办G20峰会与核安全峰会等国际会议来提高韩国的国际形象。

在对朝政策上，李明博政府首先提出了"无核、开放、3000"，继而又提出了"相生与共荣"。但是由于李明博政府明确地为朝韩经济合作设定了"无核"和"开放"两个前提条件，从而遭到朝鲜强烈的政策反弹，朝韩关系趋冷，后因2008年7月韩国游客金刚山被击事件、2009年5月的第二次朝核试验以及2010年3月的"天安舰"事件和2010年11月的延坪岛事件的连续发生，朝韩关系退至冷战结束以来最为恶化的状态。

朴槿惠上任后韩国外交的战略更加注重大国间的平衡性，在将韩美关系作为一揽子战略同盟深化、发展的同时，也着力将同中国的关系升级为符合"战略合作伙伴"的水平。朴槿惠提出对日"双轨"外交，是原则性和灵活性相结合的体现。在对朝政策上，朴槿惠提出"信赖进程"，但更注重对朝政策的原则性。

在地区合作方面，2013年，朴槿惠政府提出了"东北亚和平合作构想"与"欧亚倡议"，主张以循序渐进、由易到难、稳步推进的路径，不断推动地区机制化建设，为地区和平与发展创造良好环境，但随着地区形势的变化及朝韩关系的紧张，朴槿惠政府的"东北亚和平合作构想"陷入困境。

## 第二节　韩美关系

韩国学术界在分析韩美关系时一般从1882年《朝美修好通商条约》

的签订开始。韩国人对美国的感情是非常复杂的。在相当长的时间里，韩国人对美国抱有好感，认为美国与其他周边大国不同，没有侵略韩国的意图，因此从高宗到国民都欢迎美国扩大其在朝鲜的影响。但遗憾的是，美国基于本国在东南亚的殖民利益①而默许了日本对朝鲜的吞并。1945 年美国和苏联协议分区占领朝鲜半岛接受日本投降，韩国民众再次热情地欢迎美国的到来，在民众看来，是美国帮助他们从日本殖民统治下解放了出来。但好景不长，韩国民众突然发现，美国并没有给予韩国真正的独立，而是所谓托管和军事占领。韩国民众用了很长的时间才说服自己接受了这一现实，最初的反美情绪也慢慢平静下来。

在美国的扶植下，大韩民国政府于 1948 年 8 月 15 日宣告成立。从此，美国一直是韩国外交的核心，双方于 1949 年 1 月 1 日正式建交。朝鲜战争中美国的军事介入和战争结束后 1953 年 10 月签署的韩美《共同防卫条约》，正式确立了双方的军事同盟关系。韩美关系的性质与内容在不同的历史时期有所变化，但都无法撼动美国作为韩国外交核心的地位。

## 一 李承晚时期的韩美关系

在考察和分析韩美关系时，必须抓住其最本质的一点：不对称性。也就是说，对于韩国而言，美国是其外交的核心乃至全部。在李承晚时期，韩国在军事、政治和经济上都严重地依赖美国。对美国而言，韩国只是其亚洲战略中的一枚棋子，且其对于美国的重要性远逊于日本，正是基于这一判断美国才在 1949 年撤出了驻扎在韩国的军队。尽管很多人包括韩国人不愿意接受这一点，但是客观地讲，李承晚对于韩国发展最大的贡献在于：通过运用其过人的外交技巧成功地将韩国与美国捆绑在了一起。在韩国政府成立一年多的时间里，韩国与美国相继签署了《关于临时军事安

---

① 这是一种普遍的观点。也有学者认为美国在东南亚的利益并不是其考虑的重点。参考 Andrew C. Nahm, "U. S. Policy and the Japanese Annexation of Korea", in Tae-Hwan Kwak et al., eds., *U. S. -Korean Relations*, *1882 – 1982*, Kyungnam University Press, 1982, pp. 34 – 53。

全的行政协定》（1948 年 8 月 24 日）、《韩美政府间关于移交财政和财产的协定》（1948 年 9 月 11 日）、《韩美政府间相互防卫援助协定》（1950 年 1 月 26 日）和《韩美军事顾问协定》（1950 年 1 月 26 日）等法律文书，使韩美两国的依附关系得到了正式确认。

朝鲜战争是韩美关系发展史上的一个重要里程碑。1950 年 6 月 25 日，朝鲜战争爆发。关于南北双方是谁打了第一枪的问题，学术界曾有过激烈的争论。现在普遍接受的观点是：朝鲜战争的爆发是三八线上小规模冲突突然升级的结果。当时朝鲜的军事力量和组织要远远强于韩国，形成朝鲜军队一路高歌、韩国军队节节败退的局面。1950 年 7 月 15 日，李承晚将韩国军队的作战指挥权交给了联合国军总司令。美国的介入彻底改变了南北双方的力量对比，将退居釜山一隅的李承晚政府拯救出来。中国的介入则成功地使战争中止在三八线附近。美国为了从朝鲜战场撤出，不得不接受了李承晚提出的条件：签署韩美《共同防卫条约》。这样，韩国将自身的安全交付给了美国，美国军队开始长期驻扎在韩国。从此，美国利用李承晚来积极反共，而李承晚则利用美国的支持在国内推行个人独裁统治，一直到 1960 年被学生革命推翻。

## 二 朴正熙时期的韩美关系

朴正熙发动军事政变推翻了合法的张勉政府，显然背离了美国将韩国树立为民主橱窗的最初愿望，但是我们并不能就此认为朴正熙时期的韩美关系处于一个低谷。事实上，在对朴正熙个人的意识形态问题进行了考察之后，美国很快接受了这位有魄力、能够成功地控制韩国局势的军人。特别是在处理韩日关系、参与越南战争、发展经济等重大问题上，朴正熙与美国表现出高度的一致。正因为如此，朴正熙政府前期的韩美关系处于一个非常甜蜜的"蜜月期"。

1969 年 7 月 25 日，尼克松在关岛发表宣言，指出美国将在恪守条约义务的同时鼓励并期望由亚洲国家来负责自身的军事防卫。尼克松主义的出台对韩美关系产生了不小的影响。美国将驻韩美军从 6.1 万人减少到 4 万多人，并将停止对韩国的无偿军事援助。韩国经济在经历了 60 年代的快速增长以后，逐步具备了一定的防卫负担能力。为应对尼克松关岛宣言后东亚国际局势的变化，防止驻韩美军削减后韩国可能出现的防卫能力下降，1970 年韩国政府提出了为期 5 年、总额为 15 亿美元的军事现代化计划，以提高韩国军队的装备水平和自主防卫能力。这一计划得到了美国政府的认可，也成为对韩援助从无偿军事援助转向对韩军售的一个契机。同时，也正是在这样的背景下，朴正熙政府着手开发核武器。1971 年，在朴正熙的指示下，韩国国防部防务发展局就核武设计、投放以及爆破技术展开研发，韩国原子能研究所试图从法国和比利时等国引进核燃料再处理以及核燃料制造技术和设备。与此同时，韩国尝试研制中程导弹发射系统。最后在美国的干预下，1976 年 1 月，韩国正式提出暂停与法国 SNG 公司签署的关于引进再处理设施的合同，法国政府愉快地接受请求，朴正熙开发核武器的计划由此流产。①

美国卡特政府上台后更加关注韩国国内的民主和人权问题。"维新宪法"颁布后朴正熙压制反对派的行为显然影响了韩美关系。不仅如此，"韩门事件"② 的曝光更使韩美关系雪上加霜，卡特政府于 1977 年 3 月宣布在未来的 4 ~ 5 年内撤走全部驻韩美军。尽管这一撤军计划没有得到国会的同意，卡特政府在 1978 年也宣布取消该计划，但此举表明韩美关系无疑已处于低点。"韩门事件"解决后，双边关系有所缓和。

1976 年美国对韩国的无偿军事援助基本结束，韩国由受援国转变成为美国军需物资的消费国，尽管还需要美国的贷款。1978 年 11 月 7 日，韩美联合军队成立，两国的军事关系由垂直统率关系转为水平合

---

① 不过，有研究称韩国的核武开发并没有就此终止，而是又持续两年。特别是 1977 年美国新总统卡特宣称要从韩国撤军，韩国国内一片反对声，拥核派表示韩国将不放弃研发核武。1978 年，卡特宣布不从半岛撤军后，韩国一直悬着的心这才落了地，但韩国的科学家们依然没有真正放弃核研究。

② 1976 年 10 月 24 日，美国报纸披露：朴东宣和韩国中央情报部门的有关人员受韩国政府的指使，自 70 年代初期每年以现金和实物贿赂美国议员和公务员。1977 年美国在审理该事件时发现韩国驻美国大使金东祚（1967 年 11 月 ~ 1973 年 12 月在任）曾贿赂收买美议员。美国政府要求韩国政府交出两名重要嫌疑人，遭到了韩国政府的拒绝。韩美关系因此受到影响。

作关系。

概言之，在朴正熙政府时期韩国并不像李承晚时期那样完全依附于美国，而是积极利用美国来发展自己。在朴正熙政府时期，韩国成功地依托美国和日本实现了工业化，创造了"汉江奇迹"。

### 三　韩美关系的"再调整"

80 年代以后，韩美关系的发展有两条主线。一条是在军事防卫中，韩美两国通过"区域扩展"和"内涵扩展"的路径选择，已基本实现美韩同盟再定义"利益平衡"与"威胁平衡"的双重目标。[①]　在这个过程中，韩美双方就驻韩美军防卫费分担、战时作战指挥权、韩美沟通机制、韩美军队的分工，以及美日韩三国军事合作等问题进行了广泛的磋商与交流。

1994 年 12 月 1 日，美国方面将韩国军队的平时作战指挥权转交给韩国方面。这是自 1950 年李承晚将作战指挥权交给联合国军总司令以来，韩国方面第一次掌握了作战指挥权。随后，双方就战时指挥权的移交问题进行了多次协商，并成为韩国历届政府争论的热点问题。2005 年 10 月 21 日，韩美两国在第 37 次韩美年例安全协议会（SCM）会议上就指挥关系转型、战时作战指挥权移交问题达成共识。2007 年 2 月 23 日，韩美国防部长在会谈中商定 2012 年 4 月 17 日移交战时作战指挥权。天安舰事件过后 3 个月，即 2010 年 6 月 26 日，韩国总统李明博和美国总统奥巴马举行会谈，决定延期移交战时作战指挥权，即将战时作战指挥权的移交时间从 2012 年 4 月 17 日推迟到 2015 年 12 月 1 日。朝鲜第三次核试验以后，朴槿惠政府要求与美国磋商再次推迟战时作战指挥权的移交时间，2014 年，双方宣布无限期推迟美军向韩方移交战时指挥权。2015 年，双方重申"当韩国军队完全拥有主要能力之时"再讨论战时指挥权的移交问题（如表 8 - 1 所示）。

---

① 　汪伟民：《美韩同盟再定义与韩国的战略选择：进程与争论》，《当代亚太》2011 年第 2 期。

表 8－1  作战指挥权转换过程

| 时　间 | 主　要　内　容 |
| --- | --- |
| 1950. 7. 14 | 李承晚,将作战指挥权交给联合国军总司令 |
| 1954. 11. 17 | 赋予联合国军总司令作战指挥权 |
| 1978. 11. 7 | 将作战指挥权交给韩美联合司令部司令官 |
| 1994. 12. 1 | 平时作战指挥权转交给韩国方面 |
| 2006. 9. 16 | 韩美首脑,协议返还战时指挥权 |
| 2007. 2. 23 | 韩美防长,确定返还战时指挥权的日期(2012.4.17) |
| 2010. 6. 26 | 韩美首脑,将战时指挥权返回时间推迟到2015年年底 |
| 2014. 10. 23 | 双方宣布无限期推迟美军向韩方移交战时指挥权 |
| 2015 | 双方重申"当韩国军队完全拥有主要能力之时"再讨论战时指挥权的移交问题 |

　　卢泰愚政府时期,美国提出要求韩国分担驻韩美军的费用。1990年,韩国承担的费用为0.7亿美元,以后逐年上升,1991年为1.5亿美元,到1995年则增加至3亿美元。韩国分担额逐年增加。近些年来,美国战略资源供应不足,此次"重返亚太"需要依靠其盟国来制衡中国的崛起,美国在重申保障盟国安全的同时,希望通过调整同盟关系,让盟友承担更多责任,分担其战略成本。2014年,韩国和美国就驻韩美军防卫费分担问题正式达成协议。韩国2014年承担的防卫费总额为9200亿韩元(约合人民币52.5亿元),较2013年增长了5.8%。韩美两国于1991年首次签订关于驻韩美军费用分担的《防卫费分担特别协定》(SMA),至2009年共签订过8次协定,2014年1月签订的第9次《防卫费分担特别协定》到2018年到期,有效期为5年。

　　在共同应对朝鲜威胁方面,2015年韩美两国进一步完善了合作机制、明确了作战计划。4月,在华盛顿举行的第7次韩美联合国防协商机制(KIDD)高级别会议上,韩美两国决定将韩美延伸威慑政策委员会(EDPC)和导弹应对能力委员会(CMCC)整合为新的韩美威慑战略委员会(DSC),两国将通过DSC会议对韩美同盟有关延伸威慑手段的决策、计划、指挥控制、演习和能力提升等5个领域进行具体发展,不断增强同盟的威慑力和应对力量。随后,在11月举行的第47次韩美安保会议上,韩美两国防长通过了旨在先发制人打击朝鲜的"4D作战计划",将先前提出的"4D概念"进一步具体化。根据计划,韩美将通过军事间谍卫星、高空无人侦察机等监视和侦察手段对朝鲜的核、导弹基地进行密切监视,当发现朝鲜有动用核武或导弹对韩美进行攻击的征兆时,韩美可以先发制人越界对朝鲜境内相关军事目标进行武力打击。但具体什么是"征兆",韩美并未对外公布标准。

韩美同盟是在冷战时期美国试图在世界范围内遏制共产主义扩张、围堵共产主义阵营的背景下形成的。作为美国在远东地区封锁包围共产主义国家的重要一环,韩美同盟主要作用于朝鲜半岛范围内,驻韩美军被看作针对朝鲜半岛的军事力量。随着冷战后国际安全环境的变化,尤其是"9·11"事件以后,美国所希望的理想同盟已由共同应对国家间常规作战的同盟,转变为共同应对大规模杀伤性武器扩散、抵御恐怖主义威胁、防范新兴大国挑战以及进行联合作战的同盟。在此背景下,美国开始调整其海外驻军战略,在确保海外军事基地的同时,使驻军小型化、机动化。2000年以来,旨在扩大驻韩美军的作用、使其更有效介入地区及国际冲突的"战略灵活性"问题成为美国亟须解决的问题。2008年李明博上台后,美韩同盟的内涵进一步扩展。当年4月李明博访美期间,美韩商定将两国关系从"全面同盟关系"进一步提升至"21世纪战略同盟关系"。这表明,两国根据新的国际环境,将原本局限于安保领域的韩美同盟,发展为全方位的、围绕各种议题开展合作的同盟。美韩同盟的功能将从朝鲜半岛向东北亚乃至全世界进行扩展,并逐步上升到美英同盟、美澳同盟的档次。"美韩两国将致力于改善亚太地区的安全状况",这意味着两国要将美韩同盟提升为"亚太同盟",甚至"全球同盟"。根据这一构想,韩国应超越朝鲜半岛,"向外提供符合世界第十一大经济体地位的援助并做出有贡献的外交"。① 2013年朴槿惠访美期间,韩美签署了关于21世纪韩美关系发展方向的韩美同盟60周年联合宣言,双方同意将韩美同盟从

① CheongWa Dae, *Global Korea: the National Security Strategy of the Republic of Korea*, Office of the President, June 2009.

"全面战略同盟关系"提升为"全球伙伴关系"，在包含朝鲜半岛在内的东北亚地区和全球事务中进行合作。

韩美关系发展的另一条主线是韩国民众中反美情绪日益上升。反美情绪的一个焦点是 1966 年签署、1967 年生效的《驻韩美军地位协定》（SOFA）。该协定恢复了韩国方面对驻韩美军的审判权等与主权有关的一部分权限，在当时的背景下对韩美安保合作有重要意义，双方政府同意以相互尊重的原则来解决驻韩美军发生的问题。但是，随着韩国的发展和民族主义情绪的高涨，原协定中的部分内容特别是关于对驻韩美军犯罪审判的条款已经不能满足韩国民众的愿望，1991 年 1 月经韩美双方协调，对该协定进行了第一次修改。新协议书规定，驻韩美军的所有犯罪都将交由韩国司法部门审判。但实际执行情况并非如此。据韩国媒体报道，仅 1999 年针对韩国人的驻韩美军犯罪者就达 956 名，而受到韩国法院审判的却只有 34 名。驻韩美军基地的环境污染问题成为引起民愤的另一个焦点。韩国市民和社会团体要求修改《驻韩美军地位协定》的呼声日益高涨。2001 年 1 月，韩美两国在首尔签署了《驻韩美军地位协定》修改协议，根据新协议，驻韩美军犯罪嫌疑人的引渡时间从以往的"裁判结束后"提前到"起诉时"。同时韩国警察在逮捕驻韩美军重大犯罪嫌疑人时可以持续拘留而不必移交美军。

随着国家的日益富强、民族主义的兴起和民主化的进一步深入，韩国民众比以往更多地、更加自由地表达反美情绪，特别是青年人，他们没有经历过朝鲜战争，对于韩美之间的同盟关系的看法与上一代人存在明显的差异。在一部分青年人看来，韩国已经成为美国武器的重要销售市场，美国与其说是韩国抵御朝鲜进攻的安全保证，不如说是民族统一的障碍。因此，协定的修改依然不能满足民众的愿望。特别是在 2002 年两个韩国女中学生被驻韩美军轧死后，两名肇事者经审判被军事法院宣判为无罪，引发了大规模的反美游行示威。

民众的反美情绪在随后举行的总统选举中也有所体现。当时作为总统候选人的卢武铉也参加了群众反美示威，慰问了受害者家庭，他认为韩国有能力保卫自己的安全，主张取消美军在韩国的一切特权。卢武铉此举并不是一时心血来潮，早在 1987 年，卢武铉就曾因抗议美军在韩特殊地位而被捕，并且被暂时剥夺了律师权。在当选总统前他没有去过美国，也极少与来访的美国政客接触，这在韩国政治家中独树一帜。卢武铉鲜明的反美立场，符合广大青年人的政治口味，与一直强调韩美同盟关系的候选人李会昌相比，卢武铉在青年中赢得了更多的支持。

2003 年韩国因美国发生疯牛病而宣布禁止进口美国牛肉。2008 年 4 月，为推动韩美签署自由贸易协定，韩美达成放宽进口美国牛肉的协议，拟于 6 月实施。这一协议在韩国国内遭到强烈抗议和抵制，以致韩国总统府秘书室 7 名成员和韩国内阁本月集体递交辞呈。6 月 19 日，韩国总统李明博就与美国达成的进口牛肉协议向韩国国民道歉。2015 年 3 月美国驻韩国大使马克·利珀特在首尔出席一个早餐会时遭到袭击，这虽然是一个极端的事例，但反映了韩国国内反美势力的存在。

总体而言，在韩美同盟关系再调整的过程中，韩国激烈的反美风潮给冷战后的韩美同盟带来了很大不确定性，但随着朝核危机及东北亚国际秩序的演变，韩美两国的同盟关系在整个"同盟关系再定义"的过程中得到了实质性的深化。双方就驻韩美军基地调整、同盟内部韩国的军事安全角色分工和同盟的未来战略构想等问题进行了反复磋商，实现了同盟的"利益平衡"和"威胁平衡"的双重目标。①

## 第三节　南北关系

朝鲜半岛南北分裂后，双方在很长时间内一直处于敌对状态。李承晚时期南北双方都试图通过武力实现统一，最终爆发了惨烈的朝鲜战争。第三共和国时期，朴正熙政府的主要努力方向是通过经济发展实现"胜共统一"。经过近 10 年追赶式的发展，到 60 年代末 70 年代初南北双方的经

---

① 汪伟民：《美韩同盟再定义与韩国的战略选择：进程与争论》，《当代亚太》2011 年第 2 期。

济指标大致平衡。国际局势也有所缓和。在这种背景下，南北双方迎来了第一次正式接触。

## 一 20世纪70年代的首次接触

70年代初期南北双方通过红十字会进行了首次接触。为解决南北离散家庭问题，1971~1972年南北双方红十字会进行了多次预备性会谈，就南北方离散家庭自由探访等问题进行了深入的探讨。遗憾的是，会谈于1978年中断，没有取得实质性的进展。在南北红十字会进行接触的同时，1972年5月至6月，南北实现了部长级互访，双方就消除误解、缓和紧张局势、促进南北统一等问题达成一致，并于1972年7月4日发表《南北联合声明》，具体内容如下。

一、双方对如下的统一原则达成了协议：第一，应当在不依靠外来势力和没有外来势力干涉的情况下，自主实现统一。第二，不应当以反对对方的武装行为、而应以和平的方法实现统一。第三，应超越思想、理念和制度的差别，首先作为一个民族，谋求民族大团结。

二、双方达成协议：为了缓和南北紧张局势，增进相互信任，互不中伤和诽谤对方，不进行任何形式的武装挑衅，采取积极措施防止突发军事冲突事件。

三、双方达成协议：为恢复民族联系、加深相互谅解、促进自主和平统一，南北之间进行多方面交流。

四、双方达成协议：积极协助全民期待的南北红十字会会谈早日取得成功。

五、双方达成协议：为了防止偶发的军事事件，直接、迅速而正确地处理南北之间发生的问题，平壤和首尔之间架设常设性直通电话。

六、双方达成协议：在推进上述协议事项的同时，改善和解决南北之间的各种问题，并根据已达成的协议的统一原则解决统一问题，成立以金英柱部长和李厚洛部长为两主席的南北协调委员会并开展工作。

七、双方坚信，上述协议事项符合渴望统一的全民族的一致愿望，并在全民族面前庄严地保证诚实地履行之。

李厚洛　金英柱

1972 年 7 月 4 日①

尽管在《南北联合声明》发表后朝韩关系并没有取得顺利进展，但这份经过高层对话达成的初步协议反映了南北双方都希望通过和平方式自主实现统一的强烈愿望，是双方从敌对走向和解的转折点。因此可以说，《南北联合声明》是南北关系发展历史上的里程碑。

## 二　20 世纪 90 年代的频繁接触

80 年代，南北双方有过零星的、时断时续的各级别的接触。进入 90 年代，南北交流日益频繁，高层接触和会谈明显增多。1990 年 9 月 4 日，第一次南北高级会谈在首尔举行，此后，南北高级会谈轮流在平壤和首尔举行。在 1991 年 12 月举行的第 5 次南北高级会谈中，双方签署了《南北和解、互不侵犯和交流与合作协议》。在 1992 年 2 月举行的第 6 次南北高级会谈中，双方正式签署了《朝鲜半岛无核化共同宣言》。

在和解与合作的气氛下，南北首脑会晤也被提上了议事日程。1994 年 6 月美国前总统卡特访问平壤和首尔，分别会见了金日成主席和金泳三总统，并向金泳三总统转达了金日成准备随时随地无条件举行首脑会晤的口信。双方经过协商定于当年 7 月 25～27 日在平壤举行首脑会晤，该计划因金日成主席 7 月 8 日去世而搁浅。

不仅如此，核问题的出现也给南北和解进程蒙上了一层阴影。直到 1994 年朝美签署《核框架协议》，一度紧张的核问题才告一段落。

## 三　从"阳光政策"到"和平繁荣政策"

金大中政府上台后，推行对朝的"阳光政策"（又称"包容政策"），

---

①　韩国朝鲜问题研究所：《南北关系 50 年史》，2001，第 200 页。

其核心内容是以强有力的安保态势为基础，实现南北之间的和解、交流与合作，在朝鲜半岛上实现和平。"阳光政策"得到了韩国民间团体和企业界的积极支持。韩国现代集团是企业界推进南北合作的旗手。1998 年 6月，集团创始人郑周永带着 50 辆汽车和 500 头牛通过板门店军事分界线进入朝鲜，引起巨大反响。

"阳光政策"也得到了朝鲜方面的积极呼应。1998 年 2月，朝鲜政党团体联席会议致信韩国各政党团体，呼吁促进北南关系转向和解与团结，营造对话和协商的氛围。4月，南北副部长级会谈在北京举行，双方都表示要继续推进南北关系的发展。其后，尽管发生了 1998 年的潜水艇事件和 1999 年的西海舰艇交火事件，南北接触与交流仍在继续。

2000 年 6 月 13 ~ 15 日，应朝鲜国防委员会委员长金正日的邀请，韩国总统金大中访问平壤，这是朝鲜半岛分裂以来的第一次首脑会晤，举世瞩目。会谈后双方签署《南北共同宣言》，内容如下。

一、朝鲜民族齐心协力，自主地解决祖国统一问题。

二、南北双方承认韩方的"联合制"和朝鲜提出的"初级阶段联邦制"具有共同点，今后将朝这一方向努力促进统一。

三、南北双方决定，在 8 月 15 日前后进行离散亲属访问团的互访，并尽早解决未转变思想的长期在押犯等人道主义问题。

四、南北双方决定，通过经济合作谋求均衡发展民族经济，搞活社会、文化、体育、保健及环境等诸多方面的合作和交流。

五、南北双方决定，为了尽早把上述协议项目付诸行动，双方当局早日进行对话。应金大中总统的邀请，金正日国防委员长将在适当的时候访问首尔。

大韩民国总统　金大中

朝鲜民主主义人民共和国国防委员会委员长　金正日

2000 年 6 月 15 日①

---

① 韩国朝鲜问题研究所：《南北关系 50 年史》，2001，第 204 页。

南北首脑首次会晤意义重大。南北双方领导人坦诚地交换了意见，加深了相互间的理解和信赖。双方尊重南北既有的协议内容，并对具体的实行措施达成了协议。首脑会谈为解决离散亲属问题打开了突破口，消除了南北双方的怀疑情绪和敌视，成为打开和解和合作时代的转折点。2000年9月，朝鲜和韩国的运动员在一面印有朝鲜半岛地图的旗帜下共同参加悉尼奥运会的入场式，反映了朝鲜民族渴求统一的热切愿望。运动场上热烈的掌声也表明全世界人民对朝鲜半岛南北和平统一的热切期盼。

2003年卢武铉政府成立后，继承了金大中政府的对朝政策，提出要促进朝鲜半岛的和平，谋求南北双方的共同繁荣，卢武铉政府的对朝政策被称为"和平繁荣政策"。该政策的主要构想是：第一，通过与周边国家的紧密合作，和平解决当前面临的朝鲜半岛核问题；第二，以此为基础，增进南北双方的实质性合作，建立军事信赖关系，支持朝美、朝日关系正常化早日得以实现，建立朝鲜半岛的和平体制；第三，实现南北双方的共同繁荣，奠定和平统一的实质性基础，将韩国建设成为东北亚的经济中心。

由于韩国的对朝政策保持了连续性，南北和解与合作进展明显，各领域交流活跃。2003年，韩朝双方举行了多次部长级会谈、军事工作级会谈和离散家属会面。8月下旬，朝鲜派出200余人的体育代表团、300余人的啦啦队赴韩国大邱参加第22届世界大学生运动会。此外，双方宗教界、工会、地方政府、青少年等领域也进行了不同形式的交流。2003年，南北人员交流达15280人次。经济合作方面，2003年双方举行了多次经济合作促进委员会会议、经济合作工作磋商，并于6月先后举行了南北铁路连接仪式、开城工业园区动工典礼。2003年8月，双方在板门店互换《投资保障协议》、《防止双重征税协议》、《清算结算协议》和《商事纠纷解决程序协议》等4项经济合作文件生效通知书。9月，双方开通金刚山陆路旅游线路。据韩方统计，2003年韩朝贸易额为7.24亿美元，同比增长12.9%。其中，韩国从朝鲜进口2.89亿美元，向朝出口4.35亿美元。2003年，韩国向朝鲜提供了30万吨化肥和50万吨粮食援助。

2004年南北关系继续取得进展。除金刚山的游客外，2004年访问朝鲜的韩国人达 26213 人次，比 2003 年的 15280 人次上升了 71.6%，这是双方民间经济、学术、文化、体育等领域的交流与合作扩大的结果。2004年前往金刚山旅游的韩国游客高达 268420 人次。遗憾的是，2004 年访问韩国的朝鲜人从 2003 年的 1023 人下降到 321 人。2004 年韩朝贸易额为6.97 亿美元，比上一年 7.24 亿美元下降了 3.7%，主要是受从朝鲜进口的纺织品数量下降的影响。

2007 年 5 月，来自韩国和朝鲜的列车分别从韩国汶山站和朝鲜金刚山站出发，实现了 56 年来韩朝列车首次跨越军事分界线。10 月，韩国总统卢武铉和朝鲜最高领导人金正日在平壤会晤，双方发表了《南北关系发展与和平繁荣宣言》。11 月，韩国总理韩德洙与朝鲜内阁总理金英日举行韩朝总理会谈，讨论《南北关系发展与和平繁荣宣言》的履行方案。双方签署了《南北总理会谈协议》、《关于西海和平合作特区促进委员会的协议》和《关于设立和运营南北经济合作共同委员会的协议》。12 月，韩朝代表团在板门店举行第七次韩朝将军级军事会谈，讨论了实现非军事区的"三通"（通行、通信、通关）和设定共同捕鱼海域的问题。据韩国统一部统计，2007 年韩朝贸易额 17.98 亿美元，增长 33%。其中，商业性贸易额达到 14.31 亿美元，增加 54%。对朝援助等非商业性贸易额为3.67 亿美元，减少 13%。

## 四 朝韩关系再现紧张

2008 年 2 月李明博政府上台后，韩国调整对朝政策，提出"无核、开放、3000"政策，即在朝鲜弃核和开放前提下，帮助朝 10 年内将人均国民收入提高至 3000 美元。并且，为实现"无核、开放、3000"，李明博政府具体提出了在经济、教育、财政、基础设施和福利等五个部门的对朝一揽子援助计划。[①]

---

① 韩国有学者评价，李明博政府的"无核、开放、3000"实际上与布什政府第一任期内推行的对朝政策 CVID，即"完全、可验证的、不可逆转的废除"（Complete, Verifiable and Irreversible Dismantlement）核项目具有相似的逻辑。"专访文正仁教授"，韩联社，2008 年 12 月 21 日。

朝方强硬回应，全面否定韩新政府对朝政策，点名抨击李明博，限制双方官方往来，在西海岸发射多枚短程导弹。同年7月，一韩国游客在金刚山旅游区遭朝哨兵枪击身亡，金刚山旅游项目暂停。7月底，韩国政府提出"相生共荣"政策，① 呼吁南北建立"和平、经济、幸福共同体"，朝对此予以猛烈抨击。11月，朝方关闭朝红十字会驻板门店联络处，切断南北红十字会直通电话，中断开城旅游项目，严格管制南北陆路交通，驱逐开城工业园区部分韩方人员，严厉谴责韩参与联大三委涉朝人权决议共同提案，朝韩关系进一步趋紧。

2009年上半年朝鲜进行卫星试射、发射导弹、退出六方会谈、进行第二次核试验。2009年11月10日，朝鲜和韩国海军当天在西部海域发生交火事件。2010年11月23日，朝韩在延坪岛地区发生相互炮击事件，双方都指责是对方首先开炮。2010年8月10日，继当天下午韩国军队开炮回应朝鲜军队炮击"北方界线"附近后，晚间又有朝鲜炮弹落在"北方界线"附近，韩国军队也再次开炮回应。

2010年5月25日，朝鲜因韩国海军"天安"号警戒舰沉没事件宣布全面冻结朝韩关系。27日，朝鲜人民军总参谋部宣布了7项措施，以应对韩国就"天安"号警戒舰沉没事件对朝鲜采取的制裁措施。2011年5月30日，朝鲜国防委员会发言人发表声明说，鉴于韩国政府反朝活动日益加剧，朝鲜军队和人民同李明博政府"将不再接触"，并将切断朝韩东部地区的军事通信线路，关闭金刚山地区的通信联络所。

朴槿惠政府上台伊始，试图走一条既不同于李明博对朝"强硬政策"，也不同于金大中的"阳光政策"和卢武铉的"和平繁荣政策"的"第三条道路"，即在提升对朝一揽子"抑制力"的前提下，推进对朝"信任政治"进程。也就是说，在巩固和强化韩美军事同盟的前提下，着实推进韩朝和解与信任进程。

---

① 2008年7月李明博总统在韩国国会演说中提出"相生共荣"政策，强调南北关系的变化将同朝鲜的变化一同发展，并且提出了通过构筑和平共同体与经济共同体来实现朝鲜半岛的先进化与朝韩居民的幸福生活的目标，建议和平统一。

　　受到朝核问题和朝鲜持续挑衅的影响，韩国执行既定方针：一方面，保持严厉的对朝警戒态势，加强对朝威慑；另一方面，通过当局对话解决双方关系中存在的各种问题。把人道主义问题和政治问题区分开，坚持对朝政策原则的同时保持政策的弹性。在朝鲜宣布关闭开城工业园后，韩方一直敦促朝方进行当局对话，围绕这一问题，双方共进行了23次对话（包括开城工业园韩朝共同委员会会议、当局实务接触、当局实务会谈在内）。2013年8月，双方终于就解决问题的方案达成协议。8月23日，双方就离散家属会面问题进行了对话。离散家属重逢活动自2010年10月以后一直处于中断状态。会谈中，朝方提出一并处理离散家属问题和金刚山旅游问题，韩方强调，"离散家属重逢完全属于人道主义范畴，不能与金刚山旅游相提并论"。

　　2015年8月的地雷事件以及2016年朝鲜连续的核导试验使韩国改变了已有的方针，全面强化对朝威慑，对话的大门基本关闭，朝韩双方进入高度军事对峙状态。2016年2月，韩国总统朴槿惠在国会发表演讲，她表示，面对朝鲜连续的核导试验，韩国政府将采取强力的措施营造迫使朝鲜自觉改变的环境，谋求切实改变朝鲜的"治本之策"。为此，韩国呼吁国际社会采取强有力的制裁措施以阻止现金流入朝鲜，切断朝鲜的外汇来源，以阻止朝鲜进行核武器与导弹开发。同时，加强韩美协防力量以保持对朝威慑力及提高韩美同盟反导能力，部署"萨德"是其中的一个环节。

# 第四节　中韩关系

## 一　中韩建交

　　朝鲜半岛陷入分裂后，韩国与中国这两个鸡犬相闻的国家互不承认，关系紧张，几十年间一直处于敌对状态。除朝鲜战场上的直接对抗外，中韩两国在黄海海域多次发生海事冲突，使原本对峙的关系更为紧张。进入70年代，随着国际局势的变化，中韩紧张关系有所缓和。80年代中韩两国开始了最初的官方接触。1983年5月5日，中国民航班机被劫持到韩国春川机场，两国政府为解决这一问题首次正式使用了"中华人民共和国"和"大韩民国"的正式名称。此后,文化、体育等各领域的双边交流日益频繁。1986 年和 1988 年,中国派出体育代表团赴韩国参加第 10 届亚运会和第 24 届夏季奥运会。

首尔奥运会后,中韩双方经济领域的交流迅速升温。1991 年 1 月,韩国在北京设立了"大韩贸易振兴公社驻北京代表处"。同年 4 月,中国在首尔设立"中国国际商会驻首尔代表处"。1991 年 9 月 17 日,韩国和朝鲜同时加入联合国,为中韩两国正式建交创造了条件。1992 年 8 月 24 日中韩两国在北京正式建立大使级外交关系。

## 中华人民共和国和大韩民国关于建立外交关系的联合公报

一  中华人民共和国政府和大韩民国政府根据两国人民的利益和愿望,决定自一九九二年八月二十四日起相互承认并建立大使级外交关系。

二  中华人民共和国政府和大韩民国政府同意根据《联合国宪章》原则,在相互尊重主权和领土完整、互不侵犯、互不干涉内政、平等互利、和平共处原则的基础上发展持久的睦邻合作关系。

三  大韩民国政府承认中华人民共和国政府为中国的唯一合法政府,并尊重中方只有一个中国、台湾是中国的一部分之立场。

四  中华人民共和国政府和大韩民国政府相信,两国建交将有助于朝鲜半岛形势的缓和与稳定,也将有助于亚洲的和平与稳定。

五  中华人民共和国政府尊重朝鲜民族早日实现朝鲜半岛和平统一的愿望,并支持由朝鲜民族自己来实现朝鲜半岛的和平统一。

六  中华人民共和国政府和大韩民国政府商定,按照一九六一年《维也纳外交关系公约》在各自首都为对方大使馆的建立和履行其职务提供一切必要的协助,并尽快互派大使。

中华人民共和国政府代表  钱其琛

大韩民国政府代表  李相玉

一九九二年八月二十四日于北京①

---

①  中国外交部网站。

## 二 建交后的中韩关系

中韩建交以来，两国关系取得了快速发展。1998 年建立面向 21 世纪的中韩合作伙伴关系，2003 年建立全面合作伙伴关系，2008 年建立战略合作伙伴关系。2014 年，双方宣布中韩努力成为实现共同发展的伙伴、致力地区和平的伙伴、携手振兴亚洲的伙伴、促进世界繁荣的伙伴。但一直以来，中韩关系发展更多地体现在经贸合作以及人文交流领域，在政治安全领域并没有取得相应的进展。①

经济上，两国互利合作不断深化，互为重要的贸易伙伴。建交后，两国政府陆续签订了贸易协定和投资保护协定以及关于成立经济贸易和技术合作联委会的协定、海运协定、避免双重征税和防止偷漏税协定、和平利用核能协定、渔业协定等一系列政府间协定，双边经贸合作稳步、健康、快速发展。建交以来，两国贸易规模以年均 20% 以上的速度增长，这一速度在中国与其他国家贸易发展史上是罕见的。2014 年中韩贸易额2904.9 亿美元，同比增长 5.9%。其中，我国对韩出口 1003.4 亿美元，自韩进口 1901.5 亿美元，同比分别增长 10.1% 和 3.9%。我国是韩国第一大贸易伙伴国和第一大出口、进口市场，韩国是我国第三大贸易伙伴国。2014 年韩国对华投资 1558 个项目，同比增长 13.6%；我国实际使用韩资 39.7 亿美元，同比增长 29.8%。截至 2014 年年底，韩累计对华投资项目数 57782 个，实际投资金额 599.1 亿美元。韩国是我国第五大外资来源，我国是韩国第二大投资对象国。2014 年我国对韩非金融类直接投资4.94 亿美元，同比增加 100%。截至 2014 年，我国累计对韩非金融类直接投资 17.4 亿美元。②

---

① 韩国专家也认为，中韩之间有很深的文化认同、相互交织的经济利益，但也存在明显的政治分歧和历史纠纷，在安全上仍属两个不同的阵营，缺乏基本的战略互信。韩国专家判断，中国是在崛起，但要与美国抗衡，尚需时日，韩国将继续依赖韩美同盟。董向荣、李永春、王晓玲：《韩国专家看中国——以中韩关系为中心》，《现代国际关系》2011 年第 5 期，第 55～62 页。

② 中国驻韩国大使馆经济商务参赞处网站。

2015 年 12 月中韩 FTA 正式生效，这有助于打开两国新的合作空间，并为双边经济深入发展提供必要的制度保证。根据中韩自贸协定关税减让方案，中国最终将有 91% 的产品对韩国取消关税，覆盖自韩国进口额的 85%。同时，韩国最终将有 92% 的产品对中国取消关税，覆盖自中国进口额的 91%。中方实施零关税的税目数比例将达 20%，主要包括部分电子产品、化工产品、矿产品等；韩方实施零关税的税目数比例将达 50%，主要包括部分机电产品、钢铁制品、化工产品等。

虽然中韩经济合作日益密切，但也存在贸易发展和投资不均衡、互补性下降的问题。首先，中韩两国贸易规模不断提升的同时，贸易往来的不均衡问题越来越突出。2008 年中国对韩国贸易逆差为 382 亿美元，2011 年约为 800 亿美元，2013 年猛增到 920 亿美元，[①] 相当于同年中国贸易总顺差 2600 亿美元的 1/3、韩国对外贸易总顺差 442 亿美元的 2 倍。其次，两国间原有的经济互补性在逐渐缩小，竞争领域日益扩大。在中国对外贸易中，原材料及初级加工制品、劳动密集型等低附加值商品出口所占的比例在逐渐缩小，中国开始跻身产业结构高度化的国家行列，而同期韩国在许多领域对中国的原有优势正在逐步消失，国际市场上中国的商品在钢铁、家电、机电、造船等许多领域开始与韩国展开激烈竞争。

在人文交流方面，两国在文学、艺术、体育、教育、卫生、广播电影电视、新闻出版等方面的交流发展迅速。2014 年中韩人员往来超过 1005 万人次，双方互为本国公民最大旅游目的地国和入境客源国。截至 2014 年年底，韩国在华留学生约 6.3 万人，中国在韩留学生约 6.7 万人，均居对方国家外国留学生人数之首。两国主要城市之间有 47 条定期客运航线，每周 800 多个班次；10 条定期货运航线，每周 47 个班次。天津、青岛、大连、烟台、威海、连云港与韩国仁川、釜山、平泽等地有定期客货轮航线。双方共建立 168 对友好省市关系。双方友好团体有中韩友好协会、韩中友好协会、韩中文化协会、21 世纪韩中交流协会、韩中经营人协会、韩中亲善协会等。除互在对方首都设大使馆外，中国在韩国釜山、光州和

---

① 中国驻韩国大使馆经济商务参赞处网站。

济州设有总领馆，韩国在中国上海、青岛、广州、沈阳、成都、西安、武汉和香港设有总领馆。

在传统时代国际关系仅局限于国与国之间，只有少数权力层主导其交流。但进入 20 世纪，随着交流的多样化与相互依存性的深化，非国家行为体对国家间关系的影响逐步加大。冷战时期，比起中华人民共和国和朝鲜的频繁友好交流，中韩之间的交流一度冻结，[①] 但随着 1992 年中韩建交，两国间的交流出现了史无前例的活力。人员、物质、知识信息的交流在两国居民的日常生活中都能切身体会到，而且相互依存度越来越强。但在韩国人和中国人之间频繁的接触过程中，双方既可以产生良性的相互认识，同时也会出现相互间的矛盾。正是在这种条件下，两国很难回到跟以往一样的阵营间的对立状态，所以"新冷战"的到来是不可能的。[②] 现今，中韩两国的民族感情也因为针对日本"右倾化"而结合到一起。但是，两国之间的领土主权纷争、贸易摩擦、历史问题也影响到两国的民族主义。在中韩关系层面上，两国之间存在一些争议问题以及对立的民族主义情绪。受历史和现实问题的影响，韩国国内存在较强的"反中"倾向。2013 年年末韩国娥山政策研究院实施的一项有关中韩关系的调查显示：韩国国民对中国的好感度仅为 4.35 分（满分 10 分），有 60% 的人认为"未来韩国统一后面临的外部威胁中中国排在第一位"。

近年来，中韩政治安全领域取得了一定的发展。目前中韩两国积极推动领导人互访机制化、外交安全负责人对话渠道机制化和国防战略对话机制化，[③] 建立两国政府和民间共同参与的对话机制。在习近平主席访韩后

---

① 国内外关于中韩两国的民间交流的研究主要集中在朝鲜被日本强占时期的中韩民间交流，如从维持生计的移民到抗日运动等方面异常活跃。〔韩〕尹恩子：《20 世纪初南京韩人留学生及其团体（1915～1925）》，韩国中国近现代中国史学会：《中国近现代史研究》第 39 辑，2008。

② 白永瑞：《变与不变：韩中关系的过去、现在、未来》，韩国《历史批评》2012 年冬季号。

③ 中韩军事交往稳步开展，两国于 90 年代初在驻对方使馆均设立了武官处，2015 年 12 月中韩国防部直通电话正式开通。现阶段的中韩军事交流在高层人员互访、政策事务交流，以及研究、教育及体育交流等三个领域广泛开展。另外，截至 2016 年，韩方共向中方移交三批志愿军遗骸。

不久，中韩就开通两国国防部军事热线签署备忘录，这是继美国之后韩国与外国开通的第二条国防部热线，标志着中韩军事合作又向前迈进了一步。在朝鲜半岛问题上，第二次朝核危机爆发以后，中韩在推动无核化方面展开了紧密合作，对于确保六方会谈持续运行、达成无核化纲领性文件"9·19共同声明"发挥了重大作用。

但是，在朝鲜半岛南北统一、半岛无核化等问题的认识上中韩之间存在一定的立场差异，这些立场差异直接影响着中韩战略合作伙伴关系的健康发展。对于半岛统一问题，中国历来积极支持双方改善关系，强调由南北双方自主、和平统一。韩国方面基本坚持"南北当事者解决的原则"，但近年来随着朝鲜国内经济情况的恶化，推动或等待朝鲜解体进而实现吞并统一的呼声日渐高涨，并希望中国能够支持这种由韩国主导的吞并统一。对此，中国并不赞成。因为吞并统一不具现实性，只会浪费国家资源和错失南北关系改善的良机。对于半岛无核化问题，虽然中韩在"7·3中韩联合声明"中就通过六方会谈机制和"9·19共同声明"达成了高度共识，但在推动无核化的方式上，中方主张尽快重启六方会谈，对话解决朝核问题，而韩方却与美国一道坚持有条件重启六方会谈，即要求朝鲜先在无核化方面有实际行动，在此之前，韩国主张"坚持原则"，继续制裁。

在地区安全问题上，两国仍难以从根本上排除一些随时可能影响到两国关系的"外部变量"，以及蕴含在两国关系中的安全困境。① 随着中韩关系特别是政治安全关系的发展，中韩关系与韩美同盟之间的矛盾更加突出。美国一直对中韩关系的发展保持警惕，而韩国则坚持以美韩同盟为其外交安全政策的基石，② 这些都是提升中韩关系的深层次挑战。在地区层面上，复杂多变的东北亚局势对中韩战略合作伙伴关系的深入发展造成巨大压力。其中美国的"亚太再平衡"战略对中韩关系深入发展形成的压

---

① 〔韩〕郑在浩：《韩中"战略合作伙伴关系"的新解析》，《东北亚论坛》2013年第6期。

② 〔韩〕李熙玉：《国际秩序的变化与中韩关系新面貌》，《韩国研究论丛》第25辑，社会科学文献出版社，2013，第47页。

力最大。为遏制中国崛起，美国正在大力提升其在亚太的军事存在，并积极推动多边同盟体系建设，在东北亚地区，美国试图打造一个美日韩同盟集团，以加强遏制中国力量向海洋扩展。美国在韩国部署"萨德"就引发了中韩之间的摩擦、阻碍了两国关系的发展。同时，在美国的亚太大战略作用下，韩国因受到来自同盟的牵连，在中美之间推行"均衡战略"的难度进一步增大。韩国在是否加入中国主导的亚投行问题上也是在最后的瞬间才做出决定，美国的挽留是一个重要的原因。

日本的政治安全右倾化使得日本成为中韩的共同安全威胁，在这种复杂形势下，中国期待通过深化中韩安全合作来对东北亚地区的稳定与和平发挥积极作用。但是，韩国政府在"联中抗日"问题上却保持谨慎的态度，韩国对日政策仍保持自己原来的轨迹。这与韩日决策精英间建有密切的合作与网络、战略判断等因素有关。2015 年 12 月韩日就"慰安妇"问题达成协议就体现了韩国在对日政策上有自己独立的立场与利益考量。

另外，近年来，中韩之间不断增长的认识泡沫也将成为影响两国关系的不稳定因素之一。中韩双方都对对方有过度的期待，出现了对现实关系过高评价的现象。一方面，在朝鲜半岛统一及朝鲜无核化问题上，韩国认为如果能够很好说服中国的话，中国将就无核化问题向朝鲜施压、支持韩国主导的南北统一。另一方面，中国也对韩国改变其在韩美同盟中的立场抱有一定的期待，中国希望通过加强中韩关系来弱化或瓦解韩美同盟。但从目前的现实来看，这种期待有些过高。这种泡沫性认识将遭遇严峻现实而破灭，相互失望和不信将会蔓延并对中韩关系造成不良影响。[①]

## 第五节　韩日关系

由于历史的原因，韩国和日本直到 1965 年才实现邦交正常化。其后，双边政治和经济关系都取得了重要发展。70 年代的金大中被绑架事件和在日

---

① 〔韩〕李东铣：《韩中关系和美国：观念和现实》，《成均中国观察》（中文版）2016 年第 1 期，第 33 ~ 34 页。

韩国人文世光刺杀朴正熙未遂事件等曾导致韩日关系处于低点。经过美国的调解和双方的共同努力，韩日关系得到了恢复。近来，独岛（日本称为竹岛）之争、日本历史教科书问题、小泉纯一郎参拜靖国神社问题、殖民统治受害者赔偿问题等，导致韩日关系迅速转冷，并几乎处于自 70 年代以来的最低点，上述摩擦又因为日本谋求成为联合国安理会常任理事国而进一步加剧。

## 一　《旧金山和约》与韩日关系

韩国和日本之间的历史遗留问题，一部分是通过《旧金山和约》来解决的，另一部分则是通过两国政府之间邦交正常化谈判和签署的《韩日基本关系协定》来规范的。这两个重要文件存在的问题也为韩日关系的发展留下了隐患。1945 年 8 月日本无条件投降后，韩日两国关系处于一种非常状态。朝鲜半岛南北分别处于美国和苏联的占领下，日本则处于美国的占领下，韩日双方就一些亟须解决的问题通过美占领当局进行协调。1945 年 9 月 25 日，美军政府发布第 2 号军政法令，规定自 1945 年 8 月 9 日起禁止移动或处理日本在韩公有财产；同年 12 月 6 日，第 33 号军政法令又规定日本人在韩私有财产已于 9 月 25 日起归美军政当局所有。大韩民国政府成立后，美军政府依据 1948 年 9 月 11 日签署的《关于韩美财政及财产的协定》，将没收的日本财产移交韩国政府。1945 年 8 月 27 日，驻日盟军最高统帅（SCAP）为保护水产资源和限制日本的渔业活动，设定了"关于日本人捕鱼和捕鲸作业的成文区域"，即"麦克阿瑟线"。但是，日本的渔船经常超越该线进入韩国近海捕鱼。韩国方面自 1947 年 2 月起扣留越线捕鱼的日本渔船，并将其移交釜山美军政机关处理。大韩民国建立后，韩国方面的态度更加强硬，为扣留越线的日本渔船，其至发生过炮击事件。

冷战在东亚的萌动使美国迅速改变了压制日本的政策，转而扶持日本成为其在亚洲的重要盟友。在对日媾和条约的制定过程中，美国曾向韩国、日本等有关国家征求意见。韩国政府对"修订草案"中的第 2 条①、第 4 条

---

① 有关领土和撤销"麦克阿瑟线"的规定。

（a）项①表示强烈不满，并于 1951 年 7 月 13 日通过驻美大使向美国政府提出交涉，要求：①承认韩国是对日作战的交战国；②对于在韩国的所有日本财产（包括政府的和个人的），日本政府应放弃财产请求权；③韩国应成为对日媾和条约的签约国；④日本应放弃对对马岛、波浪岛和独岛的领土要求，这 3 个岛屿在日本占领朝鲜半岛前就属于韩国。美国政府对韩国的交涉反应冷淡，只是针对韩国方面的要求在正式的文本中保留了第 4 条（a）项的内容，同时增加了（b）项。

《旧金山和约》中与韩国相关的主要条款包括，第 2 条（a）：日本承认朝鲜的独立，放弃包括济州岛、巨文岛、郁陵岛在内的对韩国的权利、权源及请求权。第 4 条（a）：保留本项（b）的规定，对在第 2 条规定之地域上的日本及日本国民的财产，以及现在该地域的施政当局及居民（包括法人）的请求权的处理和对在日本的前述当局及居民的财产及日本与日本国民的请求权（包含债权）的处理，依据日本和上述当局间的特别协定决定。第 4 条（b）：日本承认第 2 条及第 3 条规定之地域的美国军政府进行的日本和日本国民的财产处理之效力。

可见，韩国政府提出的独岛（竹岛）归属问题没有得到解决，此后两国为此争论不休。关于财产及财产请求权的处理也没有确定，而是要通过双方协商解决，在其后不久的韩日邦交正常化谈判过程中，日本代表提出了"抵消论"，要求将韩国对日请求权与韩国取得的在韩日本财产相互抵消，显然对韩国相当不利。倘若当时实际负责对日媾和的美国能够继续实施其初期强硬的对日政策，日韩之间的问题有可能得到解决，起码可以确立解决问题的合理原则。但是，美国出于冷战战略考虑，将其对亚洲政策的核心目标确定为日本，从而在媾和条约中扶植日本、限制了韩国的要求。从对日媾和的整个过程来看，韩日之间的纠纷失去了一次重要的解决机会。

## 二 韩日邦交正常化

除《旧金山和约》外，韩日两国间的历史问题大部分是通过韩日邦

---

① 在韩国的日本和日本人的财产，根据韩日间的特别协定处理，美国不做任何承诺。

交正常化谈判解决的。为实现以日本为中心的亚洲冷战布局，让实现了经济复苏的日本分担对韩国的经济援助，美国积极调解韩国和日本这两个亚洲盟国的关系。韩日邦交正常化谈判预备性会谈始于1951年10月，前后经过7轮谈判，经历了13年零8个月，韩国经历李承晚、张勉、朴正熙3届政府，日本则经历了吉田茂、鸠山一郎、岸信介、池田勇人、佐藤荣作等多届内阁，直至1965年韩国同日本才正式建立外交关系。

在美国的积极敦促下，韩日邦交正常化谈判预备性会谈于1951年10月开始。但前5轮会谈进展缓慢。朴正熙上台后，韩国的政治文化发生了根本性的变化，在对待韩日问题上新政府也采取了非常实际的立场。1961年10月20日，第6轮会谈开始。谈判的首席代表换成经济界人士，双方都希望通过经济合作来解决分歧。1961年11月，朴正熙在访问美国途中，与日本首相池田勇人举行了两次会谈，就财产请求权等问题进行了讨论。1962年10月和11月，金钟泌两次访问日本，与日本大平正芳外相就财产请求权问题达成初步协议，具体内容如下：①日本以经济合作方式对韩国提供总额3亿美元的援助，即10年内每年提供3000万美元；②日本向韩国提供总额为2亿美元的低息贷款，10年期，由海外经济合作基金实施，20年偿还，年利率3.5%；③日本通过民间系统向韩国提供相当数额的信用贷款；④随着无偿、有偿经济合作资金的提供，双方确认，《旧金山和约》第4条的请求权问题同时获得解决，这一问题已不复存在；⑤在渔业问题上，双方同意以12海里的基线取代"李承晚线"，同时为弥补韩国的渔业技术落后等方面的不足，日本愿意就此进行技术合作。当然，韩日两国在战争补偿款项的名称问题上出现过严重分歧。韩方希望以"索赔权"表述，但日本方面坚持称之为"经济合作资金"。韩日两国的补偿款项名称之争在1962年年底举行的第6轮韩日会谈上就已经成了焦点。1963年1月，在日本外务省举行的第23次会议上，韩方表示，根本无法接受日本在协定摘要中提出的用"无偿经济合作"和"有偿经济合作"表述的方案。

在第6轮谈判过程中，两国国内的反对力量积极采取行动。特别是谈判进入实质性的阶段时，韩日两国政府的主要精力被消耗在控制国内的反对党和群情激昂的民众身上。在各方强大的压力下，第6轮韩日会谈被迫中断。1963年年底，朴正熙当选总统后，局势发生了一定的变化，政权的合法性显然得到了加强。朴正熙在最敏感的韩日邦交正常化问题上采取比较大的行动和新的举措，尽管这样做的风险仍旧很大。1964年11月，佐藤荣作内阁上台。韩日双方在邦交问题上表现出更加积极和务实的姿态。1964年12月，双方第7轮会谈开始。1965年2月，应韩国外务部长官李东元的邀请，日本椎名外相访问韩国，草签了《韩日关系基本条约》。美国方面对这一重大进展非常满意。总统约翰逊表示，韩日会谈能够取得如此进展，"朴正熙的果敢决断是其中的主要因素，正是由于朴正熙的领导事情才得以顺利进展"。①

1965年6月22日，日韩双方在日本首相官邸举行仪式，正式签署《韩日关系基本条约》《关于旅日朝鲜侨民法律地位和待遇的协定》《日韩渔业协定》《日韩关于解决对日财产请求权和经济合作的协定》《日韩关于文物及文化合作的协定》等文件。1965年8月14日，韩国在军警严加戒备下召开国会，在仅有执政的民主共和党议员参加的情况下表决批准了上述条约。在日本，则由众议院和参议院日韩特别委员会开会，由自民党议员强行通过，10月25日提交国会，社会党等在野党议员对会议进行了抵制，在自民党和民社党议员参加下表决通过。双方于1965年12月18日在首尔完成了批准换文手续，至此，历时13年零8个月的韩日邦交正常化谈判宣告结束。

韩日邦交正常化对韩国意义重大。经济上，随着美国援助的逐步减少，韩国开始把日本作为重要的发展资金来源和技术引进的渠道，当然，日本也是韩国初级产品出口的重要市场。恢复邦交以后，双边的经济交流、技术合作迅速展开。著名东亚学家、时任美国驻日大使的赖肖尔曾指出，"在1960年秋天访问韩国时我就确信，没有韩日邦交正常化所能给韩

---

① "Memorandum of Conversation"，Washington，May 17，1965，*FRUS*，*1964 – 1968*，Vol. XXIX，p. 97.

国带来的经济振兴，我们将永远不可能在韩国建立稳定的经济基础，也不可能在此基础上建立一个有活力的政权"。① 在政治上，反对力量被进一步打压，朴正熙政权不惜一切代价地强力推行现代化的政策继续得到贯彻。同时，韩国以恢复韩日邦交为契机，积极开展与亚洲其他国家的外交。韩国与美国之间简单的依附关系被多边的国际合作关系取代，韩国发展的国际空间得以扩展。

### 三 恢复邦交后韩日关系的进展

韩国和日本实现邦交正常化以后，在美国、日本、韩国三国同盟框架下，韩日之间高层政要互访不断，双边经济合作关系迅速发展，文化交流频繁。2008 年 2 月，日本首相福田康夫出席李明博总统就职仪式，双方表示将重启首脑定期会晤机制。2008 年 4 月，李明博总统访日，双方商定开创"更加成熟的伙伴关系"新时代。韩日恢复邦交后双边贸易发展迅猛。1966 年，韩日间贸易额（3.60 亿美元）首次超过了韩美贸易额（3.49 亿美元）。1979 年双边贸易突破 100 亿美元。由于双方产业结构等方面的原因，韩国在对日贸易中一直处于贸易逆差。韩国试图通过限制对日产品进口来解决逆差问题，但并没有奏效。1996 年 6 月，韩国通商产业部宣布自 2000 年起取消对进口日本商品的限制。与此同时，韩国大规模地引进和吸收日本的技术。1962～1994 年，韩国共从日本引进技术 4500 多项，支付专利使用费 29.27 亿美元。随着韩国产业结构的升级，韩国对日出口产品的构成发生了明显的变化，由 70 年代的以食品、原料、化纤制品、鞋类、纺织品等为主，转向 80 年代的以化学制品、机械等为主。目前，韩国对日出口已表现出明显的产业内贸易的特点。韩国在某些产业上已经具备了与日本相竞争的实力，双边技术合作进一步加强。据韩方统计，2007 年韩日贸易额 826.2 亿美元，其中韩方逆差 298.8 亿美元。

---

① "Letter from the Ambassador to Japan ( Reischauer ) to the President's Special Assistant for National Security Affairs ( Bundy )", Tokyo, August 21, 1964, *FRUS*, *1964 – 1968*, Vol. XXIX, p. 768.

日本是韩国第三大贸易伙伴。目前，韩国和日本间正在进行 FTA 谈判，预计双方的贸易将获得进一步的突破。

## 四 韩日矛盾与冲突

尽管韩日关系在邦交正常化后有了突破性的进展，但是历史遗留问题仍然是两国关系中挥之不去的阴影。双方的争议与分歧主要集中在与日本殖民统治历史相关的问题上。

第一，在如何看待殖民统治的问题上，双方存在严重分歧。自 1910 年《日韩合并条约》签署至二战结束，韩国被日本吞并长达 36 年之久。日本官员多次严重歪曲历史，美化侵略战争的行为，更是引起韩国人民的强烈愤慨。日本首相小泉纯一郎多次参拜靖国神社，给包括韩国人民在内的亚洲人民造成极大的伤害。日本还通过频繁修改历史教科书篡改历史，美化侵略暴行，遭到韩国民众的强烈谴责。

第二，韩日邦交正常化谈判遗留问题，比如战争赔偿问题。2005 年 1 月 17 日，韩国政府公开了韩日会谈会议记录等 5 份有关韩日协定的资料，具体包括与 1965 年"韩日索赔权协定"的主要协商经过等相关的报告书、指示、全文、相关机构间的公文及韩日间的会议记录等 5 本卷宗，共 1200 多页。外交文件的公开使被日本殖民者强征为劳役的受害者及其遗属的赔偿要求再次浮出水面。通过被公开的韩日会谈纪要可以看出，韩国政府以放弃"索赔权"、接受"经济合作"的代价从日方得到的补偿款项中，明确地包含被强制征用的劳工和士兵个人应得的部分。第 6 轮韩日会谈赔偿权相关资料显示，韩国政府在会谈过程中，作为对被征用者的补偿，要求日方提供总计 3.64 亿美元。其中包括发放给 930081 名幸存者、77603 名死难者遗属、25000 名伤者等总共 1032684 人的补偿款，三者的补偿额度分别为每人 200 美元、1650 美元和 2000 美元不等。最终双方商定，日方无偿提供 3 亿美元、有偿提供 2 亿美元和 3 亿美元商业贷款，"一次性解决"受害者索赔问题。

韩国政府并没有把日本的赔偿金发放给受害者，而是利用其来发展经济。韩国政府只是依据《对日民间索赔补偿法》等相关法律在 1975 ～

1977 年在有限的范围内发放了少量的补偿。朴正熙政府以对独立运动活动家和被剥削农民等其他受害者不公平及客观资料不足为由，没有将幸存者包含在赔偿范围之内，政府将其他赔偿资金则用在了对经济发展至关重要的基础设施领域。无偿资金主要被投向了农、林、水产和原材料部门，而贷款资金则用于创建浦项制铁、建设京釜高速公路等基础设施领域。①自 2005 年年初公开韩日协定文件以后，受害者的个人请求赔偿权被"不合理地"剥夺一事已被公之于众，韩国政府开始全面制定对策。与此同时，围绕韩日协定问题所可能引发的国内政治力量之间的斗争也值得关注。

第三，关于独岛（日本称为竹岛）的领土争端，是近年来引发韩日两国冲突的重要因素。独岛位于东经 131 度 52 分 08 秒，北纬 37 度 14 分 22 秒，距离韩国郁陵岛 47 海里，距离日本隐歧岛 85 海里，面积 0.18 平方公里。韩国主张，独岛历来是韩国的领土。1952 年李承晚宣布"和平线"，禁止日本接近独岛。1953 年 4 月，韩国海上保安警察登上独岛执行守卫任务。日本则主张独岛是无主地，1905 年 2 月日本内阁将独岛命名为竹岛，编入岛根县版图。在 1951 年《旧金山和约》日本放弃的岛屿中没有点名指出独岛，导致韩日双方在独岛的归属问题上争执不下。韩国政府公开的韩日会谈纪要显示，韩日两国在 1962 年年底开始的第 6 轮韩日会谈第二次政治会谈预备折中会议上，围绕独岛主权问题进行过激烈的争论。韩方提出"通过第三国调和"的妥协方案，但日方则主张应通过国际法院裁决。1965 年签署的"韩日协定"之所以被称作"未完结的协定"，原因之一是在独岛的主权问题上没能得出明确结论。

---

① 参见韩国对外经济政策研究院于 2000 年发行的由延世大学经济系教授金正湜执笔的《对日请求权资金的应用事例研究》，该研究报告指出在从日本政府获得对日请求权资金的韩国、缅甸、菲律宾、印度尼西亚、越南 5 个国家中，韩国最有效地使用了这笔资金。二战结束后日本向 5 国提供了请求权资金，菲律宾获得的无偿资金最多，为 5.5 亿美元，其后依次为韩国（3 亿美元）、印度尼西亚（2.23 亿美元）、缅甸（2 亿美元）、越南（3900 万美元）。如果加上由日本政府以借贷形式提供的有偿资金和民间援助的商业借贷资金，则韩国和菲律宾各达 8 亿美元，数额最多。据该报告分析，上述国家把对日请求权资金大多投资到了社会基础设施建设和提高国民生活水平方面，但在投资率方面，韩国居首位。报告评价说："韩国被评为以详细的事前计划最有效地使用资金的国家。向引进原材料投入了大量资金是众所周知的事情。"

　　韩国实质性地控制着独岛。1982 年 11 月，韩国政府将独岛指定为"天然纪念物第 336 号（海鸟类保护区）"，又于 1999 年 12 月改称"天然保护区"。1995 年 11 月韩国国会批准了联合国海洋法，并于 12 月在独岛修建港口设施，日本对此表示遗憾。1998 年 9 月韩日两国外长签署新的韩日渔业协定，将独岛列为中间海域。2004 年，韩日双方因为韩国发行独岛邮票而再起争议。2005 年 3 月 16 日日本岛根县议会通过所谓"竹岛日"使双方的矛盾进一步加剧，韩日关系陷入困境。2006 年 4 月 14 日，时任日本首相的安倍晋三宣布，海上保安厅决定从当日开始勘测竹岛周边水域，是战后第一次。4 月 22 日，韩国和日本的外交代表谈判达成妥协，日本方面同意停止实施勘测计划。7 月 5 日，韩国的海洋 2000 号海洋调查船在独岛附近海域进行了海流调查，日本提出抗议。2008 年 7 月 14 日，日本文部科学省宣布将在 2012 年度使用的中学"新学习指导纲领"社会科解说书中，写入竹岛为日本领土，引起韩国民众抗议示威。7 月 18 日，韩国召回驻日大使。7 月 19 日，日韩自由贸易协定交涉再开协议也无限期延期。2008 年 9 月 5 日，日本发表 2008 年度《防卫白皮书》，主张独岛是日本领土。韩国外交通商部当日严正抗议。2012 年，时任韩国总统李明博登上韩日争议岛屿独岛，宣誓主权。日本政府当天紧急召回日本驻韩国大使。2012 年 8 月 24 日，日本国会众议院全体会议表决通过一份决议，谴责韩国总统李明博访问独岛，日本政府对此提出强烈抗议，并提议日韩双方将独岛问题提交国际法院处理，但遭韩方拒绝。

　　第四，"慰安妇"问题。1965 年 6 月，日韩两国邦交正常化。签署《日韩请求权协定》，其中第 2 条第 1 款规定韩日两国、法人、国民的财产、权利、利益和索赔权相关问题"已得到完全且最终解决"。1991 年 12 月，韩国"慰安妇"受害者向东京地方法院提起赔偿诉讼。1993 年 8 月，时任日本官房长官河野洋平承认日本军强征"慰安妇"问题，并发表谈话表达"歉意和反省"，史称"河野谈话"。1995 年 7 月，时任日本首相的村山富市倡议，"亚洲妇女基金会"成立，开始向"慰安妇"支付赔偿金。2011 年 8 月，韩国宪法法院裁定，韩国政府在韩国与日本两国围绕"慰安妇"的赔偿请求权问题仍存在纠纷的情况下，未努力解决问题，属违宪行为。2011 年 12 月，时任韩国总统的李明博向日本首相野田佳彦施压，要求解决"慰安妇"问题。2015 年 11 月，日本首相安倍晋三和韩国总统朴槿惠举行会谈，就加快协商、尽早解决"慰安妇"问题达成一致。2015 年 12 月，日韩两国就"慰安妇"问题举行外长会谈，双方就"慰安妇"问题达成一致。日本决定出资 10 亿日元（约合人民币 5380 万元），帮助韩国政府建立"慰安妇"援助基金。日本外相还称日政府对"慰安妇"问题负有责任。韩国则承诺"若日方切实负责，韩方将确认'慰安妇'问题终结"。日本政府原计划向韩方提出"慰安妇"援助方案，即成立一个规模超过 1 亿日元，约合人民币 538 万元的基金，用于帮助"慰安妇"。但是韩国要求日本出资 10 亿日元，作为对"慰安妇"赔偿事业的资金。最终日本决定将出资额提高到 10 亿日元。韩方将发起成立"慰安妇"受害人援助基金，日方将利用财政预算向该基金提供资金，韩日两国政府将合作开展恢复"慰安妇"受害人名誉、抚平受害人内心创伤的各种项目。但韩国受害"慰安妇"维权团体表示不满，认为韩日就"慰安妇"问题达成协议是"辜负'慰安妇'受害者与韩国人民厚望的外交勾结"。[①] 韩国最大在野党新政治民主联合明确表示，日本政府在"慰安妇"问题上回避法律责任，决不能接受。

## 第六节　韩国与其他国家的关系

### 一　韩俄关系

韩国建国后采取了对美国"一边倒"的外交政策，与苏联长期处于敌对状态。20 世纪 70 年代初，随着国际局势的缓和，韩国和苏联之间开始了民间交流。1973 年，苏联同意韩国运动员到莫斯科参加世界大学生运动会。双方外交官之间的接触也逐步开始。1985 年戈尔巴乔夫上台后提出"外交新思维"，主张要从根本上确立与资本主义长期和平共处的关

---

① 《韩日慰安妇问题谈妥韩国团体不满"屈辱外交"》，人民网，2015 年 12 月 29 日。

系，呼吁加快与亚太国家经济交流的步伐，此时韩国正利用举办 1988 年奥运会之机大力推行"北方外交"。在此背景下，双边的经济交流和政治高层接触逐步增多。1990 年 6 月，韩国总统卢泰愚和苏联总统戈尔巴乔夫在旧金山会晤，就两国关系正常化问题交换了意见。9 月 30 日，两国外长在美国纽约举行会谈，发表建交公报，敌对多年的两国正式建立外交关系。

苏联解体后，韩国与俄罗斯继续保持外交关系，双方高层互访不断。1992 年 11 月，俄罗斯总统叶利钦访问韩国，两国元首签署了《韩俄基本关系条约》，宣布将两国关系发展成为尊重自由、民主、人权和重视市场经济原则的伙伴关系。叶利钦在首脑会晤中表示支持南北双方在和平、民主、统一的原则下直接对话，努力促进东北亚的和平与稳定，并表示要对朝苏友好条约中不符合现实的部分进行修改。1994 年 6 月，韩国总统金泳三访问俄罗斯，双方发表了莫斯科《共同宣言》，强调要加强外交、安保、经济、科技等领域的合作，将两国的关系发展为建设性的互补伙伴关系。宣言指出，朝鲜半岛的统一应在北南双方直接对话的基础上、以和平民主的方式实现。1999 年韩国总统金大中访问俄罗斯。2001 年 2 月，俄罗斯总统普京访问韩国。

2004 年 9 月，韩国总统卢武铉访问俄罗斯。两国首脑结束会谈后签署了《共同宣言》，将两国关系从"建设性互补的伙伴关系"上升为"相互信赖的全面伙伴关系"。双方表示要推进有关开发远东西伯利亚地区油田和天然气田的"能源战略对话"，促进军事技术和航空技术领域的合作，再次确认在朝鲜半岛无核化和六方会谈模式下解决朝鲜半岛核问题。双边能源合作、航空技术合作等进入一个新的阶段。

2008 年 9 月，李明博总统访俄，双方宣布建立战略合作伙伴关系。随后分别于 2010 年 9 月和 2011 年 11 月两次访俄。2013 年 11 月，俄罗斯总统普京访韩，双方并就推动两国短期和中长期合作项目发展、加强文化合作和人员交流以及朝鲜半岛和东北亚地区和平与稳定等深入交换意见。

1989 年韩俄两国互设贸易办事处后，仅在 1992 年、1997 年、1998 年受到苏联解体或韩国金融危机的影响双边贸易出现过个别年份的负增长，其他年份双边贸易都处于高速增长的状态。1990 年两国双边贸易额只有 8.89 亿美元，2000 年则高达 28.46 亿美元。2014 年，韩俄贸易额增长为 258 亿美元，其中韩方逆差 55.4 亿美元。

2013 年 11 月，俄罗斯总统普京访问韩国，两国领导人就加强经济合作、扩大人员交流、解决朝核问题的方案、实现东北亚地区和平与稳定等问题深入交换意见。2016 年 9 月，朴槿惠访问俄罗斯，韩俄双方签署了 24 份谅解备忘录，其中 21 份与经济领域有关。这次峰会只是强调了经济合作，并未提及"萨德"问题。

## 二　韩国与欧洲国家的关系

长期以来，韩国与英国、法国、德国等西欧国家保持着密切的关系，上述三国分别于 1949 年、1949 年、1955 年与韩国建立外交关系，是较早承认韩国的欧洲国家。朝鲜战争爆发后，英国、法国、荷兰、比利时、希腊、土耳其、意大利、卢森堡等欧洲国家加入联合国军，参与了朝鲜战争。战争结束后，这些国家成为韩国对欧外交的重要对象国。

韩国与东欧国家的外交关系，主要是在 80 年代后期随着韩国"北方外交"政策的推进才得到了改善。1989 年 2 月，东欧国家匈牙利率先与韩国建立正式外交关系。随后，韩国相继与波兰、南斯拉夫、捷克、保加利亚、罗马尼亚等国建交，对欧外交空间进一步扩展。

随着欧洲一体化的发展，韩国与欧盟的关系得到进一步加强。1996 年，韩国与欧盟签署《韩国欧盟基本合作协定》，并发表联合政治宣言，将韩国与欧盟的关系由原来的经济领域扩大到政治、安保领域。1997 年 9 月，欧盟成为朝鲜半岛能源开发组织（KEDO）的执行理事国，参与了朝鲜半岛核问题的解决。

《韩欧自由贸易协定》自 2007 年 5 月开始谈判，2009 年 10 月 15 日签署了协议。2011 年 2 月 17 日，欧盟议会以 465 票赞成、128 票反对、19 票弃权通过了《韩欧自由贸易协定》。同年 5 月 4 日，韩国国会以 163 票赞成、1 票反对、5 票弃权也通过该协定。韩国与欧盟自由贸易协定于

2015 年 12 月 13 日全面生效。同时还有文化合作协议、有关知识产权保护和执法的部分条款也将生效。

### 三 韩国与大洋洲、非洲和拉丁美洲国家的关系

韩国与大洋洲国家间的关系，主要集中在澳大利亚和新西兰。韩国与汤加、斐济等其他国家尽管也建立了外交关系，但实质性的交流与合作不多。澳大利亚曾参与朝鲜战争，并于 1961 年与韩国正式建立外交关系。朴正熙政府时期双边曾进行过高层互访。1999 年 9 月韩国总统金大中访问澳大利亚，双方首脑举行会谈，宣布将两国关系发展为"面向 21 世纪的新伙伴关系"。2000 年 5 月澳大利亚总理霍华德访问韩国，两国领导人一致同意定期举行两国外长会议和经济、贸易联合委员会会议，以进一步扩大两国经贸关系，加强两国在国际舞台上的合作。韩澳两国的贸易增长迅速，但韩国长期保持逆差。澳大利亚不仅是韩国的重要贸易对象国，也是韩国的主要资源进口国，2014 年韩澳两国正式签订自贸协定。另外，韩澳两国在 2013 年决定每两年举行一次由外长与防长出席的"2＋2"会谈，加强双方在联合军演、陆海空军等方面的合作。韩国与新西兰之间的贸易结构同对澳贸易类似，新西兰也是韩国的重要资源进口国，2015 年韩国与新西兰正式签订自贸协定。

20 世纪 60 年代，为与朝鲜争夺建交国家，韩国提出"积极外交""中立国家外交"的口号，加强了与非洲国家的关系。到 80 年代后，随着韩、朝关系的缓和，朝韩对非洲竞争性外交有所缓和，韩国与非洲关系有所冷淡。90 年代中后期和 21 世纪初以来，由于西方国家和中、日、印等国对非洲投资热潮的到来，韩国也开始将目光转向非洲。将经济发展置于首要地位的韩国更关注非洲的经济价值和进口潜力，韩国对非洲关系开始试探性地走上"经济外交"之路。①

2016 年 5 月韩国总统朴槿惠访问非洲三国埃塞俄比亚、乌干达和肯尼亚，展开军事和经济外交。鉴于朝鲜通过与非洲各国开展军事合作来赚

---

① 郑继永：《韩国与非洲关系评述》，《西亚非洲》2010 年第 1 期。

取外汇，外界普遍认为，这是韩国以经济实力为杠杆，撬动非洲断绝与朝鲜合作，切断朝鲜的资金来源，以对朝鲜进行制裁。

近年来，韩国与中南美在贸易、投资、知识共享等领域保持着密切的合作关系。1990～2014 年，双方的贸易规模由 38 亿美元猛增至 540 亿美元，年均增速达 17%，中南美对韩国出口产品不仅限于农产品、矿产品，工业制品比重也较大，呈现多样化特点。韩国对中南美地区投资 2003～2013 年累计达到 103 亿美元，主要以制造业为主。另外，美洲开发银行对韩国推动与中南美协商签订自贸协定给予高度评价，认为这将降低贸易费用，今后双方还应致力于降低非关税壁垒、运费及提高物流效率。韩国和智利自 1999 年 9 月在亚太经合组织（APEC）首脑会谈上达成 FTA 的意向后，双方于 2002 年 10 月签署协定，这是韩国签署的第一个自由贸易协定。韩智 FTA 2004 年 4 月 1 日起正式生效。2016 年 4 月，朴槿惠总统访问墨西哥，双方商定在 2016 年第四季度启动韩墨自由贸易协定工作会议。

四　韩国与东南亚国家关系①

东南亚是韩国亚洲外交的重要对象，双方关系正在向战略层面发展。韩国的东南亚外交以经济外交为重心，同时不断拓展政治安全领域的合作。

冷战时期，受制于对美同盟外交，且受朝韩关系对立的影响，最初，与韩国建立外交关系的多是一些亲西方的东南亚国家：1949 年，菲律宾成为第一个与韩国建交的亚洲国家；1950～1960 年，南越、泰国和马来西亚先后与韩国建交。李承晚政府拒绝与承认朝鲜的国家建交，对奉行中立政策的不结盟国家抱有敌意，例如当时的印尼和柬埔寨。到 1960 年，与韩国建交的国家有 15 个，其中东南亚地区有 4 个，其重要性仅次于西方国家。20 世纪 70 年代初，国际形势趋于缓和，韩国推行门户开放政策，淡化意识形态的束缚，谋求交往对象多元化，与东南亚的不结盟国家

---

① 参考宋效峰《中等强国视角下的韩国东南亚外交》，《东南亚南亚研究》2013 年第 2 期。

出现了一波建交高潮，包括柬埔寨、印尼、老挝、缅甸和新加坡等国家。随着全球化与相互依赖趋势的发展，80 年代韩国推行全方位外交，试图通过首脑外交积极开展与亚洲新兴经济体的交往。1981 年，全斗焕访问了印尼等东盟五国；韩国支持东盟在柬埔寨问题上的立场，东盟则在朝鲜半岛问题上理解韩国的立场。

冷战结束后，韩国在东北亚地区的安全环境大为改善，加之与朝鲜同时"入联"使二者的正统性之争得到解决，韩国外交的主动性和空间得以进一步拓展，成为亚太地区新秩序的积极塑造者之一。随着东南亚地区的区域一体化进程的加快，东盟在亚太地区的影响不断扩大。卢泰愚和金泳三政府在"世界化"战略下，继续加强对东南亚国家的首脑外交与经济外交。80 年代末至 90 年代，韩国迎来了又一波建交高潮，其中包括1992 年与越南建交、1995 年与老挝复交、1997 年与柬埔寨复交。1998年，韩国还派遣 10 名观察员监督柬埔寨大选。

在 1998 年"10 + 3"峰会上，金大中提议建立"东亚展望小组"，由13 个国家的专家共同谋划东亚地区合作。根据 2000 年"10 + 3"峰会的决定，次年又成立了"东亚研究小组"，负责提出和评估有关地区合作建议，并由韩国和越南分别担任东北亚国家和东南亚国家协调人。金大中还主张将"10 + 3"机制改为"东亚峰会"，并提出东亚合作的最终目标是建立包括政治、经济和安全等领域的东亚共同体，这一提议得到了 2002年"10 + 3"峰会的认同。受到中日两国相继确定与东盟建立自由贸易区的激励，在 2003 年"10 + 1"峰会上，韩国也提出与东盟建立自贸区。在 2004 年"10 + 1"峰会上，双方签署了《全面伙伴关系联合宣言》，韩国决定加入《东南亚友好合作条约》。在 2005 年"10 + 1"峰会上，双方签署了《全面经济合作框架协议》及《关于落实全面伙伴关系联合宣言的行动计划》，自贸区建设正式启动。2009 年韩国与东盟在济州举行特别峰会，双方签署了《投资协议》，韩国 - 东盟自贸区建设基本完成。在2010 年"10 + 1"峰会上，双方同意将双边关系提升为"战略伙伴关系"，并制定了五年行动计划；韩国还提议建立"韩国 - 湄公河国家外长会议"机制，以加强同湄公河五国的经济合作。2011 年，首届韩国 - 湄公河国家外长会议举行。在 2011 年"10 + 1"峰会上，双方同意就粮食安全、互联互通、低碳绿色增长等议题加强合作。2012 年的"10 + 1"峰会则强调通过韩国与湄公河国家的合作机制，来促进东盟互联互通建设。为了表示对东盟共同体建设的支持，2012 年韩国任命了驻东盟大使，并在雅加达建立了驻东盟代表处。2014 年 12 月召开了第二次韩国 – 东盟特别峰会，发表《韩国 – 东盟面向未来联合声明》，经济领域的合作仍然是重点。

目前，韩国参与了"10 + 3"进程下涵盖多个领域的数十种机制——除了最重要的经济领域（其中包括以《清迈倡议》为基础的多边金融合作机制）外，还涉及疫病防控、打击跨国犯罪、粮食安全和自然灾害预警等非传统安全议题。

# 大事纪年

| | |
|---|---|
| 公元前 1066 年 | 周武王灭殷，箕子遂率 5000 人东去朝鲜，建"箕子朝鲜"。 |
| 公元前 195 年 | 卫满遂率众 1000 余人投奔箕子朝鲜。翌年，建国"卫满朝鲜"。 |
| 公元前 108 年 | 西汉设置汉四郡：乐浪郡、真番郡、临屯郡、玄菟郡。 |
| 公元前 57 年 | 朴赫居在朝鲜半岛东南部的庆州建立了新罗。 |
| 公元 475 年 | 高句丽长寿王大举南侵，攻陷百济京都。 |
| 公元 7 世纪 | 中国东北地区和朝鲜半岛高句丽、百济、新罗三国鼎立的局面被打破，唐朝联合新罗征服百济和高句丽。 |
| 918 年 | 王建建立高丽。 |
| 1392 年 | 李氏朝鲜建立。 |
| 1866 年 | 法国舰队入侵朝鲜，史称"丙寅洋扰"。 |
| 1866 年 | "舍门将军"号事件。 |
| 1871 年 | 美国入侵朝鲜，史称"辛未洋扰"。 |
| 1875 年 | "云扬"号事件。 |
| 1876 年 | 朝鲜与日本签订《江华岛条约》。 |
| 1882 年 | 汉城爆发军人起义，史称"壬午兵变"；日本迫使朝鲜签订《济物浦条约》；《中朝商民水陆贸易章程》签订。 |

| | |
|---|---|
| 1884 年 | 爆发甲申政变。 |
| 1885 年 | 中日签订关于朝鲜问题的《天津条约》。 |
| 1894 年 | 甲午农民战争爆发，日本派兵朝鲜。朝鲜议政府照会袁世凯邀请清政府出兵。中日甲午战争爆发。 |
| 1895 年 | 《中日马关条约》签订，俄、德、法三国干涉还辽。日本公使指使日本暴徒杀害闵妃、策划政变，史称"乙未事变"。 |
| 1896 年 | 朝鲜爆发反日义兵运动，成立独立协会。高宗迁往俄国驻汉城公使馆，史称"俄馆迁播"。 |
| 1897 年 | 高宗称帝，改国号为"大韩"。 |
| 1904 年 | 日俄战争爆发，日本迫使韩国签署《韩日议定书》。 |
| 1905 年 | 非法的《日韩保护条约》签订。韩国全国各地爆发反日运动。 |
| 1907 年 | 日本迫使韩国签订《丁未七款条约》。 |
| 1909 年 | 爱国青年安重根刺杀伊藤博文。 |
| 1910 年 | 日本迫使韩国签订《韩日合并条约》，韩国沦为日本的殖民地。 |
| 1919 年 | 韩国爆发三一运动。大韩民国临时政府在上海成立。 |
| 1945 年 | 日本接受《波茨坦公告》，无条件投降；全国人民委员会代表者会议在汉城举行，朝鲜人民共和国政府成立。美军仁川登陆，进驻汉城。 |
| 1946 年 | 美苏成立共同委员会，在汉城召开第一次会议。吕运亨、金奎植等发起"左右合作"运动；李承晚发表井邑演说，公然宣布在三八 |

| | |
|---|---|
| | 线以南单独建立政府。 |
| 1947 年 | 勤劳人民党领袖吕运亨被暗杀；联合国大会通过设置临时朝鲜委员会决议案。 |
| 1948 年 | 美国操纵"小型联大"通过了关于在南朝鲜举行选举的决议；"4·3"济州岛人民武装起义开始；南朝鲜单独选举实施，南韩制宪国会成立，大韩民国政府在汉城宣布成立。 |
| 1950 年 | 《韩美相互防卫援助条约》签订；朝鲜战争爆发。 |
| 1951 年 | 第一次"韩日会谈"在东京举行。 |
| 1952 年 | "第三宪法修正案"提出，史称"拔萃改宪案"，李承晚再次当选总统。 |
| 1953 年 | 《韩美相互防卫条约》签订。 |
| 1954 年 | 李承晚政权公布"四舍五入宪法"。 |
| 1960 年 | 李承晚当选第四届总统，汉城学生起义，要求李承晚下台。 |
| 1961 年 | 朴正熙发动军事政变。 |
| 1965 年 | 《韩日基本关系条约》在东京正式签署。 |
| 1967 年 | 朴正熙当选第六届总统；京釜高速公路开工。 |
| 1972 年 | 中央情报部部长李厚洛秘密访问平壤，发表《七四南北共同宣言》；朴正熙公布《维新宪法》。 |
| 1979 年 | 中央情报部长金载圭刺杀朴正熙。 |
| 1980 年 | 全斗焕宣誓就职。 |
| 1981 年 | 第五共和国成立。 |
| 1983 年 | 中国民航劫机事件，中国民航局局长沈图等人到达汉城。 |
| 1988 年 | 卢泰愚就任韩国第十三届总统。 |
| 1988 年 | 韩国举办第24届夏季奥运会，也称"汉城奥运会"。 |

| | |
|---|---|
| 1992 年 | 韩国与中国正式建立外交关系。 |
| 1993 年 | 金泳三就任韩国第十四届总统。 |
| 1996 年 | 韩国加入经济合作与发展组织（OECD）。 |
| 1997 年 | 韩国爆发金融危机（韩国称"外换危机"）。 |
| 1998 年 | 金大中就任韩国第十五届总统。 |
| 2000 年 | 金大中与金正日在平壤会晤，实现首次南北首脑会谈。 |
| 2002 年 | 韩国与日本联合举办第 17 届世界杯足球赛。 |
| 2003 年 | 卢武铉就任韩国第十六届总统。 |
| 2005 年 | 韩国首都的汉字标记由"汉城"改称"首尔"。 |
| 2007 年 | 朝韩进行第二次首脑会谈。 |
| 2008 年 | 李明博就任韩国第十七届总统。 |
| 2010 年 | 韩国海军"天安"号护卫舰沉没。朝韩之间发生炮击延坪岛事件。 |
| 2011 年 | 制订并实施"国防改革 307 计划"。 |
| 2012 年 | 韩国国会议员选举中，新世界党获得过半席位，实现了"朝大野小"政局。 |
| 2013 年 | 朴槿惠就任韩国第十八届总统。 |
| 2014 年 | 韩国载有 476 人的"岁月"号客轮在全罗南道珍岛郡附近水域发生侧翻，最终沉没。 |
| 2015 年 | 朴槿惠出席"9·3 阅兵式"，成为首位登上天安门城楼观看中国人民解放军阅兵式的韩国总统；中韩 FTA 正式生效。 |
| 2017 年 | 由于"亲信门"事件，朴槿惠被弹劾下台，并接受韩国检方的调查。 |

# 参考文献

## 一 中文著作

〔韩〕姜万吉：《韩国近代史》，贺剑城等译，东方出版社，1993。

〔韩〕姜万吉：《韩国现代史》，陈文寿等译，社会科学文献出版社，1997。

〔韩〕李秉喆：《第一主义——韩国企业巨人李秉喆自传》，朱立熙译，台北经济与生活出版事业股份有限公司，1986。

〔韩〕李光麟：《韩国开化史研究》，陈文寿译，香港社会科学出版社，1999。

〔韩〕李基白：《韩国史新论》，厉帆译，国际文化出版公司，1994。

〔韩〕李元馥：《漫话韩国》，朴惠园译，中信出版社，2004。

〔韩〕赵东一等：《韩国文学论纲》，周彪等译，北京大学出版社，2003。

〔美〕哈里·杜鲁门：《杜鲁门回忆录》第2卷，李石译，世界知识出版社，1964。

〔美〕塞缪尔·亨廷顿：《第三波——20世纪后期民主化浪潮》，刘军宁译，上海三联书店，1998。

《中国大百科全书·外国历史Ⅰ》，中国大百科全书出版社，1998。

曹中屏、张琏瑰：《当代韩国史（1945~2000）》，南开大学出版社，2005。

曹中屏：《朝鲜近代史（1863~1919）》，东方出版社，1992。

大韩民国海外弘报院：《韩国简介》，2003 年修订版。

郭定平：《韩国政治转型研究》，中国社会科学出版社，2000。

黄心川主编《当代亚太地区宗教》，宗教文化出版社，2003。

金光洙等主编《朝鲜通史》第四卷，延边大学出版社，1997。

李惠国主编《当代韩国人文社会科学》，商务印书馆，1999。

钱其琛：《外交十记》，世界知识出版社，2003。

沈定昌：《韩国对外关系》，香港社会科学出版社，2003。

王小甫、徐万民、宋成有：《中韩关系史》（全三卷），社会科学文献出版社，2014。

王芸生：《六十年来中国与日本》第 4 卷，三联书店，1980。

尹保云：《韩国的现代化》，东方出版社，1995。

赵成国：《日韩会谈研究》，博士学位论文，北京大学，2001。

赵虎吉：《揭开韩国神秘的面纱——现代化与权威主义：韩国现代政治发展研究》，民族出版社，2003。

郑判龙等主编《简明韩国百科全书》，黑龙江朝鲜民族出版社，1999。

## 二 中文期刊

北京大学韩国学研究所编《韩国学论文集》，多辑。

复旦大学朝鲜韩国研究中心《韩国研究论丛》，多期。

韩国国际交流财团《高丽亚那》，多期。

中国社会科学院韩国研究中心、社会科学文献出版社《当代韩国》，多期。

## 三 英文文献

Byung-nak Song, *The Rise of the Korean Economy*, Oxford University Press, 2003.

Gregory Henderson, *Korea: The Politics of the Vortex*, Cambridge, Massachusetts: Harvard University Press, 1968.

Sonn Hochul, "Regional Cleavage in Korean Politics and Elections", *Korea*

*Journal*, Summer 2003, Vol. 43, No. 2, pp. 32 – 54.

Tae-Hwan Kwak et al., eds., *U. S. -Korean Relations*, *1882 – 1982*, Kyungnam University Press, 1982.

Yeonmi Ahn, *The Political Economy of Foreign Aid*, Unpublished Doctoral Dissertation, Yale University, 1992.

EPB, *Summary of the Five-Year Economic Plan*, various years, Seoul.

Department of the State, *Foreign Relations of the United States*（FRUS）, various years.

## 四 韩文文献

韩国朝鲜问题研究所:《南北关系 50 年史》, 2001。

国际历史学会韩国委员会:《韩美修交 100 年史》, 1982。

韩国国防部:《韩国国防白皮书》, 多部。

韩国环境部:《韩国环境白皮书》, 多部。

韩国文化观光部:《2004 文化政策白皮书》, 2005。

具永禄等:《韩国与美国》, 博英社, 1983。

朴殷植:《韩国独立运动之血史》, 瑞文堂, 1972。

首尔新闻社:《驻韩美军 30 年》, 杏林出版社, 1979。

## 五 主要网站

中国外交部网站, http://www. fmprc. gov. cn。

中国驻韩国大使馆网站, http://kr. china-embassy. org。

韩国总统府网站, http://www. president. go. kr。

韩国外交部网站, http://www. mofa. go. kr。

韩国驻华大使馆网站, http://chn. mofa. go. kr/korean/as/chn/main/index. jsp。

韩国统计厅网站, http://www. kpstat. go. kr。

韩国环境部网站, http://www. me. go. kr。

# 索 引

# 后　记

　　《列国志·韩国》第三版终于要与读者见面了。从第二版到现在已经过去了八年。迟迟未能更新，主要是因为自己忙于琐事。当然，也有其他方面的原因，比如韩国的发展变化实在令人目不暇接。

　　以韩国的政治发展状况为例，自 2016 年 10 月以来，韩国国内政局风云突变。朴槿惠总统深陷"闺蜜门"，韩国国民持续举行大规模示威游行，反朴派在街头示威，保朴派也在示威；支持部署"萨德"导弹防御系统的在游行，反对部署的也在游行。韩国政局又不知道要经历怎样的分分合合。正如国立首尔大学一位政治学教授在十几年前所言："在韩国，没有一本书完整地写下了韩国政党的名字。因为在书稿被送交出版社付印的过程中，韩国政党又改头换面了。"这就是韩国的现状，说是生机勃勃的"动感韩国"也好，说是"乱哄哄"的韩国也好，韩国就是韩国，不管你喜不喜欢，它就在那里。人们统统走上街头，表达自己的意愿。仿佛1987 年 6 月民主抗争重现。而这一次的街头斗争，会持续更长时间。受社交媒体的影响，街头运动的组织成本急剧下降，社会动员呈现新的态势。

　　此次修订，我邀请了南京大学的宋文志博士加入。宋博士毕业于山东大学、北京大学和延世大学，长期在韩国研究圈子里耕耘，已经有不少相关论文发表。此次宋博士负责修订历史、政治、军事、外交、文化等章节。

　　感谢《列国志·韩国》前两版的编辑宋月华、孙以年等诸位老师，还有王宜胜、赵虎吉、张位均老师细心审稿。在第三版初稿完成后，我们专门开了小型书稿讨论会，邀请了北京大学宋成有教授、尹保云教授、刘群艺教授，韩国对外经济政策研究院杨平燮教授，我的同事王晓玲副研究员，韩国留学生安志娟博士等诸位，来帮我们审读初稿。

感谢中国社会科学院国际合作局专门设立了《列国志》国际调研与交流项目，使作者们能够有机会在研究对象国进行数月的调研工作。尽管在国际调研期间开小差写了不少关于"萨德"的文章，但是毕竟也加深了对韩国的了解，为修订工作搜集了不少鲜活的资料。

最后，真诚感谢社会科学文献出版社《列国志》项目团队和责任编辑的关心、耐心和细心。有了诸位的督促和审阅，书稿才得以把错误和疏漏降到最低。说来和贵社真的很有缘，自2003年入韩国研究行当以来，我已经有三本书在贵社出版。我从助理研究员进而升至副研究员和研究员，贵社也在不断地发展壮大，成为国内出版业举足轻重的大社。很高兴能与贵社共同成长。

感谢归感谢，文责当然自负的。恳请读者提出宝贵的意见，指出我们的疏漏，以便我们及时修正。

董向荣

2017.6

# 新版《列国志》总书目

## 非洲

阿尔及利亚

埃及

埃塞俄比亚

安哥拉

贝宁

博茨瓦纳

布基纳法索

布隆迪

赤道几内亚

多哥

厄立特里亚

佛得角

冈比亚

刚果

刚果民主共和国

吉布提

几内亚

几内亚比绍

加纳

加蓬

津巴布韦

喀麦隆

科摩罗

科特迪瓦

肯尼亚

莱索托

利比里亚

利比亚

卢旺达

马达加斯加

马拉维

马里

毛里求斯

毛里塔尼亚

摩洛哥

莫桑比克

纳米比亚

南非

南苏丹

尼日尔

尼日利亚

塞拉利昂

塞内加尔

塞舌尔

圣多美和普林西比

斯威士兰

苏丹

索马里

坦桑尼亚

突尼斯

乌干达

赞比亚

乍得

中非

## 欧洲

阿尔巴尼亚

爱尔兰

爱沙尼亚

安道尔

奥地利

白俄罗斯

保加利亚

北马其顿

比利时

冰岛

波兰

波斯尼亚和黑塞哥维那

丹麦

德国

俄罗斯

法国

梵蒂冈

芬兰

荷兰

黑山

捷克

克罗地亚

拉脱维亚

立陶宛

列支敦士登

卢森堡

罗马尼亚

马耳他

摩尔多瓦

摩纳哥

挪威

葡萄牙

瑞典

瑞士

塞尔维亚

塞浦路斯

圣马力诺

斯洛伐克

斯洛文尼亚

乌克兰

西班牙

希腊

匈牙利

意大利

英国

## 美洲

阿根廷

安提瓜和巴布达

巴巴多斯

巴哈马

巴拉圭

巴拿马

巴西

秘鲁

玻利维亚

伯利兹

多米尼加

多米尼克

厄瓜多尔

哥伦比亚

哥斯达黎加

格林纳达

古巴

圭亚那

海地

洪都拉斯

加拿大

美国

墨西哥

尼加拉瓜

萨尔瓦多

圣基茨和尼维斯

圣卢西亚

圣文森特和格林纳丁斯

苏里南

特立尼达和多巴哥

危地马拉

委内瑞拉

乌拉圭

牙买加

智利

## 大洋洲

澳大利亚

巴布亚新几内亚

斐济

基里巴斯

库克群岛

马绍尔群岛

密克罗尼西亚

瑙鲁

纽埃

帕劳

萨摩亚

所罗门群岛

汤加

图瓦卢

瓦努阿图

新西兰

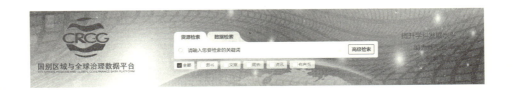

# 国别区域与全球治理数据平台

www.crggcn.com

"国别区域与全球治理数据平台"（Countries，Regions and Global Governance Data Platform，CRGG）是社会科学文献出版社重点打造的学术型数字产品，对接新一级交叉学科区域国别学，围绕国别研究、区域研究、国际组织研究、全球智库研究等领域，全方位整合一手数据、基础信息、科研成果，文献量达 30 余万篇。该产品已建设成为国别区域与全球治理数据资源与研究成果整合发布平台，可提供包括资源获取、科研技术服务、成果发布与传播等在内的多层次、全方位的学术服务。

从国别区域和全球治理研究角度出发，"国别区域与全球治理数据平台"下设国别研究数据库、区域研究数据库、国际组织数据库、全球智库数据库、学术专题数据库、学术资讯数据库和辅助资料数据库 7 个数据库。在资源类型方面，除专题图书、智库报告和学术论文外，平台还包括数据图表、档案文献和学术资讯。在文献检索方面，平台支持全文检索、高级检索，并可按照相关度和出版时间进行排序。

"国别区域与全球治理数据平台"应用广泛。针对高校及区域国别科研机构，平台可提供专业的知识服务，通过丰富的研究参考资料和学术服务推动区域国别研究的学科建设与发展，提升智库学术科研及政策建言能力；针对政府及外事机构，平台可提供咨政参考，为相关国际事务决策提供理论依据与资讯支持，切实服务国家对外战略。

## 数据库体验卡服务指南

※100 元数据库体验卡，可在"国别区域与全球治理数据平台"充值和使用

充值卡使用说明：
第 1 步  刮开附赠充值卡的涂层；
第 2 步  登录国别区域与全球治理数据平台（www.crggcn.com），注册账号；
第 3 步  登录并进入"会员中心"→"在线充值"→"充值卡充值"，充值成功后即可使用。

**声明**

最终解释权归社会科学文献出版社所有

客服电话：010-59367072
客服邮箱：crgg@ssap.cn

欢迎登录社会科学文献出版社官网（www.ssap.com.cn）和
国别区域与全球治理数据平台（www.crggcn.com）了解更
多信息

卡号：7447096192594381
密码：

**图书在版编目（CIP）数据**

韩国 / 董向荣，宋文志著. -- 3 版. -- 北京：社
会科学文献出版社，2017.11（2023.2 重印）
（列国志：新版）
ISBN 978 - 7 - 5201 - 1287 - 1

Ⅰ.①韩…　Ⅱ.①董…　②宋…　Ⅲ.①韩国－概况
Ⅳ.①K931.26

中国版本图书馆 CIP 数据核字（2017）第 202259 号

·列国志（新版）·

**韩国**（Republic of Korea）

著　　者 / 董向荣　宋文志

出 版 人 / 王利民
组稿编辑 / 张晓莉
责任编辑 / 叶　娟　俞孟令　徐成志
责任印制 / 王京美

出　　版 / 社会科学文献出版社·国别区域分社（010）59367078
　　　　　地址：北京市北三环中路甲 29 号院华龙大厦　邮编：100029
　　　　　网址：www. ssap. com. cn
发　　行 / 社会科学文献出版社（010）59367028
印　　装 / 唐山玺诚印务有限公司

规　　格 / 开　本：787mm × 1092mm　1/16
　　　　　印　张：21.5　插　页：1　字　数：317 千字
版　　次 / 2017 年 11 月第 3 版　2023 年 2 月第 2 次印刷
书　　号 / ISBN 978 - 7 - 5201 - 1287 - 1
定　　价 / 79.00 元

读者服务电话：4008918866